일본 속의
한국 문화유적을
찾아서

□ 저자 약력

한국외국어대학교 영어과 졸업

일본 센슈우대학 대학원 문학박사

일본 센슈우대학 겸임교원

한국외국어대학교 외국어연수원평가원 교수

단국대학교 대학원 초빙교수

단국일본연구학회 회원

한일역사문학연구회 회장

□ 근년 주요 연구논문

「75조 시가에 대한 고찰」한국외국어대 대학원 일본근대문학회(1996 · 3)

「일본 와카(和歌)를 창시한 왕인박사와 한신가(韓神歌)」〈現代文學〉 1997 · 2월호

「韓日詩歌の七五調論」(日文) 단국대학교 일어일문학회지(1997.5)

「일본 천황가 연구」~ 연재 〈月刊朝鮮〉 1998 · 1~7월호 朝鮮日報社

「한일동족설 신연구」~ 연재 〈新東亞〉 1999.10~12월호, 東亞日報社

「神樂歌の韓神と園神」(日文) 檀國日本研究學會誌, (2000.10)

「日本天皇家의 韓國神祭祀와 皇國史觀考察」檀國日本研究學會誌, (2002.11)

□ 근년 주요 저서

〈일본문화사〉 서문당 (1999), 〈일본문화백과〉 서문당 (2000)

〈일본천황은 한국인이다〉 효형출판 (2000), 〈일본의 역사왜곡〉 학민사 (2001)

〈한국인이 만든 일본 국보〉 문학세계사 (1996)

〈행기 큰스님(行基大僧正, 일본)〉 자유문학사(1996)

□ 저자 연락처

100-192 서울 중구 을지로 2-148-73, 신화B/D 401호 한일역사문학연구소

전화 : 02-2278-4670, 011-9052-2221 FAX : 02-2268-4524

일본 속의 한국 문화유적을 찾아서

초판 인쇄 / 2002년 11월 10일

초판 발행 / 2002년 11월 20일

지은이 / 홍 윤 기

펴낸이 / 최 석 로

펴낸곳 / 서 문 당

주소 / 서울시 마포구 성산동 54의 18호 동산빌딩 2층

전화 / 322 4916~8 팩스 / 322 9154

창업일자 / 1968. 12. 24

등록일자 / 2001. 1. 10

등록번호 / 제10-2093

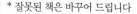

* 잘못된 책은 바꾸어 드립니다

일본 속의
한국 문화유적을
찾아서

일본 센슈우대학 문학박사

홍 윤 기 지음

서문당

어제의 역사는 내일에의 거울이다

지난 해 12월 23일, 일본의 아키히토(明仁)천황은 그의 몸에도 한국인의 피가 흐른다고 공언했다. 그 날 아키히토천황은 일본 왕실에서 68회 생일을 맞으면서 기자회견을 갖고, 다음처럼 말했다.

「나 자신으로 말하면, 칸무(桓武)천황의 생모가 백제 무령왕의 자손이라고 『속일본기』 역사책에 써있기 때문에 한국과의 혈연을 느끼고 있습니다」
(『朝日新聞』 2001.12.23)

이와 같은 발언은 한국과 일본뿐 아니라, 세계 각 국에서 지금도 큰 화제를 모으고 있다. 여러 외국인 교수들도 나에게 잇달아 "그것이 사실이냐?"고 전화를 걸어왔다. 왜냐하면 나는 지금부터 2년전에 『일본 천황은 한국인이다』(효형출판, 2000 · 3)라는 책을 써냈기 때문이다.

일본 천황들의 몸 속에 한국인의 피가 흐른다는 것은 일본의 옛날 문헌들에 잘 나타나 있다. '역사'라는 것은 있는 사실(史實) 그대로를 밝히는 데 참뜻이 있다고 본다. 그런 뜻에서 아키히토천황의 한국과의 혈연 관계를 말한 것은 당당한 일이라고 본다.

일본 천황가의 여러 가지 문헌

'일본 천황은 한국인'이라는 일본 고대의 문헌은 여러 가지가 있다. 우선 『신찬성씨록』(新撰姓氏錄, 서기 815년 편찬)에서 그 사실이 밝혀지고 있다. 9세기 초에 일본 왕실에서 만든 일종의 '왕실 족보'가 『신찬성씨록』이다.

이 고대사 책에, 제30대 '비타쓰(敏達)천황(572~585 재위)은 백제 왕족'이라는 기록이 잘 나타나 있다. 이 왕실 족보를 만들기 시작한 것은 다름아닌 칸무천황이었다. 비타쓰천황은 칸무천황의 6대조이기도 하다.

여기서 칸무천황의 친어머니인 백제여인 화신립(和新笠)에 대해서도 간략하게 살펴본다. 화신립 여인은 8세기 당시 일본왕실의 조신이었던 백제 왕족 화을계(和乙繼)의 딸이다. 그 무렵 왕실의 시라카베(白壁)왕자와 화신립 낭자가 결혼했던 것이다. 이 둘 사이에 태어난 장남이 야마베(山部)왕자이며 뒷날의 칸무천황이다. 화신립의 부군인 시라카베왕자는 나이 62세 때에 비로소 왕위에 등극한 코우닌천황(光仁天皇, 770~781 재위)이다.

코우닌천황은 제 49대 왕이고 아들인 칸무천황은 제50대 왕이다. 코우닌천황의 황후 화신립의 성씨는 코우닌천황에 의해서 뒷날 백제식 복성을 써서 '고야신립'(高野新笠, 타카노노 니이가사)으로 바뀌게 된다. 일본 왕족과 귀족들은 그 당시 대개 복성을 썼는데, 이것은 본국 백제에서 상류 계층이 흔히 복성을 썼기 때문이다(홍윤기 「일본인의 성씨고찰」 『月刊朝鮮』 1997.8월호).

칸무천황의 아버지 코우닌천황도 백제인이라는 내용이 담긴 고대 문헌도 있다. 1157년 경에 왕실의 조신이었던 후지와라노 키요스케(藤原淸輔, 1104~77)가 쓴 책 『대초자』(袋草子)에 밝혀져 있다. 『신찬성씨록』은 칸무천황이 쓰기 시작해서 그가 세상을 뜨자, 그의 제5왕자인 만다친왕(萬多親王, 788~830)이 완성시켰다.

이 왕실 족보를 보면 일본 왕실의 고대 한국인들의 발자취가 뚜렷하다. 백제왕족인 비타쓰천황은 나라(奈良)땅에서 '백제대정궁'(百濟大井宮)을 지었다는 것이 『일본서기』 등에도 쓰여있다. 또한 그의 친손자인 제34대 죠메이(舒明)천황도 나라땅의 「백제강(百濟川) 옆에다 백제궁(百濟宮)을 짓고, 백제대사(百濟大寺)를 세웠으며, 백제궁에서 살다가 서거했을 때 '백제대빈'(백제왕실 3년상)으로 장사를 지냈다」(『日本書紀』720)는 것이 역사책에 잘 기록되어 온다. 상세한 것은 후술(「일본땅 백제들판의 백제사 3중탑」)한다.

일본의 저명한 고대 사학자 사에키 아리키요(佐伯有淸) 교수는, 「조메이천황은 '백제천황'(百濟天皇)이라고 불리었을 것이다」(『新撰姓氏錄硏究』, 吉川弘文館, 1970)고 연구 발표한 바 있다.

저자는 직접 천황궁에서 일본 왕실의 신라신·백제신 제사 확인

일본 천황들이 한국인이라는 것을 입증하는 중요한 일본 왕실 문서가 있다. 서기 927년에 모두 50권으로 편찬한 『연희식』(延喜式)이 그것이다. 여기에 보면 일본 천황궁에서만 제사지내드리는 신주(神主)인 제신(祭神) 세분이 있다. 한 분은 신라신(園神)이고, 두 분은 백제신(韓神)이다. 이 제사는 천황이 신하를 거느리고, 왕궁 안의 신전에서 직접 제사를 모신다. 무엇 때문에 일본 천황들이, 신라신과 백제신 신전을 세우고 제사드리는 것인가. 그들 천황의 조상이 고대 한국인이라는 것은 이 왕실 제사만 보더라도 잘 알 수 있을 것 같다. 제사드릴 때의 축문은 그 제목이 「한신」(韓神)이다. 이

상과 같은 사실을 저자는 지난 7월 10일 직접 천황궁에 들어가 확인했다(E
BS-TV 방송, 『일본황실제사의 비밀』2002 · 8 · 15).

특히 백제인 칸무천황은 그가 그 옛날인 서기 794년에 오늘의 쿄우토땅
으로 천도하여 '헤이안궁' 궁전을 세웠다. 그리고 궁전의 북쪽 땅에 '백제
왕 사당' 인 '평야신사' (平野神社)도 건설하고 제사드렸던 것이다. 이 사당
에는 백제의 제26대 '성왕' 을 비롯해서 '구도왕', '비류왕', '근초고왕'
등 네 왕과 칸무천황의 어머니인 '화신립황후' (히매신)까지 다섯 분의 백
제 왕족들을 제사지내게 되었다. 그 제삿날은 해마다 4월 2일의 '평야제'
(平野祭)라고 부른다는 것도 일본 왕실 법도로 밝혀져 온다.

아키히토천황은 기자회견 때 일본문화는 한반도에서 건너왔다고도 다음
처럼 말했다.

「일본과 한국 사람들 사이에는 옛날부터 깊은 교류가 있었다는 것이 『일
본서기』 등에 상세하게 쓰여 있습니다. 한국으로부터 이주해 온 사람들이
며 초대받아 온 사람들에 의해 여러가지 문화며 기술이 전해왔습니다.」

이와 같은 아키히토천황의 공언은 자못 진지하다고 본다. 또한 토우쿄우
대학의 이노우에 미쓰사다(井上光貞)교수가 「천황씨 자신이 한국으로부터
의 이주자였기 때문에 한국에서 건너 온 많은 사람들을 조정에 등용시켰
던 것」(『日本國家の起源』 1960)이라고 밝힌 것도 진솔한 연구였다고 본다.
일본의 역사 왜곡 문제가 아직 시정되지 못한 이 시점에서 아울러 아키히
토천황의 언명은 매우 의미가 크다 하겠다.

어쩌면 '역사' 는 붓(筆)으로 쓰는 것이 아니라 진실(眞實)로서 써야한다
고 비유하고 싶다. 왜냐하면 어제의 '역사' 는 오늘을 살고 있는 모든이들
에게 반드시 내일을 위한 거울로 비치게 될 것이기 때문이다.

해 설_(일본어 표기)

이 책에서는 일본 문화를 바로 알자는 뜻에서, 지금까지 우리가 잘못 표기해 온 일본의 지명(地名) 표현을 먼저 다음과 같이 일본 카나 글자에 맞춰서 바로 잡았다. 예를 들어 본다.

도쿄 → 토우쿄우(東京 とうきょう). (읽을 때는) 토오쿄오

쿄토 → 쿄우토(京都 きょうと) (읽을 때는) 쿄오토

오사카 → 오오사카(大阪 おおさか)

즉 일본 카나(假名) 글자의 음가(音價)에 가능한한 똑같게 접근시키기 위한 것이다. 남의 나라 말을 우리 나라 말에 맞춰서 읽거나 표기하려는 것은 잘못된 방법이다. 더구나 그 나라 말을 바르게 학습하기 위해서도 올바른 발음과 외국어 표기법이 절실히 요망된다.

일본어에는 탁음(濁音, だくおん)이 있다. 일본어 카나(かな) 글자에서 탁음이 붙는 것은 50음도(五十音圖)에서, 20개 글자이다. 즉 か, さ, た, は 줄의 문자에 탁음이 붙는다. が, ざ, だ, ば가 그 예이다.

이 경우 か와 が를 어떻게 표기해야 가장 일본어 음에 가깝게 발음이 될 수 있을까. 우리 한글에서는 가장 근접된 표기가 다음과 같을 수밖에 없다.

か → 카, さ → 사, た → 타, は → 하

が → 가, ざ → 자, だ → 다, ば → 바

이 경우 한국어의 음과 일본어의 음이 완전하게 일치하는 것은 다음과 같다.

さ → 사, は → 하, ば → 바

나머지 글자들은 근사한 발음이 성립되기는 하지만, 다음 문자들은 다소 간에 무리가 있다.

か → 카, た → 타, が → 가, ざ → 자, だ → 다

위와 같은 표기에는 여러모로 발음상 무리가 있는 것이 분명하다. 그러나 한글 글자로서 일본 글자의 탁음 유무(有無)의 표기를 구별하기 위해서는 부득이한 노릇이다. 만약에 위와 같은 표기를 따르지 않는다면, 한글식 표기에 더 큰 혼란이 생길 수밖에 없다.

특히 인명(人名)과 지명(地名) 등에 있어서 구분이 매우 어려워지게 된다. 사람의 이름이나 땅의 명칭은 비록 외국인이라도 최대한으로 원음(原音)에 가깝게 써주고 읽어 주어야 한다고 본다.

어떤 혼란이 오는지 다음에 간단하게 예를 들어보자.

도우쿄우(同鄕, どうきょう)

토우쿄우(東京, とうきょう)

즉 'ど'와 'と'를 '도'와 '토'로 구별해서 쓰지 않은 경우 '동향'(同鄕)인지 수도인 '동경'(東京)인지, 한국 표기만 보는 경우 구별이 불가능해진다.

이번에는 다시 '토우쿄우'(東京)라는 지명에 대해서 다른 예도 살펴 본다. 현재 일반적으로 통용되고 있는게 '도쿄'이다. 그러나 지금처럼 '도쿄'나 '토쿄' 등으로 쓰는 경우 등등, 다음과 같은 낱말들과 맞닥뜨려서 혼란이 생기고 있다. 몇가지 예를 들어 본다.

토쿄 → ときよ (時世, 시대, 시세)

토쿄 → ときょう (斗栱, 짝을 진 것)

도쿄 → どきょう (讀經, 불경을 읽는 일)

도쿄 → どきょう (度胸, 매사에 겁없는 기력)

토교 → とぎょ (渡御, 가마를 옮기는 일, 왕의 거둥 등)

이상에서 살펴 본 것처럼 '토우쿄우'(東京)는 말할 나위도 없거니와 일본어 표기에는 장음(長音)이 꼭 필요하다. 다음 처럼 일본 성씨에 많이 쓰이는 것에서 그 실예를 살펴본다.

大野(おおの) → 오오노

小野(おの) → 오노

만약에 '오노'라고 쓴다면 '오오노'(大野) 씨는 제 성이 '오노'(小野)씨가 되어 버리고 말 것이니 큰 실례(失禮)이다. 그와 같은 성씨의 실례(實例)는 허다하므로 한가지 특수한 예만 더 들어 보자.

毛利(もうり) → 모우리

森(もり) → 모리

'모우리'(毛利, もうり)씨에게, 장음 '우'를 빼고 '모리'라고 표현했다면 역시 '모우리'(毛利)씨가 아닌 '모리'(森)씨로 뒤바뀌지 않는다는 보장이 없다.

일본의 고대(古代) 또는 중세(中世)의 귀족들은 성씨와 이름 사이에 'の'(노)라는 글자를 넣고 있는 것을 독자 여러분은 대하게 될 것이다. 이를테면 소가노 우마코(蘇我馬子, そがのうまこ)의 'の'(노)가 그것이다. 일본어의 격조사(格助詞)인 'の'의 용법은 매우 다양하다. 'の'는 비교적으로 흔히 쓰이는 것이 소유와 소속 등을 나타내는 '…의' '…에 있는' 등의 용법이다.

성씨에 붙이는 'の'는 '관계'를 표현하는 것으로서 '…이라고 하는' 뜻을 갖는다. 그러므로 소가노 우마코(蘇我の馬子)의 'の'는 '소가라고 하는 우마코'가 된다. 더 구체적으로 풀어 보면 '소가라고 하는 가문(家門)의 우마코'

라는 강조된 표현이다. 즉 소가 가문의 '권위'를 나타내고 있는 것이다.

고대 일본의 소가(蘇我) 가문과 후지와라(藤原) 가문 등등, 조정의 역대 지배자 가문의 성씨 밑에는 'の(노)'가 관용적으로 붙었다. 물론 이와 같은 'の(노)'는 당초 일본 역사의 신화(神話) 최초의 신(神)들의 이름부터 표현되었고, 천황과 왕족 귀족에게 붙였다. 또한 관직명(官職名)과 함께 고관의 이름 위에도 붙였음을 참고하기 바라련다.

지명의 표현으로는 일본 최고봉인 후지산을 '후지노 야마(富士の山)'라고도 불러 온다. 즉 '후지라고 하는 산'이다. 가장 높고 아름답다는 격조를 표시하는 셈이다.

고대 일본 역사에서는 고구려(高句麗, BC37~668)를 '코마'(高麗)로 '구'(句)자(字)를 빼고 써왔다는 것을 독자들은 알아두기 바란다. 이를테면 일본 고대 건축물의 칫수를 재는 데 사용했던 훌륭한 '고구려자'도 '코마샤쿠'(高麗尺, こましゃく)로 표기해왔다. '고려'(高麗, 918~1392)의 경우는 그냥 '코우라이'(高麗, こうらい)로 쓰고 있다.

일본의 메이지 유신(明治維新, 서기 1868년) 이전의 연대(年代)에 있어서의 월일(月日)은 모두 음력 날짜다. 일본에서는 메이지 유신 때 음력을 철폐시키고, 서양을 좇아 모든 날짜는 양력 만을 고수해 나가게 되었다. 따라서 저자가 '음력'이라고 표시한 것이 아니더라도 1868년 이전의 월일 표기는 음력이라는 것도 아울러 밝혀 둔다.

| 차 례 |

칸무천황의 생모 화신립(和新笠) 황후
오오에릉(大枝陵)

—아키히토(明仁)천황이 입증한 백제왕족과의 혈연관계 규명

일본 천황들의 몸 속에는 한국인의 피가 흐르고 있다는 것을 현재의 아키히토천황(明仁, 1989~현재)이 지난해 12월 23일 몸소 공언했다. 그날 아키히토천황은 68회 생일을 앞둔 기자회견에서 이렇게 말했다. "나 자신으로서는 칸무천황(桓武天皇, 781~806 재위·필자 주)의 생모가 백제 무령왕(武寧王, 501~523 재위·필자 주)의 자손이라는 것이 『속일본기』(續日本紀, 서기 797년 편찬)에 기록되어 있기 때문에, 한국과의 혈연을 느끼고 있습니다"(『朝日新聞』 2001.12.23)

그 날 일본 토우쿄우의 황거(皇居·千代田區千代田1-1)에서 거행된 아키히토천황의 기자회견 내용은 『아사히신문』에서 상세하게 보도되었다. 그

「칸무천황어모어릉길」 표석.

러나 일본의 다른 신문, 이를테면 『요미우리신문』(讀賣新聞)이며 『마이니치신문』(每日新聞) 등은 아키히토천황의 한국 핏줄 언명에 대해 보도를 묵살한 채 입을 꾹 다물어버렸다. 일본의 소위 3대 일간지 중에서 유일하게 『아사히신문』 만이, 아키히토천황이 자기 자신을 가리켜서 백제왕실과 한 핏줄로 이어왔다는 발언을 꾸밈 없이 보도한 것이었다. 두 말 할 것도 없이, 이 기자회견 내용은 일본 NHK-TV등 텔레비전 방송으로도 일본 전국에 생중계 방송되어, 텔레비전 시청자들도 천황의 말을 생생하게 들을 수 있었던 것이다. 물론 이와 같은 일본 천황가의 한국과의 혈연 관계 발표에 당황하거나 혹은 놀랜 일본인도 다소 있었겠으나, 대부분의 일본 지식층 사람들은 이미 예전부터 그 내용을 잘 알고 있었을 것이다.

『일본 천황은 한국인이다』의 저자로서 답사차 도일

『속일본기』라는 40권짜리 관찬 역사책은, 다름아닌 칸무천황 시대에 편찬된 것이다. 그 당시 칸무천황의 칙명을 받은 조신 스가노노 마미치(菅野眞道,741~814)의 주도 하에 서기 797년에 완성된 것이다. 스가노노 마미치는 4세기 말에 백제로부터 왜왕실로 건너간 왕인(王仁)박사의 직계 후손이기도 하다.

서기 794년에 일본 쿄우토(京都)를 최초의 왕도(王都)로 만들었던 칸무천황의 생모는 백제여성 화씨부인(和氏夫人,和新笠, 생년미상~789)이었다. 뒷날에 그녀의 이름은 남편인 코우닌천황(光仁天皇,770~781재위)에 의해서 백제식(百濟式)의 복성(複姓) 성씨인 타카노노 니이가사(高野新笠)로 바뀐다.

필자는 『일본천황은 한국인이다』(효형출판, 2000)의 저자의 입장에서, 지난 연말, 아키히토천황 스스로 자기 자신의 한국과의 핏줄 연관성을 고백한 직후, 곧 일본으로 건너갔다. 칸무천황의 생모 화씨부인의 묘소를 직접 찾아보기 위해서였다. 그러나 화씨부인의 묘지를 찾아내기 위해서 필자는 한겨울 찬바람 속에 쿄우토(京都)땅 서부 교외의 하고많은 산들을 이틀동안 이리저리 헤맨 끝에야 겨우 화씨부인의 오오에릉(大枝陵)에 다다랐다. 금년(2002년) 1월 6일 오후였다.

화씨부인에 관한 옛날 문헌에는 묘소의 위치가 이세코우산(伊勢講山) 정상에 있다고 했다. 또 다른 문헌에는 야마시로국 오오에릉(山城國乙訓郡大枝陵)으로만 되어 있었다. 이 야마시로국이란 쿄우토 땅의 고대 행정 구역 지명이다.

현재의 「쿄우토 관광지도」며 「쿄우토 관광안내」 책자에는 그 어느 것에도 백제여인 '타카노노 니이가사'의 '오오에릉'은 표시되어 있지 않다. 그녀가 한국인 출신 황후여서이랴. 왜냐하면 쿄우토 지역의 다른 황후릉들은 관광 책자마다 모두 제대로 표시되어 있기 때문이다. 나지막한 산이라서 그런지 '이세코우산' 산이름이 표시된 지도조차 찾아볼 수 없었다.

화씨부인 묘소 앞에는 「코우닌천황 황후 타카노노 니이가사 오오에릉(光仁天皇 皇后 高野新笠 大枝陵)이라는 한자가 음각된 빗돌이 우뚝 서있었다. 흰 돌로 세운 토리이(鳥居) 석문 뒤로 묘소는 울창한 회목숲에 안겨있고, 쿄우토땅 라쿠사이(洛西) 주택단지들을 굽어보는 이세코우산 정상에 화씨부인은 숨 죽인 채 지금까지 장장 1천2백13년을 조용히 누워있는 셈이다.

칸무천황의 생모가 백제왕족이라는 아키히토천황의 발언(『朝日新聞』 2001.12.23).

『속일본기』의 기사에 칸무천황의 생모인 황태후(和新笠)는 백제 무령왕의 후손 화을계(和乙繼)의 딸이라는 기사.

황후릉을 찾아내고 보니 이렇게 분명한 묘소이건만, 어째서 나는 이틀씩이나 이 산 저 산을 다리품만 팔며 온 신경을 곤두세워 누벼다녔던 것인가.

하지만 참으로 기이한 것은 그리도 차갑던 소한 추위 날씨가 능 앞에서만은 싸악 가시며 저무는 서녘 햇살 속에 이상하리만큼 온화해지는 것이었다. 황후릉이 드높은 회나무 등으로 방풍림이 되어 둘러싸인 탓인가. 아니면 원로를 마다않고 찾아든 나그네가 동족 핏줄이라고 화씨부인이 반가이 맞아줌에서랴. 일본이 문화선진국이라 스스로 내세우기 이전에 중요한 것은 관광지도며 안내책자에 속임 없는 한일 관계 역사 유적을 사실대로 밝힐 일이 아닐까.

●

코우닌천황의 황후 화씨부인 타카노노 니이가사의 실체

칸무천황의 생모 화씨부인은 누구인가. 필자는 오오에릉 앞에 우뚝 선채, 무성한 숲으로 둘러싸여 마치 뻥 뚫린 것 같은 머리 위의 하늘을 멍하니 우러르며 천이백여년전 황후 시절의 화씨부인을 연상해보았다. 오늘에 이르기까지 초상화 단 한폭도 전해지는 것은 없으나, 화씨부인은 다소곳하면서도 우아한 고대 한국 현모의 자애로운 모습이었다(容德淑茂)라고 『속일본기』는 전하고 있다.

필자가 두 시간 남짓이나 그 자리를 떠나지 않고 머물고 있던 동안, 단한 사람도 찾아오는 이 없이 다만 씻은 듯 적막했던 오오에릉 묘소. 아마도 늘 그렇게 화씨부인은 고적하게 오랜 역사를 홀로 잠들어 온 것은 아닐까. 「쿄우토관광 안내」 책자에 이름조차 오르지 않고 있는 '타카노노 니이가사' 이고 보면 혹시 누가 찾아오지 않을까 하고 능 앞에서 오래도록 기다려본 것은 필자의 우둔한 머리탓일 테지. '타카노노 니이가사'라는 그녀의 이름은 일본 고대사학자나 알 정도인 것이기에 말이다.

그녀의 친아들 칸무천황이 서기 794년에 지금의 쿄우토땅인 '헤이안경'(平安京)왕도를 처음으로 개창한 것이고, 그 모후는 오늘날 쿄우토 서녘의 한 산마루에 조용히 잠들어 있다. 지난 해 12월 아키히토천황이 자기 자신의 핏줄을 인정했을 때 어쩌면 화씨황후는 무덤 속에서 눈을 번쩍 뜨지는 않았을까. 이 오오에릉의 관리는 일본왕실의 궁내청(宮內廳)이 맡아한다는 것이 현판에 밝혀져 있었다.

화씨부인(화신립)은 일본에 살고 있었던 백제 제25대 무령왕(武寧王,501~523 재위)의 직계 후손인 화을계(和乙繼,야마토노 오토쓰구·8C)라는 백제 왕족의 딸이었다. 그녀의 어머니는 신라신족(新羅神族)계통의 귀족여인 하지노 마마이(土師眞妹)다. 화을계는 본래 백제 무령왕 후손이기 때문에 왜왕실에서 '야마토노 아소미'(和朝臣)라고 우대받던 조신이었다. '야마토'(和)는 무령왕의 성씨였으므로 그 옛날의 백제 왕실과 결코 무관하지 않은 글자이다. 화신립 소녀는 제 아비가 왜왕실의 조신이었기 때문에 시라카베왕자(白壁王子,708~781)와 결혼했던 것이다. 이 시라카베왕자가 뒷날의 코우닌천황(光仁天皇,770~781재위)이다.

코우닌천황이 제49대 일본왕으로 등극한 것은 그의 나이 벌써 환갑, 진갑 다 지난 62세 때의 일. 천황가가 천황 계승을 둘러싸고 정치적으로 극히 험악하고 어수선하게 대립했던 시대에 그는 늙은 한 왕자의 몸으로 왕위에 올랐던 것이다. 그 무렵 그의 윗대에서 천황들이 폐제(廢帝)되거나 또는 거듭 왕으로 복귀하는 중조(重祚)등, 그야말로 살벌한 정치상황에서였다.

더구나 왕위 계승자가 결정되지 않았던 시대의 여러 왕자들 중의 하나였

화신립황후의 오오에릉에 오르는 계단

백제여인 화신립 황후의 묘석에 음각된 글씨가 또렷하다. 백제식의 복성으로 된 것이다.(光仁天皇 皇后 高野新笠 大枝陵).

던 늙은 시라카베왕자. 그 당시 입 한번 벙긋 잘못 놀려 폐왕자되는 자도 있었다. 그러기에 노경의 시라카베왕자는 애먼 재난을 피하느라 때로는 고의로 무능한 술주정뱅이 처신을 하며 남 모르게 행방을 숨겼고, 고심참 담하게 이리저리 몸을 사려 용케도 수난을 면하여, 끝내 드높은 옥좌에 올 랐던 것이다.

시라카베왕자(후일의 코우닌천황)가 왕자 시절에 화신립 낭자와 결혼한 후, 둘 사이에 첫 왕자 야마베왕자(山部王子, 뒷날의 칸무천황)가 태어난 것 은 서기 737년. 그러기에 아버지 코우닌천황이 등극했던 당시에 야마베왕 자도 이미 그 나이 33세의 청년이었다. 이 당시 어머니 화씨부인은 50세 전후였을 것이다. 그녀는 뒷날 아들 칸무천황(야마베왕자)이 등극한 뒤 8 년만인 서기 789년에 세상을 떠났던 것이니, 남편과 아들 두 부자 천황대

2002년 1월 6일 저자가 직접 찾아갔던 '오오에릉'(大枝陵)이다. 아키히토천황이 언급한 칸무천황의 생모인 백제여인 '화신립(和新笠) 황후'의 천황가 묘소(光仁天皇 皇后 高野新笠 大枝陵)다.

에 과연 얼마나 큰 영화를 누렸을가. 서로 금슬이 좋았던 코우닌천황과 화씨부인 사이에는 단명했던 둘째 왕자 사와라왕자(早良王子, 생년미상~785)와 노토내친왕(能登內親王, 생몰년 미상) 등 모두 3명의 왕자가 태어났다.

화씨부인의 남편 시라카베왕자(코우닌천황)는 770년 10월에 천황자리에 등극하자, 서넛을 헤아리던 그의 왕비들 중에서 가장 나이든 화씨부인이 아닌, 제일 나이 젊은 이노우에공주(井上公主, 생년미상~775)를 황후 자리에 앉혔다. 무슨 이유때문이었을까.

이 당시 이노우에공주는 제49대 코우닌천황과의 사이에 11살짜리 소년 오사베왕자(他戶王子, 759~775)가 있었다. 황후가 된 젊은 이노우에공주는 코우닌천황의 4대 위쪽 선대왕인 제45대 쇼우무천황(聖武天皇, 724~749 재위)의 공주였기 때문에 이들의 혼인 관계는 이른바 근친결혼이었다. 그

나라시 교외의 히가사에 자리하고 있는 화신립황후의 남편 코우닌천황릉. 금년 1월 13일에 필자가 찾아갔다.

러나 그 당시 왜왕실에서의 근친결혼은 다반사였다. 천황이나 왕자도 여러 부인을 거느렸던 것은 또한 우리나라 왕실이나 진배 없었다. 코우닌천황이 등극한 이듬 해인 서기 771년 1월에 여러 왕자 형들을 물리치고 이노우에공주의 몸에서 태어난 12살짜리 어린 오사베왕자가 황태자로 책봉되었던 것이다.

　이 때 누구보다도 가슴 크게 아픈 것은 화씨부인이었을 것이다. 석 달 전에 그녀가 마땅히 황후에 오르지 못한 아픔보다는 이미 34세인 큰 아들 야마베왕자(뒷날의 칸무천황)가 나이 어린 이복동생 오사베왕자에게 대통 계승권을 빼앗겼을 때, 어쩌면 화씨부인은 숨어서 눈물을 뿌렸을 것이다. 어차피 황후자리는 천황가문 출신의 극성스럽던 젊은 이노우에공주가 도맡으리라고 예상했겠으나, 설마하니 철부지 오사베왕자를 황태자로 책봉했으니, 절망에 찬 백제여인은 그 당시 누구를 원망했을까. 그러나 그 배후에 버티고 앉은 황후 이노우에공주는 화씨부인과 야마베왕자 등을 제거시키려고 몹시 증오하며 질시하던 황실 여인천하의 독부였던 것이다.

따지고 보면 그동안 황태자 계승을 둘러싸고 왕실에서의 남모르게 극렬한 내분이 일었다. 그 당시 젊은 이노우에황후는 유별나게 코우닌천황의 손위 친누이 나니와공주(難波公主)를 저주했다. 그리하여 끝내 이노우에공주는 남몰래 시누이를 암살하는 끔찍한 살인사건마저 저질렀던 것이다.

실은 야마베왕자(칸무천황)의 고모인 나니와공주는 34세의 친조카 야마베를 황태자로 책봉할 것을 코우닌천황과 조신들에게 강력하게 밀어댔던 것. 그러기에 이노우에황후는 쇼우무천황 세력과 함께 남편 코우닌천황을 닦달하며 제 어린 아들을 끝내 황태자로 책봉시킨 것이었다. 물론 이노우에 황후도 백제 여인이다. 그의 부왕 쇼우무천황이 백제 계열의 천황이기 때문이다.

그러나 코우닌천황의 열렬한 옹립자인 조신 후지와라노 모모카와(藤原百川, 732~779) 참의(參議)는 이노우에황후가 시누이 나니와공주를 저주하여 은밀하게 살해시킨 흑막의 사건을 끈질기게 파헤쳐 마침내 그녀의 악랄한 죄상을 밝혀내고야만 것이다. 실은 남편인 코우닌천황마저 저주했던 이노우에 황후는 그 죄과로 마침내 서기 772년 3월에 폐위되었고, 다시 5월에는 황태자 오사베왕자도 친어미의 대역사건에 연좌되어 폐서인되었다. 이들 모자는 773년에 멀리 우치군(宇智郡)으로 유배되었다가, 775년에 같은 날 동시에 죽었다. 동반자살설이 전하기도 한다.

772년 5월 황태자를 폐서인한 조정에서는 곧이어 36세의 야마베왕자(칸무천황)를 새로운 황태자로 책봉했으니, 그동안 이노우에황후에게 곤혹스럽게 시달려왔던 화씨부인의 잔뜩 그늘졌던 얼굴에도 이제 안도의 표정이 떠올랐을 것이리라. 야마베왕자(칸무천황)는 코우닌천황과 백제왕족 화씨부인 사이의 소생이었으나, 후지와라노 모모카와 등 조신들은 일제히 목청을 돋우어 그를 기꺼이 황태자로 밀었던 것이다. 조신 후지와라노 모모카와는 그 출신이 신라계의 신족(神族) 나카토미(中臣)씨 가문의 후손이기도 하다(『新撰姓氏錄』).

코우닌천황도 백제 왕족이다

그렇다면 과연 황후 화씨부인만이 백제인인가. 실은 코우닌천황도 백제 왕족이다. 코우닌천황이 백제 왕족이라는 것은, 12세기 중엽의 문헌 『대초자』(1156~58)에 다음처럼 나있다.

「시라카베(코우닌천황·필자 주) 왕자의 어조(御祖)인 조부(祖父)야말로 히라노신(平野神, 백제 聖王·필자 주)의 증손이 되느니라」(白壁の御子の御祖の祖父こそ平野の神の曾孫なりけれ).

여기서 시라카베왕자의 조부란 백제 성왕의 증손자인 텐치천황(天智天皇, 661~672재위)이라는 것이다. 텐치천황의 아버지는 다름아닌 죠메이천황(舒明天皇,629~641 재위)이다.

『일본서기』(720년 편찬) 역사책에도 밝혀져 있듯이, 「죠메이천황은 백제궁(百濟宮)을 짓고 살다가 52세때 백제궁에서 붕어하자, 장례를 백제대빈(百濟大殯, 쿠다라노 오오모가리, 백제왕실 3년상)으로 치렀다」고 밝혀져 있다. 위 문헌의 '히라노신'(平野神)은 일본왕실의 제신(祭神)이 된 백제의 성왕(聖王,523~554 재위)이다. 성왕은 서기 538년에 왜나라에 불상과 불경을 보내어, 일본에 처음으로 불교를 전한 백제왕으로서 지금까지도 히

궁내청(천황궁의 행정청)에서 세운 화신립 황후의 오오에릉(大枝陵) 게시판. 「코우닌천황 부인 증 태황태후 천고지일지자희존 오오에릉」 '천고지일지자희존' 은 화신립황후의 천황가의 왕족 이름 이다.

라노신사의 제1제신(第一祭神)으로서 존숭되어 온다. 한일관계사에서 백제 성왕이 왜나라에 불교를 전한 것은 『일본서기』등에도 밝혀있는 사실(史 實)이다.

일본의 저명한 고대사학자 사에키 아리키요(佐伯有淸) 교수는, '죠메이천 황은 백제천황(百濟天皇)으로 불리었을 것'(『新撰姓氏錄研究』 1970)이라고 지적한 바도 있다. 또한 역시 '백제궁'을 짓고 살았던 또 다른 한 천황은 죠메이천황의 조부인 비타쓰천황(敏達天皇, 572~585 재위)이다. 나라 땅에 다 백제대정궁(百濟大井宮)을 짓고 살았던 비타쓰천황이 백제 왕족이라는 고증은 고대 왕실족보인 『신찬성씨록』(서기 815년 편찬)에 그 기사가 밝혀 져 있다.

화씨부인의 아들 야마베왕자가 드디어 서기 781년에 즉위하여 칸무천황

오오에릉의 전경

(781~806 재위)이 되었다. 그러자 칸무천황은 즉시 어머니 화씨부인을 황태부인(皇太夫人)으로 칭호했고, 친동생 사와라왕자를 자신의 후계자인 황태자로 책봉했던 것이다. 칸무천황은 서기 794년에 천도하여 지금의 쿄우토땅에다 왕궁(平安宮)을 짓고 왕궁 북쪽에는 히라노신사(平野神社·京都市北區平野宮本町)를 세웠던 것이다. 「이 곳의 제1신전(神殿)의 제신(祭神)은 백제 성왕이다」(內藤湖南『近畿地方に於ける神社』1930).

　필자는 코우닌천황의 황후 화씨부인의 오오에릉에 이어 아들 칸무천황의 카시와바라릉(柏原陵)에도 찾아갔었다. 1월 13일에는 화씨부인의 남편 코우닌천황의 다와라히가시릉(田原東陵)을 찾아 나라(奈良)의 교외 멀리 히가사(日笠)에도 갔었다.

그 어느 곳이나 왕릉은 고즈넉하였다. 그러나 조정에 백제인 조신들을 가장 많이 등용시켰다는 역사 기사(『속일본기』)가 알려지는 칸무천황의 왕릉 카시와라릉에는 이따금식 참배오는 사람들이 있었다. 그 중의 한 중년의 일본인은 지난 12월 23일에 아키히토천황의 황후 화씨부인(高野新笠, 타카노노 니이가사)에 대한 말을 직접 TV 중계방송으로 보고 들었다고 필자에게 말했다.

그러기에 필자가 "칸무천황의 생모 백제여성 화씨부인의 능에도 가보았느냐"고 넌지시 물었더니, 고개를 저으며 말했다. "그 분의 능이 어디에 있는 도무지 알 수 없어서 못 갔다"는 것이었다. 필자가 위치를 설명해주자 꼭 찾아가 참배하겠다는 것이었다.

여기 굳이 부기해두자면, 백제 성왕을 제신(祭神)으로 모시고 있는 '히라노신사'(平野神社) 역시 쿄우토관광 안내책자나 관광지도에는 전혀 실려있지 않다. 그러나 헤이안경(平安京)을 몸소 건설했던 업적도 빛나는 일본 고대문화의 대표적인 칸무천황은 백제인 왕인(王仁)박사가 서기 405년에 일본 왕실에서 처음으로 지은 와카(和歌)를 즐겨 읊었다.

또한 칸무천황은 실제적으로 본다면 고대 일본의 한국인 씨족사(氏族史) 격인 『신찬성씨록』의 편찬에 몸소 착수하며 그 완성을 칙명으로 지시했던 업적(水野 祐 『日本民族』 1963)을 또한 우리는 잊어서는 안 될 것이다.

●

반한(反韓) 세력의 천황가 압박

일본 아키히토 천황의 기자회견 내용에 있어서 칸무천황의 생모 등, 천황가의 한국 혈연 관계 보도 만을 고의로 빼버린 것이, 『아사히신문』을 제

외한 일본의 각 일간지들의 처사였다. 언론의 사명인 공정성을 벗어난 작태를 나무라는 일인들도 많았다.

여기서 새롭게 기억하게 되는 것은 일본의 소위 '적보대'(赤報隊)라는 존재다. 한일간의 외교 문제와 관련해서, 이들은 1987년 5월 3일에 아사히신문 한신지국(朝日新聞阪神支局) 습격사건 등, 두 번의 아사히신문 습격을 자행했는가 하면, 1990년 5월 17일 밤에는 나고야시(名古屋市)의 「아이치한국인회관」 현관에 석유를 뿌리고 발염통(發炎筒)으로 방화하는 사건도 저질렀다. 이와 같은 일련의 테러 사건을 일본경찰은 '경찰청지정 116호 사건'으로 다루어온다고 『아사히신문』은 다음과 같은 내용의 보도를 했다.

「아사히신문사 공격으로부터 시작된 경찰청 지정 116호사건에서, '적보대'를 자처하는 범인측의 범행 성명문은 다음과 같다.

"고(告)함. 우리 대(隊)는 반일(反日)의 한국(韓國)을 중경(中京, 일본 나고야시 지역·필자 주)방면에서 처벌했다. 한국은 지금까지 일본에게 계속해서 짓궂게 굴어왔다. (중략) 노태우는 오지마라(그 방화사건 등 당시에 노태우 대통령이 공식 방일을 앞두고 있었다·필자 주). 온다면 반일적인 재일 한국인을 최후의 한 사람까지 처형하겠다. 반일 매스콤과 앞잡이로 움직이는 일본인도 처형한다(후략)"」 (2000.1.8)

이 적보대는 재일한국민단과 아사히신문사를 노골적으로 적대시하고 있는 것이다. 지난 해 12월 23일의 아키히토천황의 기자회견 내용 중에서 한국 연고관계 발언을 아사히신문 이외의 다른 신문사에서는 일체 보도하지 않았는데, 그렇다면 그 이유는 이들 적보대의 습격을 두려워해서였다는 것일까.

노태우 전 대통령이며 전두환 전 대통령의 방일 당시에 대해서 『아사히신문』은 다음처럼 보도했다.

「이 당시에 우익 진영은 한국정부에 대해 거세게 반발하였으며, 토우쿄우의 한국대사관이며 민단중앙본부에 연일 선전차(장갑차럼 시커멓게 개조한 대형차 · 필자 주)로 밀어닥쳤다. 1984년의 전두환 대통령의 내일 때도, 쇼우와천황(昭和天皇 · 히로히토)이, "불행한 과거"에 "유감"의 뜻을 표하고 있다. 자민당 내에서도, "이 이상 땅에 엎드려 절할 필요가 있는가"라는 발언이 튀어나왔다. 토우쿄우의 우익단체 대표가 말한다. "서울올림픽의 성공으로 한국은 자기 주장을 강하게 했다. 우리 진영은 냉전 붕괴로 반공(反共)의 목소리가 쉬고, 그 대신 '반한(反韓)'의 의식이 일거에 드높아졌다."」(2000.1.8).

일본의 우익단체 배경에 폭력단(暴力團)이 도사리고 있다는 것은 공공연한 비밀이다. 이들 폭력단의 자금과 선거전 지원을 받고 있는 국회의원 조차 있다고 한다. 『아사히신문』이 지난 연말 보도한 것을 보면 폭력단은 우체국에서도 우편물 취급상 특별한 우대를 받고 있다는 것이다.

「폭력단의 우편 특별 취급」 제하의 『아사히신문』 기사(2001.12.23)에는 다음과 같이 지작되고 있을 정도다.

「오오사카 아사히우편국(大阪旭郵便局)이, 폭력단 관계자의 우편물을 통신사무용 봉투에 담아서, 특별 취급하여 수취인을 관할하는 우편국으로 발송하고 있는 것을 22일에 알았다. 통신사무용 봉투에는 '暴'(동그라미 속에 '폭'이라는 한자를 썼다 · 필자 주)이라고 글자를 써서 폭력단 관계의 우편물이라는 것을 명시하고 있었다. 우정사업청에서는 "모든 우편물은 공평하게 취급하는 것이 상식인데 죄송하다. 곧 고치도록 하겠다"고 말하고 있다.」

　이들 폭력단은 공공행정 업무마저 장악하고 있다는 게 드러난 셈이다. 이들이 곧 국수주의 세력의 배후이며 또한 반한(反韓)세력이라는 놀라움을 금할 수 없다. 실제로 한국 역사 관계 기사를 올바르게 쓰다가 이들로부터 심지어 테러 협박을 받았다는 역사학자도 있다. 그러고 보면 이들은 천황의 온당한 발언에도 강력하게 반발할 뿐 아니라 언론을 폭력으로 위협해 오고 있는 옥상옥의 실체가 아닌가 한다.

백제인의 헤이안신궁(平安神宮)과 쿄우토어소

—신라신·백제신 제사지낸 칸무천황

'**오**사카'(大阪) 북쪽에 이웃하고 있는 도시 쿄우토(京都)는 일본의 역사적인 왕도(王都)로서 자랑이 큰 곳이다. 왜냐하면, 쿄우토가 일본의 수도가 된 것은 이미 지금부터 1천2백여 년전인 서기 794년부터의 일이기 때문이다.

그 후 일본이 1868년부터 '메이지유신'을 일으켜, 왕가(王家)가 에도(江戸)인 토우쿄우(東京)땅으로 옮겨 가기까지, 장장 1천백여 년간 쿄우토는 '헤이안경'(平安京, へいあんきょう)이라는 이름을 가진 고색창연한 왕도였으며, 일본의 장구한 역사와 문화의 중심지였다.

그러기에 일본의 역사와 문화 뿐 아니라 구체적으로 일본의 왕정(王政)

일본 속의 한국 문화유적을 찾아서

과 지배자와 일본 민족의 내용을 파악하기 위해서는, 다각적으로 헤이안 시대(794~1192)를 비롯해서 카마쿠라시대(1192~1333)며 무로마치시대 (1336~1573)의 왕도로서 줄곧 이어져 왔던 헤이안경을 고찰해야만 할 것 이다.

서기 794년에 '헤이안경'을 처음으로 왕도로 삼고, '나가오카경(長岡 京)'으로부터 천도한 왕은 다름아닌 칸무천황(桓武天皇, 781~806재위)이 었다.

칸무천황은 백제인이다. 칸무천황의 아버지는 백제인 코우닌천황(光仁天 皇, 770~781재위)이고, 어머니는 백제인 화신립(和新笠, 뒷날 高野新笠으 로 개명, 789사망)부인이며, 코우닌천황의 황비였다. 이들 사이에 태어난 분이 칸무천황이다.

화신립 낭자의 아버지 화을계는 무령왕의 왕성(王姓)인 화씨를 이었고, 일본 조정에서의 벼슬은 화조신(和朝臣, 야마토조신, やまとのあそん)이었 다. 일본의 상징인 '야마토(和)'라는 것이 백제 왕성인 화씨(和氏)에 연고를 두고 있는 것이다(홍윤기 『일본천황은 한국인다』효형출판, 2000).

서기 794년에 '헤이안경'을 처음으로 왕도로 삼고, '나가오카경'으로부 터 천도한 '칸무천황은 백제인이며, 이는 12세기 문헌 『후쿠로소우시』를 통해 입증할 수 있다.

이 책의 저자는 헤이안시대 후기의 가인(歌人)이며 왜왕실의 귀족이었던 후지와라노 키요스케(1104~1177)이다. 또한 토우쿄우대학 사학교수 이노 우에 미쓰사타 씨며, 와세다대학 사학교수 미즈노 유우 씨 뿐 아니라 여러 권위있는 역사학자들은 제15대 오우진천황과 그의 아들 제16대 닌토쿠천 황 시대(4~5세기)부터, 고대 일본의 지배자가 백제인들이었음을 저마다 인정하고 있다.

헤이안신궁(교우토). 칸무천황의 신주가 있는 사당.

　현대 일본의 국어학자였던 카나자와 쇼우사브로우(金澤庄三郎1872~1967) 교수는 그의 저서(『일선동조론(日鮮同祖論)』, 1929)에서 그 사실을 지적하면서, 그 증거가 되는 중요한 와카를 싣고 있기도 하다.

　카나자와 교수의 저서『일선동조론』은 고대 한국과 일본은 똑같은 조상을 모시고 있는 하나의 민족이라는 것을 밝힌 책이다. 이 책은 한일합방을 합리화시키기 위한 회유책을 그 배경으로 삼고 있다는 것도 우선 간단히 지적해 둔다.

　일본이 백제인 정복자에 의해서 지배되기 시작한 것은 서기 4세기 후반부터의 일이다.

　그 당시의 오우진(應神)천황과 그의 아들 닌토쿠(仁德)천황이 백제인이며, 특히 닌토쿠천황은 지금의 오오사카땅에서 '카와치'(河內)왕조를 이루

일본 속의 한국 문화유적을 찾아서

었다는 것을 다음처럼 지적한 것은 와세다대학의 고대사학 교수 미즈노 유우(水野 祐, 1918~2000) 씨였다.

일본과 한반도와의 교섭에 있어서, 특히 백제와 일본의 관계는 오우진천황·닌토쿠천황 시대 이후부터 서로의 관계 역사 자료가 눈에 띄게 많이 나왔다.

오우진천황·닌토쿠천황 등 닌토쿠왕조(카와치왕조)는 외래 민족의 세력으로서, 일본에 침입하여 일으킨 정복왕조다. 닌토쿠왕조는 대륙적인 성격을 갖는 새로운 왕조였으므로, 대륙의 사정에도 정통했다. 따라서 그 쪽 정세에도 민감했으며, 특히 그 지배층이 백제국 왕가와 동일 민족계통(백제왕은 부여족)에 속한다(『日本古代國家の形成』, 1978.)

토우쿄우대학의 고대사학자 이노우에 미쓰사타(井上光貞, 1917~83) 씨도 다음처럼 똑같은 견해를 밝힌 바 있다.

오우진천황은 4세기 중엽 이후의 일본 정복자로 보는 것이 합리적이다(『日本國家の起源』, 1967).

이노우에 미쓰사타 씨며 미즈노 유우 씨 뿐 아니라, 그밖의 여러 권위있는 학자들은 오우진천황과 그의 아들 닌토쿠천황 시대, 즉 4세기 중엽 이후부터 고대 일본의 지배자는 백제인들이었음을 인정하고 있는 실정이다.

백제인이 이룬 헤이안의 왕도

백제인 후손인 칸무천황(781~806재위)의 시대는, 8세기 말경부터 지금의 쿄우토땅을 '헤이안경'으로 삼고 이 고장을 일본의 새로운 왕도로서 발전시키게 된 것이다.

지난 1천74년 동안 천황들의 거처였던 궁궐 터전인 '쿄우토어소(京都御所, きょうとごしょ)'는 당시 신라인 건축가 저명부(猪名部) 가문의 후예들과 백제인 건축가들이 함께 지은 것이다. 「이미 서기 467년 부터 일본의 궁전은 신라식(新羅風)으로 건축되기 시작했다」고 오바타 아쓰지로우(小幡篤次郎) 씨는 『일본역사』에 밝히고도 있다(『日本歷史』卷一, 金港堂, 1886). 그 곳에서 머지 않은 쿄우토시의 '헤이안신궁'은 헤이안경을 창업했던 칸무천황을 제신으로 모시고 제사지낸다.

지금의 쿄우토시 북부에는 그 옛날부터 왕궁 터전인 '쿄우토어소'가 있다. 이 곳의 정전은 '시신전(紫宸殿, ししんでん)'이

백제인인 제50대 칸무천황의 초상화(토우쿄우 박물관 소장).

일본 속의 한국 문화유적을 찾아서

교우토어소의 '시신전'.

다. 우리나라의 경우에는 경복궁의 근정전(勤政殿)과 똑같은 곳이다. 지금
의 궁전들은 안세이(安政) 연간(1854~1859)에 새로 조영된 것이어서 연조
는 불과 140여년 밖에 안된다.

　그 옛날 헤이안시대부터 역대 천황들은 이 '시신전'에서, 공식적인 의식
을 가졌다. 즉 천황은 이 전당에서 공사(公事)를 처리하고, 신하들의 조하
(朝賀)를 받았으며, 즉위식을 갖기도 했던 것이다. 백제인의 피를 이은 역
대 천황들이 헤이안경이라는 왕도 천년을 다스린 곳이 이 시신전이라는
곳이었다.

　'교우토어소'는 지난 1천74년동안의 천황들의 거처인 궁궐터전이거니
와, 이 곳 어소의 정문은 남문인 '켄레이문'(建禮門)이다. 켄레이문으로 들
어서서 시신전에 들어가려면 다시금 시신전의 정문인 쇼우메이문(承明門)

으로 들어가야 한다. 쇼우메이문은 좌우로 회랑이 이어지면서, 디근자 꼴로 시신전을 향해 꺾여서 북쪽으로 이어진다. 우리나라 고대의 궁전과 거의 똑같이 정전이 북쪽에 위치하는 것이다.

쿄우토어소의 동문은 명칭이 켄슌문(建春門)이고, 서문은 키슈우문(宜秋門)이며 그 윗쪽으로 또 하나의 작은 규모의 서문은 세이죠문(淸所門)이다.

칸무천황 신위 모신 헤이안신궁

이제 우리는 쿄우토 시내 한복판에서, 꼭 찾아보아야 할 곳이 있다. 그곳은 헤이안신궁(平安神宮)이다. 쿄우토시의 헤이안신궁은 백제인 칸무천황을 제사 모시는 신궁이기 때문이다. 그는 지금으로부터 장장 1천2백여 년 전인 서기 794년에 이 쿄우토땅을 헤이안경으로 세운 역사적인 인물이다. 그가 백제인이었기 때문에 일본의 지배자인 군왕이면서도, 한국인들이 건너가기 전에 일본땅에 먼저 와서 살던 선주민들을 지배하는 데, 한 때는 통치의 어려움을 겪기도 했던 것이다. 그러기에 칸무천황은 한·일이 동족(同族)이라는 동족에 관한 고대 문서들마저 모두 불태우도록 어명을 내렸던 일조차 있다.

이 사항에 관해서는 저자가 차후에 「한일동족론」을 본격적으로 다루는 연구론에서 상세하게 밝히기로 하겠다.

일본 고대의 문화의 제왕으로 정평있던 칸무천황의 치적은 일본 고대사에서 가장 찬양받고 있다. 또한 칸무천황이 백제인들을 조정의 중신들로서 등용했다는 사실은, 일본 천황가의 관찬 역사책인 『속일본기』(續日本紀,

797)에 기사들이 낱낱이 밝혀져 있기도 하다.

특히 그가 총애한 백제인 총신은 명신(明信, めいしん)이라는 백제인 왕족이었다. 칸무천황이 시신(侍臣)인 명신을 총애한 내용에 관해서는 스가와라노 미치자네(845~903)가 쓴 『유취국사』(類聚國史, るいじゅうこくし, 892년 성립)에 잘 알려져 있다. 일본 고대사 연구의 중요 사료로서 평가받고 있는 이 책에 보면, 칸무천황은 명신에게 몸소 옛시(와카)를 읊고, 명신이 화답할 것을 간청했던 발자취가 엮어져 있을 정도이다. 서기 795년 4월의 일이었다.

쿄우토시의 서쪽 서울이라는 오카자키의 대로 한복판에 30미터가 넘는 거대한 붉은색 토리이(鳥居)가 떡 버텨선 곳을 지나 한동안 걸어가면 그 곳에 헤이안신궁의 정문인 오우텐문(應天門)이 2층 루문으로 위엄있게 서 있다.

헤이안신궁 안내판을 살펴보면, 이 신궁의 연혁이 상세하다.

메이지 28년(1895), 칸무천황의 천도 1,100년제를 기념해서, 칸무천황을 제신(祭神)으로서 창건한 신궁이다. 뒷날에 헤이안경 최후의 천황인 코우메이천황(孝明天皇, 1846~66재위)도 합사하였다.

사전(社殿)은 헤이안경의 정청(政廳)의 중심이었던 쵸우도우원(朝堂院)의 형식을 약 2분의 1로 축소해서 복원한 것이다……(京都市).

본래는 헤이안경 창업을 했던 칸무천황 만을 제신으로 모시고 제사지내던 신궁이나, 뒷날 헤이안경 최후의 천황이었던 코우메이천황도 이 곳에 함께 합사하게 되었다는 것은 두말할 것도 없이 코우메이천황에게도 백제인의 피가 이어져 오고 있는 것을 말해 준다. 오늘의 아키히토천황의 고조

헤이안신궁의 정문 '오우텐문'

부가 코우메이천황이다.

신궁의 중심인 본전(本殿)은 다이고쿠전(大極殿)이라고 부른다. 그리고 이 다이고쿠전 안쪽에는 신위를 모신 '어신전'(御神殿, ごしんでん)이 깊숙이 자리잡고 있다.

칸무천황 신전에 참배하기 위해서 늘 수많은 사람들이 찾아들고 있다. 개인적으로 오는 사람들이며 관광버스편으로 오는 단체 관람객들이 있는가 하면, 가끔씩 코큰 서양인들도 눈에 띈다. 더러는 한국인 관광객도 있겠으나, 과연 이 곳의 제신 칸무천황이 백제인이었다는 사실을 알고 찾는 분은 얼마나 될는지, 저자로서는 알길 조차 없는 일이기도 하다. 이 글을 대하신 독자들께서는 쿄우토 관광길에 이 곳을 찾는 보람을 누리시길…….

칸무천황하면 그가 고대 한국의 피를 이은 일본 지배자라는 데만, 의의

가 큰 것은 아니다. 그는 헤이안경의 궁안에다 '신라신'·'백제신'의 신전을 마련하고 초봄과 늦가을에 걸쳐 1년에 2번씩 춘추의 제사를 모셨다는 것을 우리가 잊어서는 안될 것이다.

●

궁전에서 신라신과 백제신 제사모시다

칸무천황 시대부터, 새로 천도해 온 헤이안경의 궁안에서는 매년 정기적인 제사를 지내게 되었다. 그중 가장 중요한 제사는 다름아닌 '원·한신제(園·韓神祭, その·からかみのまつり)'와 신상제(新嘗祭, にいなめさい) 그리고 대상제(大嘗祭, だいじょうさい)였다.

즉 신라신인 '원신'과 백제신인 '한신'을 위한 제사가, 궁중의 원신신사와 한신신사에서 거행이 되었다는 것부터 살펴보기로 한다. 그 중요한 사실(史實)은 일본 고대의 궁중의 법령세칙인 『연희식』(延喜式, 서기 927년 완성)에 각 항목마다 상세하게 기록되어 있다.

일본의 저명한 민속학자며 국문학자였던 니시쓰노이 마사요시(1900~1971) 교수가 이것에 대해 소상한데, 그가 밝히는 '한신제(韓神祭)'에 관한 것은 다음과 같다.

한신제라는 것은 중고시대에, 궁내성(宮内省,저자 주·천황궁안 소재)에 제신으로 모셔지고 있던 한신(韓神) 사당의 제사로서, 2월 '카스가제(春日祭) 뒤의 소날(丑日)과 11월 신상제(新嘗祭)전의 소날(丑日) 거행했으며, 같은 날 원신(園神)의 제사도 행하였다.

한신은 북에, 원신은 남쪽에 위치한다. 제사드리는 순서는 똑같지 않고,

어느 쪽을 먼저 한다는 것을 정하지는 않았다(「韓神祭」1958).

이와 같은 '원신제'와 '한신제'는 칸무천황이 헤이안경에 천도한 직후에, 궁중으로 모셔온 고대 한국의 신들이라고 하는 것이 사료로서 전해지고 있다. 그 경위에 대해서 우스다 진고로우 교수는 사료를 인용하여 다음과 같이 밝히고 있다.

> 한신은 ≪연희식≫의 신명장(神名帳, 필자 주 · 천황궁에서 제사지내는 신들의 명부)에 보면 궁내성(宮內省)에 계신 신이며, 거기에 원신사(園神社)와 한신사(韓神社)가 보인다. 엔랴쿠(延曆, 782~805년)시대 이전부터의 터주신(地主神)이었다. 그런데 헤이안 천도 때인 서기 794년에 조궁사(造宮使)가 다른 곳으로 옮겨 모시려고 했더니, 그 때에 터주신은 여기(헤이안궁) 있으면서 제왕(帝王)을 보호하여 지키겠노라는 신탁(神託)이 내렸기 때문에 그냥 궁내성에 진좌(鎭座)하게 되었다고 전해지고 있다.
> 원신과 한신은 터주신으로서 귀화인인 하타씨(秦氏, 진씨)가 제사지내고 있었으리라(「神樂歌」, 1992).

쉽게 말하자면, 고대 일본 왕실의 터주신으로서 신라신과 백제신은 궁안에 신사(사당)를 세우고 모셔왔던 것이다. 또한 신라인 귀족인 하타씨(진씨)는 신라인 가문이며 헤이안경(쿄우토)에서 사당을 세워서 신라신들을 대대로 제사지내온 것이었다.

그런데 칸무천황이 나가오카경(長岡京)으로부터 헤이안경(平安京)으로 천도할 때, 헤이안경을 조궁하던 책임 관리가 한신과 원신을 헤이안경의 왕궁으로 모시지 않고 딴 곳으로 신사(사당)를 옮기려고 하자, 한신과 원신

칸무천황의 카시와바라릉(오오사카).

이 진노하면서, 제왕(帝王)을 지키기 위해서 왕궁의 신사에 있어야 한다고
조궁사를 나무라는 신탁을 내렸던 것이다.

이래서 딴 짓을 하려던 조궁사는 혼비백산해서 왕궁이 천도하게 된 새로
운 헤이안경 왕궁 안에 남과 북 두 곳의 신사를 건축하여 원신과 한신도 옮
겨 모셔왔다는 것이 옛날 역사 기록인 것이다. 그 때문에 헤이안경 왕실에
서도 예전처럼 한신과 원신을 옛부터 정해진대로 2월의 소날과 11월의 소
날에 제사를 예전처럼 계속해서 모시게 되었다는 것. 감히 조궁사가 신라
신·백제신들을 함부로 다루려다 혼쭐이 났다는 얘기다.

헤이안시대 헤이안궁에서 해마다 2월과 11월에 역대 일본 천황들이 신
라신과 백제신에게 제사드린 '원·한신제'에 관한 각종 기사는 『연희식』
에 다각적으로 밝혀져 있다. 이를테면 이 두 제사에 사용하던 제수에 관한

기록도 소상하게 정해져 있다. 지면 관계상 일일이 소개하는 것은 생략하고, 그 앞부분 만을 간단하게 살피자면 다음과 같다.

> 제수는 백미 2말을 비롯해서, 찹쌀 4말, 참밀 1말 2되, 콩·팥 각 1말 9
> 되, 동복어·오키복어·물오징어 각 16근……(『延喜式』,〈大膳上〉)

이상 각종 산해진미가 상세하게 각 품목별로 사용 분량까지 궁정 제사법도에 따라서 큰 제사상 상차림으로 규정되어 있다. 이런 것 만을 보더라도 천황가의 한국 조상신에 대한 연2회 제사가 얼마나 중대한 국사였는지를 깨닫게 해준다. 이것은 참으로 감동적인 역사의 사실이라고 말하는 게 옳다고 본다.

이와 같은 '원·한신제'에 관한 기록은 일본 고대 왕실 문서인, 『연희식』에 앞서서 『의식(儀式)』에도 자세하게 나있다. 이 『의식』은 죠우간(貞觀) 연대(859~876)의 조정의 항례(恒例)와 의식 등에 관한 절차 등을 규정한 일본 왕가의 관찬 법령서이다.

한신 축문 외우는 신상제 제사

신상제(新嘗祭)와 대상제(大嘗祭)는 또 어떤 것인가. 신상제는 해마다 음력 11월 두번째 묘일(卯日, 토끼날) 거행하는 하늘신·땅신(천신지기) 제사. 천황이 그 해에 거둔 새 곡식을 천신·지신에게 바치며 감사드리는 제사이다. 대상제는 천황이 즉위한 해에 신상제와 똑같은 날 똑같은 절차로 거행하는 제사이다. 그러므로 대상제는 천황이 평생 한번 거행하고, 다음 해부터는 신상제 만을 지낸다.

신상제 제사는 궁중의 신가전(神嘉殿)을 제사터로 삼고 지내는 등, 궁중의 1년 한번의 큰 제사이다. 메이지유신(1868) 이후부터는 음력을 없앤 때문에 양력 11월 23일에 신상제를 지내오고 있다. 이 신상제(대상제)에서는 신내리기 축문이 '한신(韓神)'이다. 다음과 같은 내용이다.

미시마 무명 어깨에 걸치고, 나 한신(韓神)은 한(韓)을 모셔 오노라. 한(韓)을 모셔, 한(韓)을 모셔 오노라.

팔엽반(八葉盤)을 손에 쥐어잡고 나 한신은 한을 모셔 오노라. 한을 모셔, 한을 모셔 오노라.

오게 아지매 오오오오 오게

여기서 '아지매(阿知女)'는 경상도말 '아주머니'이다. 즉 고대한국의 여신(女神)을 가리킨다. 저자는 이 아지매 여신이란 단군의 모친 웅녀신(熊女神)을 가리키는 것으로 연구한 바 있다(홍윤기 『일본문화사』 서문당, 1999년 출간본에 상세히 썼으므로 참조하시기 바란다).

일본 천황가의 천신 제사의 신내리기 축문에는 이와 같이 한국의 고대(古代)의 신(神)을 제사 모시는 '한신'이라는 제목의 축문을 가지고, 천황과 대신들이 천황가 궁전 제사를 지내오고 있다. 그 옛날 7세기 중엽부터 오늘에 이르기까지 신상제가 거행되어 오고 있는 것이다.

어째서 일본 천황들이 '한신'(韓神)을 찾고 있는가. 일본 천황들은 신라·백제·고구려의 피를 이은 후손이기 때문이다. 이것을 부정하려면 고대 천황가가 제정한 신상제 '한신' 축문이며, 궁중 제도 의식의 법령세칙서인 『의식』과 또한 『연희식』의 관찬 문서들을 모두 없애버리면 가능할 것

칸무천황 카시와바라릉의 입구길

신상제용의 벼를 거둔 지금의 아
키히토천황

인가. 그러나 피를 속이지는 못할 것이다.
고대 일본 정복이며 지배자가 고대 한국
사람들이라는 것을 도저히 부정할 수 없을
것이다. 그러기에 지난 해 12월 23일에 아
키히토천황이 그의 몸속에 한국인의 피가
흐르고 있다고 진솔하게 밝힌 것이다.

1868년 이후 천황의 황거(皇居)가 쿄우
토의 어소(御所)로부터 에도(江戶)인 지금
의 토우쿄우로 옮겨 갔다. 그 후 「오늘에
이르기까지 원신제·한신제가 궁중에서
거행되고 있다」고 이세신궁(伊勢神宮)의 신
관(神官)인 요시카와 타쓰미(吉川 辰) 씨는 밝혔다(EBS·TV 방송 광복절 특집
『일본 황실제사의 비밀』 2002·8·15). 또한 천황궁의 제사와 궁중아악을 지휘
관장하고 있는 궁내청 직악부 악장대리 아베 스에마사(安倍季昌) 씨도 그
사실을 시인했다. 아베 씨는 「한신」(韓神) 축문을 낭창(朗唱)하면서 지금도
신상제는 토우쿄우의 황거(천황궁)에서 해마다 11월 23일에 거행되고 있다
고 저자에게 밝혔다.

저자는 지난 7월 10일 천황궁에 직접 들어가서 아베 씨와 장시간 대담했
다(EBS TV 방송, 2002·8·15).

지난 해 5월 9일에 일본 천황은 황거안의 논에서 모내기를 했고, 그 사
실은 일본의 신문·방송 등이 일제히 보도했다. 당시의 『아사히신문』 기사
는 다음과 같다.

천황폐하는 9일 오후, 황거안의 논에서 항례(恒例)의 모심기를 했다. 멥쌀

토우쿄우의 천황궁. 필자 촬영, 2002.7.10.

인 '니혼마사리(ニホンマサリ)'와 찹쌀인 '만게쓰모치(マンゲツモチ)' 두 종류로서, 각 50포기를 가을에 수확하여 신상제(新嘗祭) 등에 사용된다(朝日新聞, 2000. 5. 9, 수요일, 14판).

메이지유신 이후, 일본정부는 '신상제' 날인 11월 23일을 '근로감사일'로 정하고 일본의 일반 국민들도 이 날을 축일로 하루를 쉬고 있다. 천황가의 신상제는 메이지유신 때부터 양력 11월 23일로 정해진 것이다.

백제 성왕(聖王)을 모신
히라노신사(平野神社)

— 쿄우토시에 현존하는 성왕사당 터전 —

일본 천황들이 제사 지낸 백제왕들

쿄우토(京都)는 일본의 고대 왕도(王都)이다. 일본 오오사카(大阪)에 이웃하고 있는 쿄우토에는 히라노신사(平野神社)가 있다. 이 히라노신사야 말로, 일본 천황들이 고스란히 한국인이라는 것을 웅변으로 말해주고 있다.

그게 무슨 소리냐고 저자에게 묻고싶은 독자들이 계실 줄 안다. 우선 결론부터 밝히자면, 이 히라노신사의 신전(神殿)에 모시고 있는 제신(祭神)들은 모두 백제왕과 왕족들이다. 역대의 일본 천황들은 이 히라노신사에 찾아와서, 백제왕의 신전 앞에 머리 숙이며 제사를 지냈던 것이다(『延喜式』 927편찬).

이번에도 그게 사실이냐고 저자에게 묻고 싶은 분들이 계실 것이다. 그것은 틀림없다. 이 히라노신사에 찾아와서 제사를 모신 마지막 천황은 다름 아닌 히로히토천황(裕仁天皇, 히로히토, 1926~1989재위, 연호, 쇼우와·昭和)이었다. 지금의 일본 아키히토천황(明仁天皇, 1989~현재, 연호, 헤이세이·平成)의 아버지였다. 쇼우와(히로히토) 천황은 일제 군국주의 때인 지난 1940년에도 백제왕들을 제신으로 모신 이 히라노신사에 찾아와서 제사를 지냈으며, 기념식수도 했다. 그 당시 심은 소나무와 그 내용을 기록한 나무판 팻말이 현재도 히라노신사 경내에 세워 있으므로 누구든지 이 히라노신사에 찾아가 보면 확인할 수 있을 것이다.

저자는 근년에 『일본천황은 한국인이다』(효형출판, 2000)라는 책을 써서 세상에 내놓았다. 일본 천황이 한국인이라고 하는 사실을 입증해 주는 곳이 다름 아닌 일본 교우토(京都)의 히라노신사이다. 히라노신사에서 간행한 『히라노신사 유서략기』(平野神社由緖略記)를 보면 이 신사에 찾아와서 백제왕 신전에 제사를 모신 일본 천황들에 관한 다음과 같은 기사가 실려 있다.

「덴겐 4년(天元, 저자 주·서기 981년) 3월에 엔유우천황(圓融天皇, 969~ 984재위)이 이곳에 직접 행행(行幸)한 이후로 계속해서 역대의 천황들이 행행하였다. 또한 태황태후(太皇太后)며 황태우(皇太后), 황후(皇后)의 행계(行啓, 출입)도 그 예가 적지 않았다. 카잔천황(花山天皇, 984~986재위) 당대인 칸나 원년(寬和元年, 985)에 천황은 이곳에서 몸소 벚나무 식수를 하므로서, 그로부터 벚꽃(사쿠라)의 명소로도 이름 높아졌다. 에도시대(江戸,

「平野大社」라는 붉은 토리이(솟대) 앞의 저자. 히라노신사의 정문이다.

1603〜1867)에 접어들면서부터 히라노신사는 '히라노의 밤벚꽃놀이'가 일
반에게 친숙하게 되었다. 그로써 방문자가 경내에 넘쳤으며, 벚꽃나무는 5백
여 그루를 헤아리며 특히 진종(珍種)이 많아서 유명하다. 벚꽃축제인 앵제(櫻
祭)며 신행제(新幸祭)가 해마다 4월 10일에 거행된다. 추수를 감사드리는
'햇곡식감사제'인 신상제(新嘗祭)는 11월 23일에 거행된다.」

히라노신사의 신관인 오사키 야스히로(尾崎保博)씨는 "쇼우와 천황께서
기원 2천6백년(쇼우와 15년, 서기 1940)을 기념해서 몸소 소나무를 심었
다"고 필자에게 자랑삼아 말했다. 소나무 앞에는 다음과 같이 쓰인 나무판
이 세워져 있다.

「紀元二千六百年(昭和 15년) 天皇陛下御手植松」

서기 981년부터 일본 역대 천황들이 이 히라노신사에 찾아와서 백제왕들을 제신으로 모신 신전(神殿)에다 제사 드려왔다는 이 히라노신사야 말로 특히 한국인들에게는 매우 감개무량한 터전이 아닐 수 없다. 그러나 그보다 안타까운 사실은 쿄우토땅의 히라노신사가 우리 한국인들에게는 거의 알려져 있지 못하다는 사실이다. 그 까닭은 무엇일까.

의도적으로 묵살하고 있는 일인 학자들

이 터전이 고대 백제왕들을 제사 모시는 사당임에도 불구하고, 그와 같은 역사의 내용이 외부로는 전혀 알려져 있지 못한 것이다. 심지어 일본인들조차도 그 사실을 거의 모르고 있는게 오늘의 실정이다. 즉 이 곳이 고대 백제왕들의 사당이라는 내용을 제대로 알고 있는 것은 일본의 일부 역사 학자들일 따름이다.

물론 대부분의 일본 사학자들은 이 히라노신사(京都市北區平野宮本町)의 정체에 대해서는 굳이 밝히려하고 있지 않다. 아니 오히려 그 내용을 아는 일본의 일부 학자며 문화 관계자들은 쉬쉬하며 입을 다무는데 급급한 실정인 것 같다.

부끄러운 일이나 일찍부터 일본 역사를 공부해 온 저자조차도 이 곳을 제대로 파악하게 된 것은 지금부터 불과 15년 쯤 전의 일이다. 그 당시 고대 문헌을 통해 비로소 히라노신사가 백제왕들을 모신 사당이라는 사실을 알게 되었다.

이 히라노신사가 일본인들에게도 제대로 알려지지 않고 있는 것은 관계자들의 의도적인 묵살 행위가 그 원인이라고 볼 수 있지 않은가 한다. 실예를 살펴보기로 하자.

「쿄우토 관광안내」 책자들은 서점의 관광·교통 등 관계 서적판매대의 책꽂이를 빼곡이 채울 정도이다. 그러나 유서 깊은 쿄우토 명소이자 백제왕 신전인 히라노신사만은 그 항목에서 빠져 있는 실정이다. 그러므로 일본인들조차도 그 근처에 살고 있는 주민이 아니고는 히라노신사 그 자체마저도 알지 못할 정도이다.

쿄우토 역사 안내의 명저로 알려지고 있는 책 중에 『쿄우토기행—역사와 명작』(京都紀行 歷史と名作, 主婦の友社 발행, 1988)이라는 것이 있다. 이 책에는 쿄우토의 중요한 신사와 사찰이 지역별로 상세하게 소개되고 있다. 그러나 히라노신사만은 항목자체가 빠져 있다.

일본의 대표적인 여성잡지 회사에서 기획하여 출판한 책인데도 히라노신사가 빠져있다고 하는 것은 의도적이라고 보아도 발행자는 변명할 여지가 없을 줄 안다.

더구나 이 책의 감수자는 타키 슈우조우(高城修三, 1947~)라는 저명한 작가로서 '아쿠타카와 문학상'(芥川文學賞)까지 받은 사람이다. 그는 이 책의 서문에서 쿄우토의 역사와 문학을 이모저모 장황하게 설명하고 있다. 특히 '일본의 전통문화며 역사 속에서 차지하는 쿄우토의 위치'라는 제목까지 달고 있는 그의 해설의 글에서는 다음과 같이 강조하고 있다.

"일본의 전통문화며 역사를 마주 대하려고 한다면, 쿄우토를 피해서 지나쳐버릴 수는 없다. 부르노 타웃과 같은 건축가를 비롯해서 작가, 철학자, 미술가 등 많은 분야의 사람들이 슬며시 쿄우토를 찾아 온 뒤에, 수필이며 기행문을 써서, 각자 나름대로의 입장에서 일본의 재발견을 시도하고 있다…… 쿄우토에서는 명소 고적 뿐만이 아니라 그 풍경까지도 문학과

더불어 존재해 왔다
고 해도 지나친 말이
아니다.”

타키 슈우조우 씨
는 이렇게 지적하면
서, 어째서 일본 신전
(神殿) 건축의 미를
뛰어나게 발휘하고
있는 히라노신사는
소개 항목에서 빼고
있는 것일까. 천황가
가 거기에 모시고 있
는 제신이 모두 백제
왕들이기 때문이라는
말인가.

히라노신사에서 백제신(성왕) 등을 참배한 뒤에 기념식수
(1940년)를 했던 쇼우와천황의 식수 게시판

이 히라노신사의
신전 건축 양식은 이른바 ‘히라노쓰쿠리’(平野造り) 또는 ‘히요쿠카스가쓰
쿠리’(比翼春日造り)로서 높이 인정되어 일본 신전 건축의 중요문화재로 지
정되어 있다. 4개의 신전으로 연결되어 있는 신전과 신전의 연결 형태가
‘히요쿠카스가쓰쿠리’의 빼어난 건축 양식이라고 건축 학계에서 평가되어
온 것이다.

백제인 칸무천황이 세운 백제 성왕의 사당

이 신전은 백제인 칸무천황(桓武天皇, 781~806재위)에 의해서 794년에 처음 세워졌던 것이고, 그 후 지금처럼 재건이 된 것은 1598년과 1604년의 일이다. 이와 같이 훌륭한 신전이 있다는 사실을 건축가 부르노 타웃이 전혀 모르고 쿄우토를 지나쳐 버린 셈이다.

일본에서 『국보ㆍ중요문화재안내』(國寶重要文化財案內, 每日新聞社, 1963)라는 주목받는 책이 있다. 이 책은 오오타 히로타로우(太田博太郎)와 마치다 코우이치(町田甲一) 공저이다. 이 책에는 '히라노신사' 항목이 한 구석에 자그마하게 들어 있기는 하다. 그러나 이 히라노신사의 구체적인

백제왕들과 화신립황후 등 5명의 신주를 제신으로 모신 '히라노신사'의 배전.

유래는 전혀 찾아볼 수 조차 없고 다만, 다음과 같이 극히 간략하게 건축
내용만을 쓰고 있다.

「헤이안 천도(平安遷都) 때에 곁들여 야마토(大和)로부터 옮겨왔다고 함,
헤이안 시대 이후로, 카모(賀茂), 이와시미즈(石淸水)에 뒤잇는 대사(大社, 필
자주, 큰 사당)로 알려지고 있다. 본전(重文, 에도시대)은 4동(棟)이 있으며
모두 카스가쓰쿠리(春日造り)로서 2동씩 연결한 히요쿠카스가쓰쿠리 또는
히라노쓰쿠리 등으로 불리우고 있다.」

이와 같이 천황가의 존엄한 신전을 마지못해 명칭 정도 만을 간략하게
알리는 식으로 지적하고 있어서, 식자들의 빈축마저 사고 있는 것 같다.

백제 성왕인 '이마키노카미' 의 신주를 모신 신전 내부(히라노신사).

일본의 저명한 역사평론가 스기 시노부(杉信夫) 씨는 다음과 같이 진솔하게 그와 같은 일인 학자들의 잘못을 지적한 바 있다.

「여행 안내책 속에 고대 유적과 유물에 관해서, 한국문화의 영향을 당연히 써넣어야 할 사항에, 의식적으로 밖에 생각하지 않을 수 없게 설명을 탈락시켰거나, 각 일본 역사 사전에서의 부정확한 설명 등, 여하간에 고대 한국문화와의 관련을 배제시키거나 무시하고 있는 사실들을 지적하게 된다. 일본문화와 한국문화가 똑같은 조상에 의해 이루어진 부분이 많았다고 하는 사실을 우리 일본인들은 솔직하게 받아들여서, 일본문화의 실체가 무엇이었던가를 알아보는 여유를 가질 필요가 있다.」(「學界展望」 1973.8)

일본의 저명한 사학자들의 고증

히라노신사에 모시고 있는 제신(祭神)들이 고대 백제왕들이라고 하는 것은 결코 숨길 수 없는 역사의 사실이다. 일본의 고대 왕실 문헌인 『신명장』(神名帳)에는 어김없이 다음과 같이 밝혀져 있다.

「히라노 제신(平野祭神)은 4좌(四座)이며, 사시제식(四時祭式)에는 이마키신(今木神), 쿠도신(久度神), 후루아키신(古開神), 아이도노(相殿. 필자주. 2명 이상의 신을 제신으로 모신 신전)의 히메신(比賣神)이노라.」(『延喜式神名帳』 서기 927년 완성).

일찍이 일본 왕실 조정(朝廷)의 제사(祭祀)를 비롯해서 중요한 의식(儀式)

의 절차 등을 정한 9세기의 『죠우간의식』(貞觀儀式)에도 히라노신사(平野神社)의 제사 의례에 관한 사항이 다음과 같이 규정되어 있다.

「신(神)마다 각각 4개분의 상차림을 한다. 여기에서 이마키신(今木神)으로부터 제사가 시작된다. 다음에 쿠도신(久度神), 다음에 후루아키신(古開神), 그 다음에 아이도노(相殿)의 히메신(比賣神)이다.」(平野祭儀 『貞觀儀式』 서기 871년 성립)

이 『죠우간의식』은 백제인 세이와천황(淸和天皇, 858~876)의 칙명에 의해서 조정에서 작성한 것이다. 세이와천황은 히라노신사를 처음 세운 백제인 칸무천황의 고손자(高孫子)이다.

이제 여기서 좀 더 자세하게 최고의 제신(祭神)인 이마키신(今木神), 즉 백제 성왕(聖王, 일본역사에서는 주로 聖明王으로 호칭한다)부터 차례로 살펴보기로 하자. 에도시대(江戶, 1603~1867) 후기의 대표적인 국학자(國學者)였던 한노부토모(伴信友, 1773~1846)는 그의 저서 『번신고』(蕃神考)에서,

「이마키신(今木神)은 백제의 성명왕(聖明王)이다.」

라고 밝힌 것이 유명하다.

번신(蕃神)이란 고대 한국으로부터 일본으로 건너 간 신(神)등을 가리키는 표현이며 달가운 용어가 아니다. 또한 동양사학(東洋史學)의 권위자로 평가되는 문학박사 나이토우 코난(內藤湖南, 1866~1934)도 역시 다음과 같이 밝혔다.

히라노신사의 '어신목'인 '녹나무' 둘레에는 각자가 소망을 적은 '오미쿠지' 쪽지들이 묶여 있다.

「이마키신(今木神)은 외국으로부터 건너온 신(神)이다.

쿠도신(久度神)은 성명왕(聖明王)의 선조인 구태왕(仇台王)이다. 후루아키
신(古開神)은 후루(古)와 아키(開)로서 둘로 나누어, 후루는 비류왕(沸流王),
아키(開)는 초고왕(肖古王)이다.」(内藤湖南『近畿地方に於ける神社』1930).

여기서 나이토우 코난이 이마키신(今木神)을 외국으로부터 왔다고 했으
나, 이것은 두말 할 나위 없이 백제의 성왕을 가리키고 있다. 그러면서 그
는 쿠도신(久度神)은 성왕의 선조인 구태왕(仇台王)으로 지적하고 있다.

이 구태왕은 백제의 시조(始祖)인 온조왕(溫祚王, BC18~AD27)을 가리
킨다고 본다. 초고왕(肖古王. 166~213)은 백제 제 5대왕이며, 비류왕(沸流
王)은 백제 시조 온조왕의 친형이다. 비류는 온조가 하남(河南) 위례성에 도
읍을 정할 때, 지금의 인천땅인 '미추홀'로 내려갔다는 기사가『삼국사기』
에 보이나, 그 후 그가 왜나라로 갔다는 것은 히라노신사의 제신(祭神)이
된 것과도 연관이 있는 것으로 추찰된다.

현대의 사학자인 타카야나기 미쓰토시(高柳光壽) 씨 등이 편찬한 일본역
사 사전에서도 이 사실을 다음과 같이 밝히고 있다.

「히라노신사(平野神社)·쿄우토시(京都市)의 북구(北區)에 있는 신사, 제신
(祭神)은 백제계(百濟系)의 이마키·구도·후루아키·히메의 4신. 794년(延
曆 13)에 이마키신을 다른 3신과 함께 칸무천황이 나라로부터, 지금의 터전
으로 옮겨왔으며, 뒷날 헤이씨(平氏, へいし)의 씨신(氏神)이 되었다. 연례 제
사를 '히라노마쓰리'(平野祭)라고 부르며, 신전은 '히라노쓰쿠리'(平野造り).
중요문화재」(高柳光壽·竹内理三編『日本史辭典』角川書店, 1976)

일본 속의 한국 문화유적을 찾아서

이 일본 역사사전에서 '4신'으로 쓴 것은 '후루아키'의 2신을 1신으로 잘못 지적하고 있다. 그런데 여기서 다시 주목되는 사실은 칸무천황 직계 후손인 무장(武將) 헤이시(平氏) 가문들도 백제왕들을 조상신인 씨신(氏神)으로 모시고 히라노신사에서 제사 드렸다는 사항이다. 즉 타이라노 키요모리(平淸盛, 1118~81)로부터 시작되는 헤이시 무가(平氏武家)도 엄연한 백제인 가문임을 이 사전이 밝혀주고 있기도 하다. 타이라노 키요모리는 칸무천황의 직계 후손이다.

현대의 사학자인 나카가와 토모요시(中川友義) 씨 역시, 위에서 지적하는 바와 똑같은 사실들을 그의 연구론(「渡來した神神」1973)에서 자세히 밝히고 있다. 일본 관계자들이 오늘날 철두철미하게 숨기고 있는 백제왕의 사당이 「히라노신사」라는 것을 우리는 이제 잊지 말아야만 할 것이다. 저자는 이 사실을 여기 밝히면서, 지금의 히라노신사에서 제신들의 존재를 엉뚱하게 내세우고 있는 사실도 아울러 참고삼아서 독자들에게 알려드린다. 히라노신사가 근년에 발행한 안내문격인 『히라노신사유서략기』에는 다음과 같이 백제왕인 제신(祭神)들의 존재를 속이고 있다.

「이마키신(제1전) 염직수예(染織手藝)의 수호신(守護神).
구도신(제2전) 부뚜막·부엌의 수호신.
후루아키(제3전) 청정(淸淨)한 불(火)의 수호신.
히메신(제4전) 코우닌(光仁天皇)의 황후·타가노노 니이가사 공주(高野新笠姫)」(『平野神社由緖略記』 2000)

제4전의 히메신 즉 백제인 조신(朝臣) 화을계(和乙繼)의 장녀이며 칸무천황의 생모인 화씨부인(和氏夫人, 뒷날의 이름 高野新笠) 황후만은 제대로 밝

백제 성왕과 화신립황후 등, 백제왕족의 신주 앞에서의 '신전결혼식' 안내판(히라노신사).

히고 있을 따름이다. 그러나 최고신인 백제 성왕(今木神)을 '염직 수예의 신'으로 꾸며대는 따위 터무니없는 허위 수법으로 역사를 거역하고 있는 처사는 결코 용납될 수 없는 일이다.

이 히라노신사에서는 이른바 '신전결혼식'(神前結婚式)도 거행하고 있다. 바로 그 히라노신(平野神)이 백제 성왕이라는 사실을 어째서 밝히지 못하는 것인가. 신을 속이며 거짓을 행한다면 그보다 더 큰 신에 대한 잘못은 따로 없지 않을까. 일본의 국수주의 황국사관이 메이지유신(1868년) 이후의 군국주의 과정에서, 지난 날 미개한 일본을 정복하고 문화를 심어 발전시켜준 고대 한국을 철저하게 배타하게 되었다. 그 과정에서 저질러진 전형적인 역사 왜곡을 이제 우리는 쿄우토의 히라노신사에서도 이렇듯이 마주치고 있다.

왜왕실에 군림한 백제
곤지왕자의 사당

—오오사카의 명소 아스카베신사

독자 여러분 중에 일본 오오사카(大阪)를 여행하는 분에게 꼭 권할 만한 곳이 있다. 백제의 곤지왕자(昆支王子)를 지금도 제신(祭神)으로 받들고 있는 '아스카베신샤' (飛鳥戶神社)가 그 곳이다. 찾아가기가 매우 쉽다.

킨테쓰·아베노바시역에서 전철로 출발

오오사카의 텐노우지(天王寺) 지역의 '킨테쓰' (近鐵)회사의 '아베노바시' (あべの橋) 전철역에서 전철로 약 40분거리에 위치한다. 오오사카에는 '킨

테쓰'(近鐵)라는 전철회사 등 여러 회사의 행선지가 각기 다른 전철 노선이
있다.

따라서 '아베노바시' 역의 킨테쓰선(近鐵線) 전철의 '미나미오오사카선'
(南大阪線)을 승차하는 것이, 그 곳에 찾아가기에 가장 편리하다. '아베노
바시역'에서 17번째 전철역인 '카미노타이시'(上ノ太子)역까지 가서 하차
하면 된다. 자그마한 시골역이다.

시발역인 '아베노바시' 역은 그 이웃인 길 건너 맞은편 쪽에 '제이아르
(JR) 텐노우지'(天王寺) 전철역이 따로 있다는 것을 아울러 밝혀둔다. 왜냐
하면 킨테쓰 전철의 '아베노바시' 역에 찾아가려면, 오오사카 시내를 순환
하고 있는 '제이아르선'(JR線) 전철을 타야지만 '킨테쓰선'의 '아베노바
시' 전철역에 가기 매우 편리하기 때문이다.

오오사카의 '카미노타이시역'. 이 곳에서 백제 곤지왕자의 사당 '아스카베신샤'가 머지 않다.

'카미노타이시'(上ノ太子)역에서 전철을 내려 밖으로 나오면 자그마한 광장 앞은 언덕지대이다. 우측으로는 공동묘지의 표석들이 잔뜩 서있다. 좌측으로는 골목길이 뻗쳐 있다. 자동차가 겨우 다닐 만한 좁은 길이지만 이 길은 역사적으로 매우 유명하다. 이른바 '타케노우치 카이도우'(竹內街道)라고 부르는 유서 깊은 '역사의 길'(歷史の道)이다.

이 좁다란 좌측길 '타케노우치 카이도우'의 '역사의 길'을 따라 약 2백 미터 쯤 가면, 세갈래 갈림길에 이른다. 이 곳에서 오른쪽으로 꺾어서 올라 가는 주택가 골목길을 따라 발길을 옮긴다. 불과 백미터도 미처 이르지 못 하는 곳에 '아스카베신샤'의 어귀를 알려주는 '토리이'(鳥居) 솟대문이 서 있다. 돌로 만든 이 토리이에는 잔뜩 녹이 슨 '아스카베신샤'(飛鳥戶神社)라는 편액이 달려있다. 이 일대가 지금은 주택가이지만, 옛날에는 아스카 베신사의 수목들이 우거진 성스러운 경내였을 것이다.

솟대문을 지나서 다시 백미터 쯤 올라가면, 앞쪽으로는 산언덕이 질펀하게 퍼지면서 전개된다. 저 멀리 후타카미산(二上山)의 아래쪽인 하치부시 산(鉢伏山)의 산록지대이다. 이 산기슭 일대에는 수많은 비닐하우스들이 세워져 있는 널찍한 포도밭 지대이다. 그러나 그 옛날에는 이 지역은 백제 인들의 광대한 묘역이었다. 그러기에 지금도 산(鉢伏山) 위쪽으로 올라가 면 '칸논즈카'(觀音塚) 고분 등 이르는 곳마다 횡혈식(橫穴式) 돌무덤의 고 분군(古墳群)이 산재하고 있다. 고분들은 날이 갈수록 자꾸 사라져가고 있 다. 이름하여 '아스카 천총'(飛鳥千塚)이라는 고분지대이다.

이 '아스카천총' 지대를 이웃하여 고대 고구려인들의 '코마가야 고분 군'(駒ヶ谷古墳群)과 또한 남부 카와치(河內)의 콩고우산(金剛山) 서쪽 기슭 산간지대에는 고대 신라인들의 고분지대인 '카네야마고분군'(金山古墳群)도 찾아볼 수 있다.

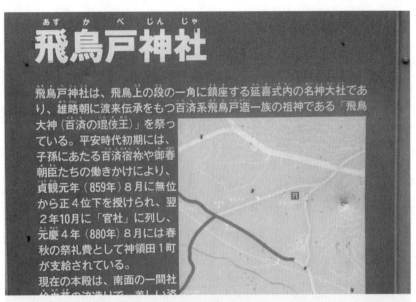

飛鳥戸神社

飛鳥戸神社は、飛鳥上の段の一角に鎮座する延喜式内の名神大社であり、雄略朝に渡来伝承をもつ百済系飛鳥戸造一族の祖神である「飛鳥大神（百済の琨伎王）」を祭っている。平安時代初期には、子孫にあたる百済宿祢や御春朝臣たちの働きかけにより、貞観元年（859年）8月に無位から正4位下を授けられ、翌2年10月に「官社」に列し、元慶4年（880年）8月には春秋の祭礼費として神領田1町が支給されている。
現在の本殿は、南面の一間社

곤지왕의 발자취를 쓴 안내판(아스카베신사).

이 일대 고대 한국인들의 고분지대에 관해서는 뒷날 기회를 보아 상세하게 살펴보기로 하겠다. 그런데 매우 흥미로운 사실은 5세기 경부터 백제, 고구려, 신라 삼국시대 사람들이 한반도에서 건너 와 이 고장 각지에 각기 무리져서 번창하고 있었다는 점이다.

백제인들이 주축을 이루었던 이 고장의 중심지는 후루이치(古市)였다. 바로 그 남쪽으로는 오늘의 키시(喜志)역 일대의 시라키(白木, 河南町)가 신라인들의 터전이었기에 '카네야마 고분군' 지대가 이루어졌던 것이며, '코마가야'(駒ヶ谷)역 일대의 고구려인 터전에 의한 '코마가야 고분군'도 형성된 것이었다.

백제인들의 경우는 후루이치를 중심으로 하는 오늘의 하비키노시(羽曳野市) 전체가 그들의 중심적인 옛터전이었다. 그런데 이 하비키노시 지역에는 신라인이며 고구려인들의 집단 거주지역도 함께 사이좋게 들어와 있었다고 한다.

옛날 고분지대 포도밭의 아스카베신사

백제에서 왜나라 왕실로 건너 가서 백제계열의 왜왕과 함께 살던 곤지(昆支)왕자. 바로 그의 신위(神位)를 지금도 제사 모시고 있는 '아스카베신사'의 위치는 행정구역상의 명칭이 '하비키노시 아스카'이다.

고대 백제인들의 일본 지배의 초기 중심지의 하나가 오늘의 하비키노시인 이 고장, 즉 '카와치 아스카'(河內飛鳥)였다. 그리고 백제인들의 그 후의 제2차 지배지는 '나라 아스카'(奈良飛鳥)였던 것이다. 아스카(飛鳥)의 땅 이름은 이 곳과 나라(奈良)지역 등 두 곳에 똑같은 지명(地名)이 있다. 어느 쪽이거나 백제의 연고지이다.

그러기에 처음에 오사카 땅에서 백제인 닌토쿠천황(5C)이 자리잡고 있었던 왜나라의 왕궁 '나니와노미야'(難波宮, 仁德朝)로부터 거리상으로 위치가 가까운 '아스카'라는데서, 지금의 하비키노시 일대를 가리켜 '가까운 아스카'(近つ飛鳥)로 불렀고, 나라땅의 아스카는 나니와노미야 왕궁으로부터 거리가 멀다고 하는 점에서 '먼 아스카'(遠つ飛鳥)로 일컫게 되었다고 한다.

아스카베신사의 제신(祭神)으로서, 지금은 이 고장 주민들이 극진하게 모시고 제사 지내는 백제인 곤지왕자. 그러나 지난 날의 아스카베신사는 일본 황실에서 직접 제사지내는 이른바 '식내대사'(式內大社)라는 대규모의 천황가 소속 신사였던 것이다. 즉 지금의 자그마한 신전 터전은 그 옛날

지금은 '아스카베신샤'이나 예전에는 백제 '곤지왕신샤'로 불렸다.

의 큰 사당 경내의 극히 작은 한 부분에 지나지 않는다. 그와 같은 것은 일
본천황가에서 제사지내던 제신(祭神)의 기록(『神祇志料』)에 상세히 밝혀져
있는 것으로서도 잘 알 수 있다.

　　『아스카베신샤의 제신(祭神)은 아스카베의 미야쓰코(飛鳥戸造)인, 백제숙이
　　(百濟宿禰)의 조상, 백제국의 곤지왕자(昆支王子)이다.』(『延喜式』 서기 927년
　　성립).

'미야쓰코'(造)라고 하는 것은, 천황가의 귀족 성씨(姓氏)를 가리키는 것
이며, 천황이 부여하는 성씨이다. 이와 같은 '미야쓰코'의 성씨는 텐무천
황(天武天皇, 672~686 재위)이 일본 천황가에서 8개의 성씨(八姓)를 제정했

아스카베신사의 배전. 곤지왕자의 신주를 모시고 있다.

을 때 유력한 황실 왕족 등에게 베푼 것이다.

천황가에서 제정한 『신찬성씨록』(新撰姓氏錄, 서기 815년 성립)에 보면, '아스카베(飛鳥戸) 가문의 발자취는 백제국의 곤지왕자가 그 조상'이라는 것이 기록되어 있다. 일본의 옛날 문헌으로서, 곤지왕자에 관한 것은 여러 가지 많이 있으나, 지면 관계상 다음의 것으로서 그치도록 하겠다.

『기기(『古事記』·『日本書紀』)의 기사에 따르자면, 유우랴쿠조(雄略朝)에 백제로부터 귀화해 온 백제 왕족인 곤지왕자가, 아스카베노미야쓰코(飛鳥戸造)의 조상으로서, 그 본거지 터전이 이 고장(필자 주·카와치 아스카 등 지금의 하비키노시 일대)이다. 그러나 한국의 『삼국사기』의 기사에 의해 고증한다면, 그 시대가 약간 위로 거슬러 올라가서, 잉교우조(允恭朝) 무렵(5C)으로 추정된다. 그리고 조상신을 제사지내는 씨신(氏神)으로서 아스카베신사(飛鳥戸神社)를 만들어 제사지냈는데, 씨사(氏寺)로서는 아스카산(飛鳥山)의 죠우린지(常林寺) 사찰을 테라야마(寺山)의 남쪽 기슭에다 지어서 운영했다.

또한 아스카 일족(飛鳥一家)은 6세기부터 9세기에 이르기까지 이 부근에 거주했는데, 6~7세기에는 하치부시산(鉢伏山)으로부터 테라야마(寺山)며 아스카산(飛鳥山)에 걸치는 남쪽 산허리에 수많은 횡혈식 석실(橫穴式石室)의 후기 고분군(後期古墳群)을 조영(造營)했던 것이다. 즉 동쪽으로부터 콘이케히가시 고분군(今池東古墳群), 오우코우 고분군(王候古墳群), 니이미야 고분군(新宮古墳群), 카미노다 고분군(上の田古墳群), 쓰카하라 고분군(塚原古墳群) 등이 있다.」(『古典文書』)

일본 고대 왕실의 옛터전 아스카

왜나라 천황이 그 터전의 이름 '아스카' (飛鳥)로 백제의 '곤지왕자' 에게 사성(賜姓)을 베푼 까닭은 어디에 있는 것일까. 이것은 두말할 나위 없이 그 당시의 왜왕들이 모두 백제인이었음을 입증한다고 본다. 더구나 옛날 문서가 지적하고 있듯이, 6세기부터 9세기까지 오사카의 나니와왕궁으로부터 거리가 가깝다는 이 카와치땅의 '가까운 아스카' 에 살던 곤지왕자의 후손들이, 이 지역 일대의 산간 지대마다 수많은 횡혈식 석실의 무덤들을 만들었다지 않은가.

누구거나 이 고분지대에 올라가서 옛날 무덤들을 살펴보면 감동하지 않을 수 없을 것이다. 오랜 기간 동안 도굴 등으로 비록 붕괴되고 있는 분묘

곤지왕신사가 지금은 포도밭에 자리하고 있으나 옛날은 이 지역의 큰 터전이 경내였다.

들이 많지만, 규모가 크고 번듯한 횡혈식 고분들은, 일본 천황가에 군림했던 백제 왕족이며 귀족들의 옛날의 당당한 발자취를 엿보게 하고도 남는 것 같다. 후타카미산(二上山)의 정상으로부터 뻗어내린 여러 산의 등성이마다 고대 한국인들의 분묘들이 역사의 증언자인양 아직도 카와치 아스카(河內飛鳥)의 넓디 넓은 옛터전 하비키노시 일대를 여봐란듯이 굽어 보고 있는 것이다.

현재의 '하비키노시' 시청에서 근년(2000년)에 발행한 화려한 홍보 책자(화보)를 펼쳐 보면, 후타카미산의 드높은 두 봉우리와 드넓은 카와치 아스카 터전 사진과 함께 다음과 같은 설명문을 달고 있어서, 나그네인 저자로서는 그것을 읽어보며 자못 느긋하지 않을 수 없었다.

보드라운 실루엣의 후타카미산 기슭으로, 한가로운 전원 풍경이 펼쳐지는, 마음 푸근해지는 이 고장에 고대의 백제로부터 건너 온 사람들은, '도래인(渡來人)의 안주(安住)의 땅'(アンスク, 안숙, 安宿)이라고 불렀다고 한다. 그 말에서 바뀌게 되었다고 일컫는 '아스카'는 가까운 아스카의 본거지 '아스카(飛鳥)이며, 도래계(渡來系) 문화의 고향이 남아 있다.(『近つ飛鳥の道舞臺·竹内』羽曳野市 발행).

일본 왕실 거머쥔 케이타이 천황의 조부 곤지왕자

곤지왕자는 매우 괄목할만한 역사의 인물이 아닐 수 없다. 우리나라에서는 아직 별로 그의 큰 발자취가 알려져 있지 않다는 것이 매우 안타까운 느낌마저 자아내게 한다. 그는 왜나라의 백제인 왕실을 그의 손에 거머쥐고, 그 당시의 백제 본국에까지 그의 강력한 통치력을 발휘했던 것이, 지금껏 우리나라에는 별로 뚜렷하게 알려지지 않았다.

그렇다면 곤지왕자는 어떤 정치적 역량을 보였던 것인가. 그는 일본땅 왜왕실에서 백제인 왜왕과 함께 살면서, 그의 아들과 손자를 모두 '백제왕'으로서 왜나라로부터 백제땅에 보낸 것이다. 어디 그 뿐인가. 실은 곤지왕자가 케이타이천황(507~531)의 조부(祖父)였던 것이다.

백제 무령왕의 친동생이 케이타이천황이다. 즉 케이타이천황의 생부가 백제 동성왕이다. 이와 같은 중대한 역사의 기록이 우리의 『삼국사기』에는 실려있지 않다.

『삼국사기』의 백제본기를 살펴보면 다음과 같이, '동성왕'과 '무령왕'의 등극기사가 각기 간략하게 기술되어 있을 따름이다.

일본 속의 한국 문화유적을 찾아서

백제 무령왕이 왜나라의 친동생인
케이타이천황에게 보내준 청동거울
(인물화상경).

『(서기 481년조) 동성왕(東成王)의 이름은 무대(牟大)인 문주왕(文周王)의 동생(필자주 · 사촌동생)이며, 곤지(昆支)의 아들이다. 담력(膽力)이 남달리 뛰어났고 활 쏘기가 빼어나서, 백발백중했다. 삼근왕(三斤王, 필자주 · 백제 제23대왕으로서 서기 477년 등극, 479년 12월에 승하했다)이 서거한 뒤 즉위했다.』

이 기사를 보면, 백제 제24대 동성왕은 삼근왕이 타계한 뒤에 백제 제24대왕으로 즉위했다. 동성왕은 말년에 신하의 반역으로 칼에 찔려 죽음을 당했다. 즉 신하인 좌평 벼슬의 백가는 하수인을 시켜 서기 501년 11월에 동성왕을 칼로 찔렀다. 백가의 반역으로 자상 당한 동성왕은 그해 12월에 서거했던 것이다.

『(서기 501년조) 무령왕의 이름은 사마(斯麻)이며, 그는 무대왕(牟大王, 필자 주 · 동성왕의 이름은 무대이다)의 차남이다. 키가 8척이며, 용모는 그림처럼 아름답고, 성질은 정이 깊고 관후했다. 무대왕이 재위 23년(필자 주 · 무대인 동성왕은 서기 501년 12월에 승하했다)에 서거하여 즉위했…… 무령왕은 병마를 이끌고 우두성(牛頭城)에 이르러 좌평 백가를 토벌하게 되자,

백가가 나와서 항복함으로 왕은 그의 목을 잘라 백강(白江)에다 버렸다(『三國史記』).

이 기사에 따르면 곤지왕자의 손자인 무령왕은 아버지 동성왕이 백가의 반역으로 칼에 찔려 자상 당한 당시에, 이미 일본으로부터 백제 왕실에 건너 가서 살고 있었다는 것을 알 수 있다. 즉 동성왕(무대)은 삼근왕이 승하하자 왜나라로부터 백제로 건너 와서 즉위했던 발자취가 『일본서기』(유우랴쿠천황 23년조)에 기사가 알려지고 있다(뒤에 기사 인용함).

그런데 동성왕이 왜나라로부터 차남인 사마(무령왕)를 언제쯤 모국 백제 왕실로 데려 왔는지는 사료(史料)가 없어서 알 길이 없다. 그러나 동성왕 말년에 이미 사마왕자(무령왕)는 부왕과 함께 정사를 돌보며 병마를 거느렸던 것을 살필 수 있다. 앞에서 밝혔듯이 동성왕이 좌평벼슬의 백가가 보낸 자객의 칼에 찔린 것은 11월이었고, 왕은 12월에 서거한 것이었다.

그러므로 무령왕은 아버지 동성왕이 서기 481년에 왜나라 왕실로부터 백제로 건너와서 백제왕으로 즉위할 당시에 함께 왜땅에서 건너왔는지, 또는 그 이후에 건너 와서 백제 왕실에서 살고 있었는지는 역사의 기사가 없어 확인할 길은 없다.

그런데 동성왕이 왜왕실에서 백제땅으로 건너와서 등극하기 전까지 약 2년간(479~481)이나 백제 왕좌가 비어 있었던 까닭은 무엇 때문인지 앞으로 그 점은 큰 연구 과제이다. 그러나 백제 제23대 삼근왕에게는 후사를 이을 왕자가 없었던 것 같다. 왜냐하면 삼근왕은 제22대 문주왕(文周王)의 장남이었으며, 그가 즉위한 것은 나이 불과 13세였고, 서거한 것은 즉위한 지 겨우 3년째였던 15세였기 때문이다.

삼근왕은 15세 소년왕으로 서기 479년 11월에 세상을 떠났다. 그 당시 백제 왕국에는 소년 삼근왕의 후사가 없어서, 결국 왜나라의 백제인 왕실에서 곤지왕자의 둘째 아들인 무대(牟大)를 서기 481년에 백제로 보내어 동성왕(479?~501)으로서 삼근왕의 뒤를 잇게 했던 것 같다. 따라서 동성왕의 실제 즉위년은 479년이 아닌 481년이라고 본다.

이것에 관한 기사는 『일본서기』의 유우랴쿠(雄略)천황(456~479 재위)23년(서기 479년)4월조에 다음처럼 실려있다.

『23년 4월에 백제의 문근왕(文斤王, 필자주 · 『일본서기』에서는 삼근왕이 아닌 문근왕으로 되어 있음)이 서거했다. 천왕(天王, **すめらみこと**, 필자주 · 『일본서기』에는 '天皇'이 아니고 '天王'으로 기록되어 있음)은 곤지왕(昆支王,**こんきおう**, 필자 주 · 『일본서기』에서는 '곤지왕자'를 '곤지왕'으로 기록하고 있다. 여기서 '왕'은 실제로 '왕'에 해당되는 '왕족'을 존칭하는 것)의 다섯 아들 중에서 제2자인 말다왕(末多王, **またおう**, 필자주 · 그 당시 왜왕실에서의 곤지왕자의 제2자 '무대'의 존칭임)이 젊지만 총명하다는 데서 조직을 내려 왕실로 불렀다. 몸소 머리를 쓰다듬어주고 친밀하게 이르며, 그 나라의 왕으로 삼았다. 병기(兵器)를 내리고, 쓰쿠시(필자 주 · 지금의 북 큐우슈우 지방)의 병사 5백명을 파견해서 나라에 호송해 주었었다. 이 사람이 동성왕(東成王)이다.』

왜나라의 이 유우랴쿠천황은 백제인이다. 유우랴쿠는 오오사카땅에다 나니와궁(難波宮)을 짓고 서기 405년에 카와치왕조(河內王朝)를 세운 백제인 닌토쿠(仁德)천황의 친손자이다. 일본의 저명한 사학자들이 "닌토쿠천황은 부여 · 고구려 계통의 백제인이다"(水野 祐 『日本古代の國家形成』1978)라고 고증해 왔다.

곤지왕자가 그의 둘째 아들을 왕으로 모국 백제에 보낼 수 있었다는 이 역사의 발자취는 곧 곤지왕자가 왜왕실에서 '곤지왕'(昆支王)으로서 융숭한 대접만 받고 있었던 것이 아니며, 그의 막강한 파워가 왜왕실에서 작용하고 있었다는 점을 상정할 수 있다.

왜냐하면 곤지왕자의 아들뿐 아니라 그의 직계 후손들이 백제의 왕으로서 또한 왜나라 왕으로서도 계승했기 때문이다. 즉 그의 손자가 백제 제25대 무령왕이고, 증손자는 제26대 성왕, 고손자는 제27대 위덕왕이며, 왜나라에서도 그의 손자 케이타이천황과 안칸천황·킨메이천황·비타쓰천황 등등이 6세기 이후로도 이어진 것이었다. 이와같이 백제와 왜나라 왕실에서의 곤지왕자의 위세를 누구나 능히 추찰할 수 있을 것이다.

카와치 아스카땅의 '아스카베신샤'가 오늘에까지도 그 신전이 이어져 올 수 있었던 것은 우연이 아니다. 지금은 명칭이 '아스카베신샤'이지만 그것은 일제치하에 고쳐진 명칭이라는 것을 잊어서는 안 된다. 본래는 '곤지왕신샤'(昆支王神社)였던 것이다.

또한 이 신전 터전이 오늘날처럼 규모가 크게 축소된 것도 일본의 군국주의 치하에서였음은 두말할 나위도 없다. 그 후 퇴락을 거듭해 왔던 이 곤지왕신사는, 다행스럽게도 이 고장 주민들(吉村嘉代治·仲村幹夫 松井辰治 씨 등등)의 헌금과 재건 공사로 지난 1998년 경부터 1년 여의 기간 동안 경내가 단장되기에 이르렀다.

이제 끝으로 곤지왕자가 왜나라로 건너간 시기며 그의 발자취도 살펴보기로 한다. 곤지왕자는 백제 제21대 개로왕(455~475재위)의 제2왕자였다. 개로왕의 제1왕자는 문주왕이다. 곤지왕자가 왜나라로 건너 간 시기는 정확히 알 수 없으나, 개로왕이 살아있던 재위 시대로 보고 싶다.

개로왕은 고구려와의 전쟁으로 불안을 느껴, 제2왕자 곤지를 신변이 안

八幡トシコ
仲村トシ子
塚原トシ子
吉村美都子
上田アサ子
浅野茂子
上田シゲ子
端山孝子
端山ミヤ子
端山福子
松浦初子
山科安子
山科貞子
吉田一子
吉村吉子
松浦嘉寿子
仲村とし子

飛鳥戸神社総代

吉村喜代治
仲村幹夫
松井辰治
端山一夫
上田寛治
松浦敏雄

'아스카베신사'의 신전을 잘 보존해오고 있는 총대(總代) 요시무라, 나카무라, 마쓰이 제씨들. 고마운 백제 후손들이다.

전하도록 바다 건너 왜나라 백제왕실로 보냈던 것이 아닌가 한다. 실제로 서기 475년 9월에 고구려 장수왕이 백제 왕도 한성에 남침했을 때, 개로왕은 고구려 군사에게 잡혀 살해당했다.

그로 인해 당시 남쪽 신라땅으로 피신했던 제1왕자인 문주왕자가 아버지 개로왕의 뒤를 이었고, 고구려의 위협을 겁내 남쪽 웅진(공주, 곰나루)으로 백제 왕도를 천도했던 것이다.

여기서 한가지 바로 잡아둘 것이 있다. 『일본서기』에서는 '백제 무령왕이 곤지왕자의 아들'이라고 쓰고 있으나 아들이 아닌 '손자'이다. 『일본서기』의 유우랴쿠천황 4년조의 곤지왕자와 무령왕 관계 기사는 결코 신빙할 수 없는 후세의 조작 기사로 단정하고 싶다.

또한 여기 부기해 둘 매우 중대한 사항이 있다. 즉 일본의 케이타이천황은 백제 곤지왕자의 친손자이며 백제 동성왕의 아들(무령왕의 친동생)이거니와 『일본서기』의 케이타이천황 등극 기사에서는 그의 출신을 숨기고 있다.

그 기사에서는 케이타이천황이 '오우진천황의 5세의 손자'라고만 단순히 쓰고 있다. 그러나 케이타이가 무령왕의 친손자라는 사실은 무령왕이 케이타이에게 보내준 청동거울 '인물화상경'에 글자들이 새겨져 있는 명문이 입증해 주고 있다.

친형제를 입증하는 '인물화상경'

무령왕과 케이타이천황이 친형제임은 고대 금석문이 그 내용을 입증한다. 무령왕이 503년에 아우인 케이타이천황(등극 이전의 왕자 시절)을 위

'나니와궁' 옛터전(오오사카).

해 왜나라로 보낸 청동거울인 '인물화상경(人物畵像鏡)이 그 증거물이다. 지름 19.8㎝인 둥근 청동제 거울인데, 바깥 둘레를 따라 빙 돌아가면서 다음과 같은 글자들이 새겨져 있다.

癸未年八月日十, 大王年, 男弟王, 在意柴沙加宮時, 斯麻, 念長壽, 遣開中費直穢人今州利二人等, 取白上銅二百早, 作此竟

이 한자어 명문은 현대의 일본 역사학계가 판독하고 있는 글자들이다.

저자가 우리말로 옮기면 다음과 같다.

> 서기 503년 8월 10일 대왕(백제 무령왕)시대, 남동생인 왕(케이타이천황,
> 오호도)이 오시사카궁(意柴沙加宮, 忍坂宮)에 있을 때, 사마(무령왕의 이름)께
> 서 아우의 장수를 염원하며 개중비직과 예인 금주리 등 두 사람을 파견하는
> 데, 최고급 구리쇠 200한으로 이 거울을 만들었다.

거울이름을 '인물화상경'이라 부르는 것은 왕이며 왕족 등 말을 타고 있
는 9명의 인물이 거울에 양각되어 있기 때문이며, 백제의 기마민족 문화적
성격을 보여주고 있는 점에서도 주목된다.

무령왕이 아우에게 보내려고 만든 '인물화상경'은 일본의 국보로 지정
되어 토우쿄우 국립박물관에 소장되어 있다. 일본에서는 이 '인물화상경'
을 처음에는 '스다하치만신사화상경'(隅田八幡神社畵像鏡)이라고 부르기도
했는데, 한동안 우에노의 토우쿄우 국립박물관에 전시했지만 요즘에는 전
시대에서 찾아볼 수 없다. 박물관 어디엔가 깊숙이 보관해 놓은 것 같다.

저자는 이 청동거울의 명칭을 '백제무령왕어제화상경'(百濟武寧王御製畵
像鏡)이라고 부르는게 합당하다고 본다. 이 훌륭한 거울에 대해 일본의 일
부 학자들은 흡사 일본에서 만든 것인양 터무니없는 주장을 하고 있다(홍
윤기 『일본천황은 한국인이다』 효형출판, 2000).

신라 영충대승도와
스우후쿠지(崇福寺)터전

—카라사키(韓崎)의 신라불교의 발자취

일본이 거침없이 '타케시마(독도)는 일본 영토이다'는 등 내년인 2003년도 고교역사교과서도 또다시 왜곡을 저질르고 있다. 그러기에 우리는 일본에 남아있는 우리 선인들의 눈부신 발자취들을 끊임없이 찾아내고, 그 터전들을 후손들에게 알려주어야만 하겠다.

따지고 보자면, 일본의 일부 반한 군국주의 세력뿐 아니라, 각 문화관련 기관에서 조차도 일본 내의 고대 한국인들의 옛날 발자취들을 계속 은폐시키고 있는 것이 오늘의 현실이다.

앞에서도 살폈듯이 그들은 관광 안내책자 등에서 고대 한국관계 유적들을 빼놓고 있다. 역사 관계 출판물에서도, 고대에 활약한 한국인들의 족적을 숨기며 다루지 조차 않고 있는 게 오늘의 현실이다. 그러기에 일본의 양식있는 학자들이 오히려 그런 사항들을 일일이 지적하며 비판하고 있으나, 날이 갈수록 그들의 비판도 역부족이 되고 마는 느낌이다.

일본 시가현(滋賀縣)의 카라사키(唐崎)는 고대 신라인들의 발자취가 빛나던 터전으로서 '비와코'(면적 672㎢)라는 거대한 호수의 서남단을 끼고 있는 명승지이다. '오우미(近江)8경'의 하나를 자랑했던 옛날 지명은 카라사키(韓崎)였다.

즉 '카라사키'의 한자 표기가 고대 한국의 한(韓)자를 쓰던 '카라사키'(韓崎)였다고 저명한 고대사학자 이노우에 미쓰오(井上滿郎)교수는 지적했다(『渡來人』リブロポ-ト, 1987).

이 고장 본래의 이름은 일본이 제국주의 국가를 세운 메이지유신(1868년) 이후에 "한국의 나라 한(韓)자에서 당(唐)나라의 '카라사키'(唐崎)로 어느 사이에 슬그머니 바뀌었다"고 이 고장의 사학자 미야케 노부오(三宅信夫) 씨도 귀띔해 준다.

옛날의 일본에서는 한(韓)자나 당(唐)자는 둘다 '카라'로 읽었다. 그런데 한국 관계의 지명을 중국 관계의 지명으로 그 한자어를 바꾼 이유는 무엇일까?

고대 일본이 신라 사람이며 백제 사람, 고구려 사람들의 지배를 받은 것은 누구도 부인할 수 없는 역사의 사실인 것이다. 고대 일본이 한국인에게 지배받았다는 것이 너무도 싫은 일제(日帝)는 그 때부터 한국 관계의 지명을 중국 쪽으로 슬며시 바꾸거나 또는 일본식으로 이름을 완전히 바꾼 곳도 부지기수이다.

여기서 잠깐 다음같은 사례를 한 가지만 들고, 신라 영충 스님 얘기로 들어가자.

일본에서 '카라사키'라는 지명이 한자어 '韓崎'로서 일제하를 거쳐서 지금까지 남아 있는 유일한 지역은 쓰시마(對馬島) 북단의 '카라사키'(韓崎)다. 대마도 북쪽 끝 바닷가에서 대한해협에 면한 이 터전이 한국의 곶(岬)이라는 뜻이다. 그런 그 지명 '카라사키'(韓崎)만은 오우미의 비와코 호숫가 '카라사키'(唐崎)처럼 오늘에 이르기까지 바뀌지 않은 것이 천만다행이라고나 해둘까. 따지고보자면 또한 대마도는 본래 신라땅이 아니었던가.

카라사키(韓崎)의 신라 고승들

일본에서의 신라 고승들의 포교 활동 등에 대해서, 지금까지 우리나라에서는 전혀 알려지고 있지 않았다. 그렇다고해서 백제 고승들의 활동상이 제대로 알려진 것도 아니지만.

백제인 행기대승정(行基大僧正, 668~749)에 대해서는 저자가 『행기 큰스님』(자유문학사, 1996)을 저술한 것이 지금까지 우리나라에서 최초의 일이기도 하다.

카라사키(韓崎)라는 옛날 지명을 가진 지금의 카라사키(唐崎) 일대는 고대 신라인과 백제인의 옛터전이다. 비와코호수의 아름다운 물가를 끼고 뒤로는 '히에이산'(比叡山, 표고 848m)을 등지고 있는 터전이 '카라사키'이다.

바로 그 히에이산 위에는 일본 천태종(天台宗)의 개조(開祖)인 최징(最澄, さいちょう, 767~822)의 엔랴쿠지(延曆寺) 가람이 우뚝해서 큰 자랑이기도 하다. 최징은 신라인의 후손이다. 최징이 고대 한국인 출신이라는 최초의 논문(「王仁の後裔氏族とその佛敎」, 1943)을 써서 유명한 일본의 고대사학자

고대 신라인들이 개척했던 카라사키(韓崎)의 지명이 엉뚱하게 바뀌었다. 비와코 호수와 카라사키.

는 토우쿄우대학 사학과 교수 이노우에 미쓰사타(井上光貞, 1917~83)씨다.

그는 이 논문에서 일본 고대의 고승인 다음 승려들이 백제계 또는 신라계의 한국인 후예들이라는 것을 밝혔던 것이기도 하다. 즉 도자(道慈), 지광(智光), 경준(慶俊), 근조(勤操), 도소(道昭), 의연(義淵), 행기(行基), 양변(良辨), 자훈(慈訓), 호명(護命), 행표(行表), 최징(最澄), 원진(圓珍) 등이다.

비와코 호숫가 히에이산 기슭의 시가(滋賀) 땅에 살던 신라인 삼진수백지(三津首百枝)의 아들이었던 최징의 속명은 삼진수광야(三津首廣野)였다. 그는 신라인 출신의 오우미국사(近江國師) 행표(行表)스님을 따라 출가해서, 서기 783년인 16세 때에 득도했다. 그 후 785년, 백제인 양변(良弁, 689~773) 승정이 752년에 개기한 나라땅 토우다이지(東大寺, 동대사) 가람에 가서 구족계(具足戒)를 받고 관승(官僧)의 길에 들었던 것이다.

신라 고승 영충대사가 지켰던
그 옛날의 '스우후쿠지' 가람
터전.

　바로 그 토우다이지 가람은 신라에서 건너 온 학승인 심상대적(審祥大德,
8C)이, 양변스님의 요청을 받고 서기 740년 10월 8일부터 742년까지 3년
간 화엄종(華嚴宗)의 『화엄경』을 강석한 것으로도 이름 높은 사찰이다. 심
상대덕이 『화엄경』을 강석하던 때는 토우다이지 사찰이 아직 건설되지 않
았고, 그 곳은 양변스님이 세운 콘쇼우지(金鐘寺, 금종사) 만이 서 있었던
터전이다.

　이렇듯 유서 깊은 가람에서 구족계를 받은 승 최징은 고향인 시가(滋賀)
땅의 히에이산에 입산하여 12년간 수도했다. 최징은 그 동안에 천태종에
관한 공부를 하다가, 서기 803년에는 드디어 선조의 고국땅인 신라로 건

너갔으며, 그 곳 신라로부터 당나라로 가서 원·밀·선·계(圓·密·禪·戒)의 사종(四宗)을 수학하고 다시 신라를 거쳐 일본으로 돌아왔던 것이다.

일본으로 돌아 온 이듬 해인 서기 806년에 최징은 헤이제이천황(平城, 806~809 재위)으로부터 천태종 개종(開宗)에 대한 칙허를 받게 되었다. 이로써 최징은 법화경(法華經)을 근본 교의(敎義)로 하는 일본 최초의 천태종을 히에이산 엔랴쿠지 가람 터전에서 펼치기 시작했다.

유서 깊은 스우후쿠지(崇福寺) 옛터전

승 최징이 서기 806년에 히에이산 꼭대기의 엔랴쿠지 터전에서 천태종을 개창했을 무렵이었다. 그 당시 이 히에이산 저 산 아래쪽 깊은 골짜기가 있는 기슭에는 스우후쿠지(崇福寺) 사찰이라는 유서깊은 옛절이 있었다. 이 스우후쿠지는 이미 서기 667년에 세워진 오래된 사찰이었다.

그 무렵 '스우후쿠지'에는 신라에서 건너 온 영충대승도(永忠大僧都, 8~9C)가 와서 있었다. 저자는 영충대사가 신라로부터 일본 카라사키의 시가땅에 건너와 스우후쿠지 사찰에 머물게 된 것이, 다름 아니라 엔랴쿠지에서 천태종을 개창한 최징에 의해서였던 것으로 추찰하고 있다. 신라를 거쳐 당나라에 유학했던 최징이 일본으로 귀국하는 길에 신라에서 고승 영충대사를 모셔 왔던게 아닌가 여기는 것이다.

서기 7세기 경부터 일본의 학승들은 신라에 유학한 승려들이 매우 많았다. 또한 일본 학승이나 사신이 당나라에 가려면 신라 선박을 타야만 했다. 일본은 그 당시 좋은 배가 없었다.

「일본 학승이 당나라에 유학하는 경우 신라 선박이 일본에 건너 오는 것을 기다렸다가 그 배편에 일단 신라로 갔고, 신라배가 당나라에 갈 때를 기다려 신라 선박 신세를 졌던 것이다. 물론 귀국하는 배편도 신라 배가 당나라로 왔을 때, 그 선박을 얻어타고 일단 신라에 가서 거류하면서 신라 선박이 일본에 가는 배편을 언제까지고 기다려야만 했던 것이다. 이 때문에 신라에 체재하던 일본 학승들은 신라 불교의 큰 영향을 받았고, 배우는 바가 매우 컸던 것이다.」(田村圓澄『古代朝鮮と日本佛敎』,1985).

일본은 배 만드는 선박술이 뒤떨어져 있었다. 그 때문에 당나라로 직접 항해할만한 선박을 만들지 못했다.

이를테면 8세기에 당나라에 가다가 조난 당한 일본 선박은 부지기수였다. 선박 건조술이 취약하여 선박 건조술이 취약하여 일본 배가 그 만큼 부실한 때문에 심지어 9세기 초인 서기 836년 7월에도 일본의 견당선(遣唐船)이 조난 당한 큰 사건이 발생했다(『속일본후기』).

견당선들이 그 후에도 계속 조난 당하는 사건이 발생하자 9세기 말인 서기 894년에 '견당사'(遣唐使)로 임명된 조신 스가와라노 미치사네(菅原道眞, 845~903)는 감히 천황에게 '견당사의 폐지'를 주청했으며 그 당시 우다천황(宇多, 887~897재위)은 이 신하의 뜻대로 견당사 제도 그 자체를 없애버린 역사적인 사건은 너무도 유명하다. 그 만큼이나 일본의 선박술은 후진적이었던 것이다.

신라 영충대사가 거주하게 된 스우후쿠지 사찰은 서기 667년에 텐치천황(天智, 662~671재위)의 칙원(勅願)으로 세워진 사찰로서 헤이안시대(平安, 794~1192)에는 일본 10대 사찰의 하나로 꼽힐 만큼 유명한 가람이었다.

텐치천황은 서기 660년에 망한 본국 백제를 다시 일으키기 위해서 서기

663년 8월에 왜나라 일본 수군을 백제로 보냈으나 백제 땅의 백강(白江, 현재 충남의 어느 강인지 확인이 안되고 있음)에서 대패했다. 그 해 9월 패잔 왜군은 백제의 유민들과 함께 일본으로 돌아왔다(『日本書紀』).

백제인 텐치천황이 서기 665년 2월에 '백제 유민 남녀 4백 여명을 오우미 땅의 칸사키(神崎) 터전에 살게 하였다'(『일본서기』). 또한 이 때 백제인 관리들에게도 관위(冠位)를 베풀었는데, 귀실집사(鬼室集斯)에게는 '소금하(小錦下)'의 관위를 베풀었다(『일본서기』)는 기사를 확인할 수 있다.

카라사키('칸사키'가 최초의 지명) 일대는 고대 신라·백제의 고승이며 왕족 등을 중심으로 고대 신라·백제인들의 유서 깊은 터전이다. 신라의 경우는 이미 고대로부터 왜나라를 개척한 신라인들이, 동해 건너 시마네현(島根縣)의 이즈모(出雲) 지방을 지배하면서 와카사만(若狭湾) 일대를 거처 남하하여 이 고장 카라사키 등 오우미(近江) 일대를 정복했고, 다시금 남하하여 지금의

崇福寺者。天智帝初欲。創。伽藍。求。勝地。未。得。七年二月三日夜夢。一沙門奏曰。西北之山有。靈區。帝俄覺。
于時四更也。便出。殿陛。望。西北。火光細騰。高十餘丈。明旦。救待臣。物色光所。侍臣反宮奏曰。光所有。屋鷹。
傍掛。瀑布。有。優婆塞。經行念誦。臣等問。名。不。言。其容儀似。非常人。帝聞之。万幸。其地。優婆塞出迎。白。帝
曰。此地古仙靈窟伏藏之處也。言已不。見。帝感喜立。精舍。

元亨釋書卷第二十八 志二 寺像志

四二一

백제인 텐치천황이 '스우후쿠지' 사찰을 세운 발자취. 『원향석서』.

쿄우토(京都) 땅인 야마시로(山城) 일대도 장악했으며, 또다시 남하한 곳은 지금의 나라(奈良) 땅의 사쿠라이시(櫻井市) 일대였던 것이다.

칸사키(神崎)의 지명은 신라인들의 신도(神道)에서 처음에 지어진 것으로 추찰할 수 있다. 즉 왜의 개국신인 신라신 스사노오노미코토(須佐之男命)며 그의 아들신인 대국주신(大國主神) 등 신라신을 떠받드는 신라인들이 그들이 점거하고 살았던 오우미지방 호숫가의 터전을 신(神)의 곶(岬)이라고 일컬어 처음에 지명을 칸사키(神崎)로 지어부르며, 그 고장 선주민 왜인들에게 신라신의 신성한 터전임을 강조했던 것으로 추찰할 수 있다.

그런 유서 깊은 칸사키에 서기 665년에 백제 유민들도 집단적으로 이주해 와서 함께 살게되자, 본래 진한(辰韓) 사람이었던 신라인들과 뒤에 이주해온 마한(馬韓) 사람들인 백제인이 어느 사이엔가 삼한(三韓)의 한기(韓崎, 카라사키)로서 신기(神崎, 칸사키)라는 지명을 새로이 바꾸게 된 것이 아닌가 한다.

텐치천황은 서기 671년 12월에 서거했다. 텐치천황의 제 2공주가 서기 686년에 등극한 여왕인 지토우천황(持統, 686~697재위)이다. 그녀는 그해 12월에 스우후쿠지 사찰에서 아버지 텐치천황의 명복을 비는 법회를 열었다(『日本史年表, 岩波書店』)는 기사도 여기 아울러 밝혀 둔다.

여하간에 이 칸사키(神崎)는 백제인 텐치천황에 의해서 백제로부터 건너온 유민들이 서기 665년부터 새로운 보금자리로서 삶을 누리기 시작한 것이었다. 더구나 주목되는 사항은 텐치천황이 그 다음다음 해인 서기 667년 3월에 지난 2년 전에 백제 유민 4백명을 이주시킨 칸사키의 오우미 땅에 새로운 왕궁(大津宮, 오오쓰궁)을 짓고 천도한 것이었다(『일본서기』). 이것이 과연 무엇을 말해주는 것인지는 불문가지다. 즉 텐치천황은 자신이 백제 왕족의 핏줄을 이어온 백제인 제왕임을 만천하에 과시한 것이라고 본다.

백제인 천황들이 오랜 세월을 지켜왔던 유서깊은 나라(奈良) 땅 아스카(飛鳥)의 왕도(王都)로부터 느닷없이 텐치천황은 내륙 깊숙한 오우미(近江)의 비와코 호숫가의 칸사키 땅으로 왕도를 천도한 것이었으니, 백성들의 놀라움 또한 컸다. 아니 『일본서기』는 다음과 같이 지적하며 당황하는 발자취를 남겼다. 물론 이 역사책을 쓴 사람도 백제인 안만려(安萬侶)였지만.

3월 19일(서기 667년) 왕도를 오우미(近江)로 옮겼다. 이 때의 천하의 백성들은 왕도의 천도를 원하지 않았으며 비꼬아대며 욕지거리하는 자가 많았다. 동요(저자 주·아이들에게 빈정대는 내용을 지어서 몰래 가르쳐 퍼뜨린 노래)도 많았다. 낮이고 밤이고 불이 많이 났다(『일본서기』 텐치천황 6년조).

텐치천황이 오우미의 카라사키 땅으로 천도하여 오오쓰궁에서 살게 되자, 서기 668년에 이 고장에 새로히 짓게한 사찰이 다름 아닌 스우후쿠지(崇福寺) 가람이었다.

그러기에 스우후쿠지 사찰로 들어서는 경내 어귀에는 그 옛날의 왕권을 존엄하게 살피게 하는 빗돌 하나가 아직도 우뚝 서있다.

不許葷酒肉入山門(이 가람의 문으로는 고명풀〈파, 마늘 등〉과 술과 고기를 들이는 것을 허가하지 않는다.)

영충스님을 찾아 온 사가천황

신라의 영충대사가 신라땅에서 동해바다를 건너 와서, 지난 날 텐치천황에 의해 창건된 사찰인 이곳 스우후쿠지 가람을 몸소 관장한 것이 서기 8세기 말경부터의 일이다. 우리나라에서는 영충대사에 관한 기록이 없으나, 일본 고대 사료에는 다음과 같이 밝혀져 있다.

사가천황(嵯峨, 809~823 재위)은 오우미의 카라사키에 거동하여, 사찰 스우후쿠지(崇福寺)에 들렀을 때, 대승도인 영충(永忠)스님이 차(茶)를 달여서 천황에게 대접했다(『類聚國史』 서기892년 편찬).

우리나라 『삼국사기』를 보면, 신라 경덕왕(景德王, 742~765재위)이 충담(忠談)스님을 모셔다가 귀정문(歸正門) 다락에서 차를 달여 대접받았다는 기사가 있거니와, 그 보다 약 1백년 쯤 뒤에 일본 천황이 신라 고승으로부터 스우후쿠지에서 차를 대접받았다는 것은 상호 비교되는 흥미로운 역사기사라고 하겠다. 즉 불가에서 일찌기 차를 달여 마셨고, 뒷날 이 차는 우리의 승려들에 의해 일본으로 전파된 것도 아울러 살피게 해준다.

신라의 영충대승도가 관장하게 된 스우후쿠지 가람. 굳이 이 곳에다 일찍이 텐치천황이 서기 668년 사찰 창건을 한 연유는 무엇이었을까. 『원향석서』(14C 초경)에 의하면 다음과 같은 기사가 전한다.

텐치천황이 가람을 세우기를 소망했으나 훌륭한 터전을 미처 찾아내지 못했다. 왕 7년(서기 668년) 2월 3일 밤에 꿈을 꾸었다. 한 스님이 말해주기를 서북쪽 산에 영험한 곳이 있다고 했다. 왕은 꿈에서 깨어난 것이 새벽녘이었다. 왕은 편전(거처)에서 나와 서북쪽 하늘을 보니, 높이 10여자의 긴 불빛이 가느다랗게 쭉 뻗치고 있었다. 날이 밝자 왕은 시신에게 그 빛이 뻗친 곳을 찾아보게 하였다. 시신이 왕궁으로 돌아와서 "빛이 나는 곳에 초가집이 있으며 그 옆에는 폭포가 걸쳐 있습니다, 민간 수도자가 불경을 수행하기에 소신이 물었으나 이름도 대지 않았습니다. 그 모습이 범상하지 않았습니다." 왕은 그 곳을 물어 몸소 찾아갔다. 민간 수도자는 왕을 맞아주었다. 왕이 가로되 "이곳은 예부터 신선이 사시던 터전이니라."고 말했으나 수도자는 이미 보이지 않았다. 왕은 기뻐하며 이 곳에다 사찰을 세웠다.

이렇듯 유서 깊은 터전에 130여 년 쯤 지났을 때, 신라의 고승이 건너 와서 대승도라는 고위 승관직(僧官職)을 받고 스우후쿠지를 관장하고 있었다는 것 등이 일본의 고대 사료에 밝혀져 있어서 저자는 이 곳을 이미 몇 차례씩이나 탐문하며 답사하면서 자료수집을 해 온 것이다. 그러나 이 사찰은 이미 카마쿠라(鎌倉, 1192~1333)시대 후기인 13세기 경에 폐사가 되고 말아서, 그 당시 영충대승도며 또한 사전(寺傳) 등이 모두 소멸된 것이다. 그러나 이 가람터에는 아직도 그 옛날의 주춧돌들이 널리 산재하고 있어서 그 규모가 매우 큰 가람인 것을 살피게 해준다.

이 터전은 지난 1928년에 최초로 발굴 조사되었으며, 1940~1941년에 걸친 본격적인 제 2차 발굴 조사가 있었다. 특히 주목되는 것은 삼중탑 초석 지하 1.2미터의 탑심초(塔心礎) 남측의 구멍 속에서 사리용기(舍利容器)가 발굴되어, 일본국보로서 지정된 일이다.

이 사리용기는 금동제의 겉 상자와 은제의 중간상자, 그 내부의 금제상자가 있으며, 금으로 만든 속상자 뚜껑을 열면 유리 단지가 들었고 그 안에 수정 사리가 3톨 들어 있었다고 한다. 이 훌륭한 사리용기는 과연 누가 이 스우후쿠지로 가져 온 것일까. 어쩌면 영충스님이 신라 불교의 포교를 위해서 유서 깊은 이 사찰로 가지고 건너 온 것이 아닌가 한다.

이 귀중하기 이를데 없는 사리용기는 현재 카라사키 근처(大津市 神宮町) 오우미신궁(近江神宮, 텐치천황을 제신으로 모신 사당. 1940년 창건)에 있다.

스우후쿠지 경내에 오르는 산길 우측으로는 '백혈고분군'(百穴古墳群)이 있다. 그 옛날 고분시대(약 1,400년 전)의 2백여기의 횡혈식(横穴式) 고분들이 산간지대로 산재해 있으나, 현재는 그 수가 부쩍 줄어 백기 미만이다.

스우후쿠지 가람 발굴 당시에 탑심 속에서 나온 부처님 사리 용기(일본국보)에 관한 안내판.

백제인 텐치천황의 신주를 모신 오우미신궁.

이 횡혈식 고분의 주인은 신라인들이었으리라고 본다. 왜냐하면 고분 출토의 수많은 토기(土器)들은 스에키(須惠器, 쇠그릇)라는 신라 전래의 도기(陶器, 오지그릇)이기 때문이다.

돌관이며 나무관 속에 들었었다는 금귀걸이며 장신구들은 경주박물관에서 흔히 볼 수 있는 유형의 것들이다. 그러기에 이 고장 역사, 문화담당 관계기관(大津市 教育委員會)에서는,

'지금까지의 연구로는 이 고분들이 멀리 중국이며 한반도로부터 건너 온 사람들과 동일한 관계가 있지 않은가 보고 있다.'

고 기록하고 있다.

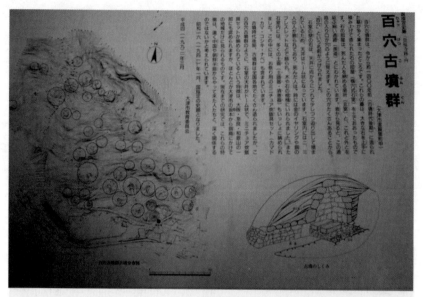

스우후쿠지에 이웃한 고대 신라인들의 횡혈식 묘지 '백혈고분군' 안내판.

한반도나 신라로 지적해야만 하거늘 '중국'이 어째서 설명문의 글 앞에 끼어들어 있는지 도무지 납득이 가지 않는다. 고분시대(3C말~7C초)에는 중국의 배는 바다 멀리 왜나라로 올 수 없었던 것이다.

고분군을 지나면 이번에는 마애석불이 나타난다. 높이 약 3.5미터의 '석조아미타여래상'이다. 화강암 바위에 직접 새긴 것인데, 현지에서는 제작 연대를 13세기 때 것으로 추정하고 있다.

이 석불이 스우후쿠지의 후기 시대와 연관이 있는 것인지, 현지 사학 관계자들도 이렇다할 규명을 하고 있지 못했다. 다만 중요한 사실은 앞으로 우리의 '백혈고분군'과 '스우후쿠지' 사찰에 관한 본격적인 연구가 진행되어야 한다고 본다.

백제학자 왕인묘(王仁墓)와
왕인공원

--오오사카땅 히라카타의 왕인박사 터전

　　오오사카땅 히라카타시(枚方市)의 후지사카(藤坂)에는 백제학자 '왕인(王仁) 묘소'가 있다. 고대에 백제로부터 왜나라 왕실로 건너 가서 최초로 일본왕자를 가르친 큰 스승이 박사 왕인(王仁, 4~5C)이었다.

　　왕인은 백제의 오경박사였는데, 백제 근초고왕(近肖古王, 346~375재위) 말기 경에 일본으로 건너갔다. 그 당시인 고대 일본의 북큐우슈우(北九州)며 카와치(河內, 지금의 오오사카, 大阪)의 지배자는 백제인 오우진(應神)천황이었다(홍윤기『일본문화사』서문당,1999).

　　오우진천황은 왕자들에게 글을 가르치기 위해 모국인 백제로부터 유능한 젊은 학자 왕인을 초대해 갔다(『일본서기』등). 왕인은 왜나라 백제인

일본 속의 한국 문화유적을 찾아서

왕인묘소(오오사카부·히라카타
시). 한국인 뿐 아니라 일인들도
이따금식 참배하러 온다.

왕실에서 왕자 '우지노와키이라쓰코' 등을 가르치는 카와치의 왕실 교육
장관(西文首)이 되었다. 서문수(西文首, 카와치노후미노오비토)라는 장관
직함은 그 무렵 백제인 왕실이 현재의 오오사카인 카와치땅에 있었다는
것도 밝혀주는 매우 중요한 역사 내용을 실증해 주고 있다.

　그 당시 왕인은 백제로부터 『천자문』(千字文)책 등을 가지고 일본으로 건
너 갔다. 서기 4세기 말경이던 그 당시 우리 나라에는 글자(文字)가 없었
다. 조선왕조 세종(1418~1450 재위)때 '한글'이 나오기 전까지, 우리는
한국어에다 맞춰서, 삼국시대부터 한자로 소리(음)를 맞추는 '이두(吏讀)'
라는 글자 표기를 했던 것이다.

더구나 미개한 섬나라였던 왜국에 글자가 있을 리 없었다. 그 때문에 왕인은 한자 학습서인 『천자문』을 가지고 왜 왕가로 건너 갔던 것이다. 물론 그 때의 『천자문』 책은 붓글씨로 손수 쓴 책이었다. 왜냐하면 아직 그 시기에는 목판(木版) 인쇄술이 발달하지 못해서, 누구나 남의 책을 먹물 붓글씨로 베껴서 썼던 시대라는 것도 밝혀 둔다.

여기서 한 가지 짚고 넘어가야 할 게 있다. 서기 4세기 말경에 왕인이 『천자문』을 가지고 왜나라에 건너 갔다는 것은 『고사기』(서기 712년)며 『일본서기』(서기 720년) 등 일본의 8세기초 역사책들이 기록하고 있다. 그런데도 일부 일본 학자들은 '왕인이 4세기에 일본에 올 때 『천자문』을 가지고 오지 않았다' 고 주장했다.

그런 대표적인 발설은 일찍이 에도시대(江戶時代, 1603~1867)에 나타났다. 그 당시 국수주의 학자며 정치가였던 아라이 하쿠세키(新井白石, 1657~1725)는 다음과 같이 왕인박사를 비아냥댔다.

　「왕인이 일본에 온 것은 4세기였다. 『천자문』이 처음 나온 것은 6세기의 양(梁)나라 주흥사(周興嗣, 502~549)가 쓴 책이다. 그런데 4세기에 온 왕인이 6세기의 『천자문』을 가져 왔다니 어처구니 없는 노릇이다」(『讀史余論』).

그 당시 아라이 하쿠세키는 근거도 모르는 터무니 없는 주장을 한 것이었다. 왜냐하면 최초의 『천자문』은 일찍이 중국땅에서 서기 2세기에 이미 나와 있었기 때문이다. 위(魏)나라의 종요(鍾繇, 151~230)가 중국에서 가장 먼저 『천자문』을 저술했던 것이다.

서기 2세기 경의 위나라 종요가 지었던 최초의 『천자문』을 붓으로 베껴서 쓴 필사본은 현재 나라(奈良) 토우다이지(東大寺)에 전해 오고 있다. 이

일본 속의 한국 문화유적을 찾아서

종요의 『천자문』 필사본은 두말할 것도 없이 왕인의 필사본을 전본(傳本)으로 해서 베껴 쓴 것이라고 추찰하게 된다. 왜냐하면 왕인이 백제에서 왜나라로 가지고 간 최초의 종요의 『천자문』은 계속해서 일본 땅에서 필사본으로 쓰여졌기 때문이다.

오늘날 우리가 훌륭한 인쇄물 책들을 대할 때, 일일이 남의 책을 붓글씨로 베껴 썼던 그 힘겨웠던 옛날도 되돌아보게 되는 것이다.

왕인묘와 무궁화 나무들

왕인묘(王仁墓)는 서울의 지하철 2호선 같은 오오사카(大阪)의 시내 환상선(環狀線) 전철의 쿄우바시역(京橋驛)에서 열차를 타면 찾아가기 쉽다. 쿄우바시 역에서 '토우사이선'(JR東西線)을 타고 가서 후지사카(藤坂) 역이나, 그 다음 정거장인 나가오(長尾) 역에서 내리면 찾아 갈 수 있다. 오오사카의 쿄우바시역에서 후지사카까지는 완행으로 약 1시간 반쯤 걸린다. 급행을 탄다면 나가오역에서 내려야 한다. 요금은 완행이나 급행 동일하다. 일본 전철(열차)은 특급의 경우만 특급요금이 따로 붙는다.

왕인묘는 왕인공원과 약 1킬로 이상 떨어져 있는 주택가 속에 자리잡고 있다. 이 일대는 이코마산(生駒山) 산줄기의 산기슭 지대여서, 얕으막한 언덕 지대를 이루고 있다. 왕인묘의 주소는 히라가타시(枚方市)의 후지사카히가시쵸우(藤坂東町) 2가 13번지이다.

묘역은 깨끗한 주택가 속에 비교적으로 널찍한 경내(약 5백평)에 무궁화 나무며 전나무 등등 여러 가지 수종으로 잘 가꾸어져 있다.

「박사왕인지묘」(博士王仁之墓)라고 하는 돌비석 앞에는 상석이며 꽃병들

히라카타시의 '왕인공원'에 서있는 왕인묘 안내판.

이 갖추어져 있다. 일본인 관리인의 말을 듣자니, 가끔씩 한국에서도 참배
객이 찾아 오나, 비교적으로 일본인들의 참배가 많다고 한다. 일본에서는
박사 왕인이 일본 문화의 은인으로서, 오랜 역사상 존경받아 오고 있기 때
문이다.

「박사왕인지묘」라고 하는 묘비명은 무사정권 에도(江戶)시대인 1733년
에 이 고장 영주(領主) 쿠카이 마사토시(久貝正俊)가 세웠다고 한다. 그 당
시만 하더라도 이 산록지대는 한적한 시골 산속에 잡목만 무성했던 벽지
의 먼 터전이었다. 그러나 메이지유신(1868년) 이후에는 왕인 묘역의 부지
가 확대 정비 되기에 이르렀고, 메이지시대(明治,1868~1912) 말기인 1905
년에 지금처럼 묘역이 확정되었다. 또한 쇼우와(昭和)시대(1926~1989)에
는 마침내 왕인묘역이 사적(史跡)으로 까지 지정되었다.

일본 속의 한국 문화유적을 찾아서

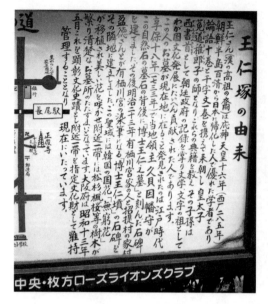

박사 왕인의 발자취를 설명하는 게시판(후지사카역 근처 도로변). 그러나 왕인이 한고조 후예라는 것은 터무니 없는 내용이다.

　　그 옛날 백제인 오우진천황의 제4왕자인 닌토쿠천황(仁德天皇, 5C)이 지배했던 곳이 카와치(오늘의 오오사카)라는 일본 서부 오오사카만 일대의 큰 터전이다. 그런데 오오사카부(大阪府)에서 왕인묘역을 사적으로 지정한 것은 1948년의 일이었다.

　　이 묘역에 세워져 있는 안내판을 보면 왕인묘에 관해 다음과 같이 유서 깊은 기록을 하고 있어서, 찾는 이들의 가슴을 훈훈하게 만들어 주고 있는 것 같다.

　「오오사카부 지정 사적

　　전왕인묘(傳王仁墓)」

　　에도시대 중기의 쿄우토(京都)의 유학자였던 나미카와 세이쇼(竝川誠所,

104

1668~1738)는 쿄우보(亨保) 16년(1731)에 히라카타시 킨노혼쵸우(禁野本町)의 와타지(和田寺) 사찰의 기록에서 왕인박사의 묘소가 후지사카의 오하카타니(御墓谷) 골짜기에 있다는 것을 확인하여, 현재의 자연석의 입석을 가지고 왕인 박사의 묘로 삼게된 것이다.

『고사기』(古事記, 서기 712년 편찬)에 의하면 왕인박사는 고분시대(古墳時代, 4C~7C) 전기인 4C말에 한반도의 백제국(百濟國)으로부터 도래하여, 『논어』10권, 『천자문』1권을 가져왔으며, 고대로부터 학문의 조상님으로서 숭경(崇敬) 받아왔다.

왕인의 자손들은 문필(文筆)로써 조정에서 근무했으며, 서문씨(西文氏 카와치노후미노우지) 가문으로서, 하비키노시(羽曳野市)의 후루이치(古市) 터전에 살았고, 그 주변 일대는 카와치 유일의 도래문화(渡來文化)의 집적지(集積地)로서 발전해 왔다.

1998년, 히라카타시 교육위원회」

즉 이 왕인 묘소는 쿠가이 마사토시 영주며, 유학자 나미카와 세이쇼 등의 노력으로, 오늘의 터전이 왕인묘소로서 확인되었으며, 또한 이 지역이 그 때부터 지금까지 약 270년간 일본의 명소로서 널리 알려져 오게 된 것이다.

그런데 이 왕인 묘역은 옛날부터 그 지명이 오하카타니(御墓谷)로서 존중되어 온 터전이라고 했거니와, 『카와치시』(河內志)라는 옛 역사 문헌에도 다음과 같은 기사가 전해 오고 있다.

「카와치국 카타노군(河內國交野郡)의 후지사카촌 지역(藤坂村字)의 하카타니(墓谷, 묘곡)에 와니즈카(王仁塚, 왕인총)가 있도다」

앞의 왕인묘 사적 안내판에서, 와타지 사찰의 기록이라고 지적한 것은 『왕인분묘내조기』(王仁墳墓來朝記)라는 것을 일컫는다. 이 기록은 일찌기 서기 1616년(元和二年)에, 와타지 사찰의 승려였던 니시무라 도우슌(西村道俊)이 편찬한 것이다.

이상과 같은 여러 기록 등에 의해서 이 오하카타니(어묘곡)가 왕인묘소라는 것을 말해주고 있다. 또한 그 장소가 벌써 지금으로부터 1천 6백년 전의 왕인묘소라고 하는 것을 입증하는 것이 지금도 현장에 놓여 있는 둥근 형태의 자연석 입석이다. 물론 이 자연석에는 글씨같은 것이 새겨져 있지 않다. 본래 왕인묘를 나타내는 글씨를 새겼더라도 오랜 성상의 비바람에 자연스럽게 마모가 되어버렸을 것이다.

『왕인분묘내조기』에서는 이 자연석을 그 옛날 왕인의 묘석으로 지칭하

왕인박사 묘역에 있는 또하나의 묘석인 「博士王仁墳」. 글씨는 일본 황족이 예전에 쓴 것을 음각했다.

고 있다. 1733년에 쿠카이 마사토시가 세운 현재의 묘비인 『박사왕인지묘』는 그 옛날의 둥근 자연석 입석을 가슴에 품듯이 앞에 모신채 우뚝 서 있다. 다시 말해서 이 왕인 묘역 동쪽에는 이와 같이 두 기(基)의 묘석이 함께 자리하고 있다.

그런데 이 두 기의 묘석 이외에도 또 하나의 묘석이 왕인 묘역에 자리하고 있다고 하면 독자들이 어리둥절하실지도 모른다. 왜냐하면 「박사왕인지묘」의 터전으로부터 남쪽으로 약 30미터 지점에는 「박사왕인분」(博士王仁墳)이라는 묘비가 세워져 있기 때문이다. 귀갑(龜甲) 무늬 대석 위에 서 있는 이 묘석은 1827년(文政 10년)에 세워진 또 하나의 왕인묘의 묘비이다.

지금으로부터 1백70여년 전에, 천황가의 관리였던 이에무라 본토쿠(家村盈德)가 오오이시 효오고(大石兵庫) 등과 함께 세운 묘비이다. 음각된 이 묘비의 글씨는 그 당시 황족인 아리스카와노미야 타루히토친황(有栖川宮 熾仁親王, 1835~95)의 붓글씨이다. 이 비석을 세운 이에무라 본토쿠는 그 당시 왕도였던 쿄우토의 천황가문 아리스카와노미야 궁중의 고관(宮侍)이었기 때문에, 친황의 휘호를 받았다는 것이다.

●

백제인 닌토쿠천황 기념제와 왕인묘역 확장

오늘날과 같은 널찍한 묘역이 이루어진 것은 앞에서 지적했듯이 지금부터 약 1백년 전인 1905년의 일이다. 그런데 여기서 그 당시를 잠시 주목해야 할 것 같다. 왜냐하면 옹색하기 짝이 없이 자그마했던 왕인묘역이 그 무렵 크게 확장된 것은 왕인의 업적을 높이 평가했기 때문이다. 즉 1905년에

메이지정부는 '닌토쿠천황 나니와궁(나니와노미야) 전도 천오백년 기념
제'(仁德天皇 難波宮 奠都 千五百年記念祭)를 거행하는 또 하나의 기념 행사
로서 왕인묘역 확장도 완성했다.

　이것이 무슨 뜻이냐 하면, 그 옛날의 나니와(난바, 카와치, 지금의 오오
사카) 땅에서, 백제인 닌토쿠천황이 서기 405년에 등극했던 것인데, 그 당
시 왕실 교육장관(西文首)이었던 왕인 박사가 닌토쿠천황을 왕위에 앉힌
것이었다. 닌토쿠천황의 아버지 오우진천황이 카와치에서 서거한 것은 서
기 402년이었다. 그 후 왕위의 계승자가 없이 왕좌는 3년 동안이나 공백
이었다. 5명의 왕자들 중에서 태자는 나이 어린 제5왕자인 '우지노와키이
라쓰코' 였다. 오우진천황이 가장 아끼던 귀여운 막내 아들이었다.

　제5왕자는 자기 스스로가 왕위를 계승하지 않고 그의 손위 형인 제4왕
자 오오사자키노미코토(大雀命)에게 등극을 애써 권유했던 것이다. 그러나
오오사자키노미코토는 태자인 동생이 마땅히 왕위를 계승해야 한다고 하
면서 등극을 사양하느라 왜나라에는 어느덧 왕실에 왕이 없는 3년이라는
공백의 세월이 흘렀다.

　그동안 제2왕자 '오오야마모리노미코' (大山守皇子)가 흑심을 품고, 동생
인 태자를 살해하려다가, 음모가 발각당해서 도리어 자신이 살해당하고야
마는 유혈사건도 있었다. 그런 가운데 끝내 태자(제5왕자) 스스로가 자살
하는 사건마저 빚어졌다.

　이래서 제4왕자인 오오사자키노미코토가 마지못해 등극하여 '닌토쿠천
황' 이 된 것이다. 그 무렵에 이 닌토쿠천황의 등극을 권유하는 시(詩)까지
지은 것은 다름 아닌 왕인박사였다.

「3년 동안이나 왕위가 빈채 제4왕자와 제5왕자가 서로 왕위를 권유하는

것을 지켜보던 왕인이, 딱하게 여긴 나머지 오오사자키노미코토에게 등극할 것을 권유하면서 지은 시(和歌, わか)가 '난파진가'(難波津歌)이다」(紀貫之 『古今集』 서기 805년 저술).

그 당시 제4왕자(닌토쿠천황)의 등극을 권유하면서 왕인이 쓴 시는 다음과 같은 일본 최초의 와카(和歌)였다. 한자어로 필자가 쓴 그 시를 우리말로 번역하면 다음과 같다.

「난파진(難波津)에는 피는구나 이 꽃이, 겨울잠 자고 지금은 봄이라고 피는구나 이 꽃이」

일본사람들이 오늘날 세계에 자랑하는 일본의 국시(國詩)인 '와카'는 이와 같이 박사 왕인에 의해서, 그 당시 고대일본 역사상 최초로 지어진 것이었다. 1905년에 일본 정부가 닌토쿠천황의 나니와궁(難波宮, 나니와노미야) 전도 1500년 기념제에 즈음해서 왕인 묘역을 훌륭하게 확장한 것은 당연한 일이라기 보다는 오히려 만시지탄이 없지도 않았다고 본다.

왕인묘역에는 근년에 이 왕인의 '난파진가'가 철판에 주조하여 설치한 것을 볼 수 있다. 물론 왕인이 쓴 최초의 와카 '난파진가'는 한자어로 되어 있다. 이 「난파진가」는 「매화송」(梅花頌)이라고도 함께 일컫고 있다.

참고삼아 다음과 같이 「난파진가」(매화송)를 여기에 적어 둔다. 우리 나라에는 그동안 알려지지 않았다(拙論 「和歌를 창시한 王仁과 韓神歌」 『現代文學』 1997년. 2월호).

「難波津尓 佐具哉此花 冬古毛梨

일본 속의 한국 문화유적을 찾아서

고대에 백제군의 중심지였던 오오사카 중심지 난바(難波,나니와)의 대형 전철역.

今波春邊 佐具哉此花」(『古今集注』).

　그런데 여기 부기해둘 것은 왕인 묘역의 한자어로 된 왕인의 「난파진가」
는 고대의 전본 『고금집주』와 부분적으로 다른 한자어들을 다음과 같이 쓰
고 있으며, 출전도 밝히져 있지 않다. 여기 지적해 두자면 고대에는 우리나
라의 '이두'며 '향찰'처럼 소리(음)와 새김(훈)에 따라서 글자 표현(만요우
카나)을 했기 때문에 각기 다른 한자어가 동원되었던 것이기도 하다.

　「難波津爾 味耶此花 冬籠
　今乎春部止 開哉此花」

관심있는 분들의 참고를 바라련다.

왕인 묘역에는 한국에서 만들어간 상석의 설치며 철판에 책모양으로 주조한 '천자문비'를 설치하는 등, 한일문화친선협회(會長 尹在明)의 업적을 살피게 해주고 있다. 또한 일본 각지 로터리클럽 회원들의 정성스러운 왕인 추모의 여러가지 발자취도 두드러지게 눈에 띤다.

잘 가꾸어진 왕인공원(王仁公園)

오오사카부(大阪府)의 히라카타시(枚方市)에서는 왕인묘소 뿐 아니라, 그 이웃에 '왕인공원'을 건설해서 보기 좋은 풍광을 이루고 있기도 한다. 이 공원은 '후지사카역'에서 마주 바라다 보이는 산기슭에, 총면적 9만5천 제곱미터를 차지하는 넓은 터전을 차지하고 있다.

행정 구역상의 지번은 히라카타시의 후지사카 2431의 30이다. 서기 1971년에 히라카타시가 총공사비 5억엔을 들여서 만들었다는 이 공원 주변 도로의 명칭은 '와니코우엔 도오리(王仁公園通り, Wanikoen-dori St)'이며 한자어와 영어 도로 표지판들이 여기저기 설치되어 있다. 이 지역 전철 철길 건널목의 명칭은 '와니 후미키리(王仁踏切)' 즉 '왕인 건널목'으로 되어 있어서, 이 일대는 그야말로 왕인 일색이랄까. 왕인 묘역과 함께 한일 친선의 분위기마저 물씬 풍긴다.

왕인공원의 안내판에도 "왕인박사는 『고사기』 등에 의하면, 4세기에 백제(한반도의 한 국가)로부터 『천자문』과 『논어』 등을 일본에 전했다고 하며, 일본의 학문의 발전에 크게 공헌한 것이 잘 알려져 있습니다"는 등 비교적으로 자세한 설명문을 달고 있다.

토우쿄우대학 교수 우노 세이이치(宇野精一) 씨는, 지난 1984년 9월 9일, 그 당시 서독(西獨) 함부르크대학 초청 제7차 퇴계국제학술회의 주제 논문에서 밝히기를, "왕인박사는 일본 문화의 은인(恩人)이다."고 칭송했다(『退溪學報』 제44집).

우노 세이치 씨는 필자와 몇 번 만나 함께 식사하면서 박사 왕인에 대해 이야기를 나눈바 있거니와, 그는 시종 저자에게 다음처럼 말했다.

"왕인이 백제로부터 건너오지 않았다면 일본 고대문화는 몇백년 이상 뒤
쳐졌을 것입니다"

이와 같은 왕인의 존재는 닌토쿠천황이 등극했던 시대에 카와치(나니와 · 난바)땅의 왕궁(高津宮)에서 최고대신으로서 백제인 천황을 보필했던 것을 쉽사리 살피게 해준다. 그러기에 그의 사후에 묘소가 카와치땅의 후지사카 오하카타니(御墓谷)에 자리하게 됐다는 것도 수긍할 만하다.

더구나 그 일대는 백제사 터전과 백제왕신사(百濟王神社) 터전이 과히 머지 않은 가까운 거리에 있다는 것도 아울러 잘 살피게 해주고 있다.

박사 왕인의 발자취는 카와치의 도처에 그 역사가 생생하게 전하고 있다. 특히 괄목할 만한 고장은 하비키노시(羽曳野市) 후루이치(古市)의 사이린지(西淋寺) 사찰을 들 수 있다. 여기서는 박사왕인을 제신(祭神)으로서 오오사카의 '왕인대명신'(王仁大明神, 와니다이묘우진)이라는 이름으로 지금도 받들고 있는 것을 여기 밝혀 두기로 한다.

그 밖에도 카와치땅의 다이니모토쵸우(大仁本町)에는 왕인박사를 제신(祭神)으로 모시던 '왕인대명신 사당' 터전도 있다. 지금은 이 곳의 명칭을 '야사카신샤'(八坂神社)로 부르고 있다. 또한 야사카신사라고 부르는 명칭

주택가의 「왕인공원거리」 안내판.

을 가진 사당은 오오사카 땅에만 해도 현재 10여 곳이나 있다.

야사카신사의 총본산(總本山)인 본전(本殿)은 쿄우토(京都)의 기온(祇園)에 있는 야사카신사이다. 이 쿄우토 기온 야사카신사의 제신은 신라신(新羅神)인 우두천왕(牛頭天王, 스사노오노미코토)이다. 그런데 카와치의 야사카신사 터전에서는 우두천왕 뿐 아니라 본래의 제신인 '왕인대명신'도 함께 제신으로 모셔오고 있다. 두 제신을 합사하게된 이유는 이 제신들은 신라, 백제 등 각기 한국 고대의 제신이기 때문이라고 한다. 고대한국의 신으로서 공통점이 있다는 것이다.

이와 같은 것으로 보더라도 고대 일본의 오오사카며 쿄우토·나라 등등 옛날 왕도(王都)의 지배자가 삼국시대의 우리나라 사람들이었다는 것을 능히 추찰케하고 있다. 여기서 한가지 중요한 카와치 땅의 고대 지도(地圖)를

일본 속의 한국 문화유적을 찾아서

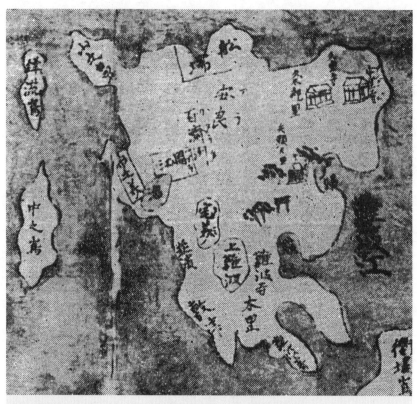

오오사카의 옛날 지도인 「八浪華圖」. '백제주' (百濟州)라는 글자가 복판에 보인다.

살펴보기로 하자. '팔랑화도' (八浪華圖)가 그것이다.

이 고대 '팔랑화도'에 보면, 백제주(百濟州)가 지금의 오오사카(카와치) 중심 지역에 표시되어 있다. 이 백제주의 백제(百濟)라는 한자어에는 일본 글자 '히라가나'로 '쿠다라(くだら)'라고 '백제'를 표현하고 있다. 그리고 이 백제주의 동쪽을 보면 이두식의 한자어(萬葉假名)로 지역 이름인 '쿠다라' (久太郎)가 표현되어 있다.

'백제'라는 한자어를 '쿠다라'로 쓰는데, '쿠다라' (久太郎)의 경우 역시 백제를 뜻하는 이두식 한자어 표시라고 보면 좋을 것 같다. 왜냐하면 오늘의 이 오오사카의 중심지역은 고대에 '백제군'(百濟郡)과 북백제촌(北百濟村)·남백제촌(南百濟村)의 행정구역 지대였기 때문이다(井上正雄『大阪府全志』1922.)

왕인 박사가 몸소 글을 가르친 왕자 오오사자키노미코토(닌토쿠천황)는, 왕위에 오른 뒤에 항상 왕인박사의 자문을 받았던 것이다. 그 뿐 아니라 계속 백제로부터 건너 오는 사람들이, 카와치의 백제군 지역에 분포되면서 세력이 커진 것도 쉽게 살필 수 있다.

그런데 이 백제주(百濟州)를 보여 주는 '팔랑화도' 라는 지도는 11C말인 서기 1098(承德二年)년에 처음 그려진 것으로 알려지고 있다. 따라서 이 지도의 원도는 지금부터 벌써 9백여년 전의 카와치(오오사카) 중심지대를 가리키고 있는 것이다.

그 당시의 백제군 지역은 지금의 오오사카시의 중심 시가지인 히가시나리구(東成區)며 히가시스미요시구(東住吉區), 이쿠노구(生野區) 또한 텐노우지구(天王寺區) 일대이다. 그러므로 일본 제2의 대도시 오오사카는 카와치의 이름아래, 백제인 왕가에 의해 발전해 온 사실을 뚜렷이 살피게 해준다. 또한 우리는 이 터전에서의 박사 왕인의 위업(偉業)도 다시금 가슴 깊이 음미해 보게 된다.

일본 속의 한국 문화유적을 찾아서

히라카타의 백제사터와
백제왕신사

─일본땅에서 가장 오래된 오오사카의 백제왕족의 터전

백제사 터전과 왕인묘로 가는 길

일본에는 현재 6곳의 백제사(百濟寺), 또는 백제사 사적(寺跡)이 존
재하고 있다. 저자는 이 백제사며 백제사 터전을 그 동안 두루 현지 답사하
면서, 고고학적·문헌학적 고증을 곁들여, 고대 백제인들의 일본 지배의
내용을 상세하게 밝히게 되었다. 우선 오오사카(大阪) 땅에서 현재 거의 완
전한 형태로 '백제사 옛터전'이 보전되어 있는 곳이 있다.

그 유서깊은 터전은 오오사카부(府)의 히라카타시(枚方市) 니시노쵸우 나
카노미야(西之町中宮1-68)에 터를 잡고 있다. 이 곳은 공칭(公稱)이 '백제

사 사적공원(百濟寺 寺跡公園)'이라고 부르는 백제사 옛터전의 공원으로서 매우 잘 가꾸어져 있다. 이 공원 터전은 드높은 언덕 지대여서 히라카타 시내가 한 눈에 확 트여 보이는 그야말로 조망이 매우 아름다운 공원이다.

저 멀리 북쪽으로는 샤카타케(釋迦岳)의 산봉우리가 아득히 보인다. 또한 동쪽으로는 손에 닿을 듯 가까운 나가오노다이(長尾台) 고지도 보인다. 앞 항목에서 밝힌대로 이 고지 산기슭에는 고대 백제인 학자 왕인박사의 무덤인 왕인묘(王仁墓, 와니노하카)와 그 이웃에 왕인공원(王仁公園)이 큰 터전을 자리잡고 있다.

백제사 사적공원은 오오사카의 쿄우바시역에서 사철(私鐵, 개인회사 철도)인 케이한본선(京阪本線) 철도의 전철(京阪電車, 케이한덴샤)을 타고 '히라카타' 역에서 내려, 남쪽 출구(南口, 미나미구치)로 걸어서 나온 다음, 역전 버스장에서 '나가오' 역으로 가는 1번선 버스를 타면 된다. 이 버스로 약 10분 거리의 언덕인 '나카노미야' 버스 정류장에서 내리면 바로 그 곳이 백제사 사적공원인 것이다. 그 곳에는 '백제왕신사'(百濟王神社)의 큰 입간판도 버티고 서 있다.

백제사 사적공원에서 왕인공원 지역까지는 버스(京阪交通バス)편으로 약 30분 거리이다. 히라카타역과 왕인공원 근처의 나가오역(長尾驛)까지 왕복 운행 하는 버스를 이용한다면 두 지역을 쉽사리 왕래할 수 있다.

왕인공원 근처에 서는 버스 정류장의 명칭도 '왕인공원'이라서 버스편으로 '백제사 사적공원'을 찾아 오기는 과히 어렵지 않다. 앞에서 이미 살핀 '왕인공원'으로 가는 나가오역은 오오사카의 JR쿄우바시역(京橋驛)에서 JR토우사이선(東西線, 별칭 片町線, 學研都市線)을 타고 가게 되는 역이다.

백제사 사적공원 경내에는 서쪽으로 '백제왕신사(百濟王神社)'가 함께

히라카타시의 언덕길. 「백제왕신사」의 큼직한 표석이 보인다.

자리 잡고 있다. 백제왕신사는 현존하는 백제왕의 옛 사당으로서, 백제사 터전 사적과 함께 유서 깊은 명소이다. 고대 백제인들이 서기 4C 중엽에 상륙한 곳이 카와치(河內) 터전인 지금의 오오사카부(大阪府) 지역이다. 이 백제왕신사가 자리잡고 있는 오오사카부의 히라카타시 역시 카와치땅인 것은 두말할 것도 없다.

　고대 백제인들은 야요이 시대(BC3C~AD3C)인 지금부터 약 2천년 전후의 시기에 북큐우슈우(北九州) 땅으로 건너 갔던 것이다. 북큐우슈우는 한국 남해안으로부터 거리가 가장 가까운 일본 최남단의 큰 섬의 북부지역이다.

　고대 백제인들은 벼농사법을 비롯해서 농기구와 선진국으로서의 각종 생활 문화를 가지고, 미개한 원시적인 선주민들이 살고 있던 일본 섬 터전으로 상륙한 것이었다. 물론 각종 무기를 갖고, 조직적인 군사 집단으로 구성된 백제인들은 그 곳 북큐우슈우 땅을 지배하면서, 이른바 한반도의 선진 문화를 심기 시작한 것이다. 그것을 가리켜 일본 역사에서는 '야요이 문화'라고 부른다.

큐우슈우 섬을 완전히 정복한 백제인들의 제2 진출지는 다름 아닌 카와치(오오사카) 땅이었다. 백제인들은 북큐우슈우로부터 대형 선박들을 띄워서 일본 열도의 본토 내부의 바다로 동진(東進)했던 것이다.

오늘의 '세도내해'(瀨戸內海)라는 안바다이다. 이와 같은 백제인들이 서기 4세기 후반에 상륙한 곳은 지금의 오오사카 항구 지역인 카와치의 나니와(難波, 난바) 나루터였다.

이 나니와 나루터 일대를 교두보로 해서, 카와치 땅은 백제인들의 새로운 식민지가 되었던 것이다. 지금의 오오사카땅에서도 유서 깊은 고대 백제인들이 세운 시텐노우지(四天王寺, 사천왕사)가 있는 우에마치 대지(上町台地) 일대가 나니와(난바) 땅이다(直木孝次郎『日本歷史』中央公論社, 1970).

이 나니와(난바) 터전에서 부왕인 오우진천황(應神天皇, 4C~5C초)에 뒤이어 5C초(405년경), 왕위에 오른 것이 백제인 닌토쿠천황(仁德王皇, 5C)이었다. 그런데 와세다대학 사학교수 미즈노 유우 씨는, 「닌토쿠천황이 큐우슈로부터 카와치의 나니와로 진출해 온 것은, 고구려의 광개토왕이 한반도를 남하하면서 침략하는 데 따라, 한반도와 가까운 큐우슈땅에 자리잡고 있다는 데서 고구려로부터 위협당한 것으로 본다」(水野 祐, 『日本古代の國家形成』講談社, 1978)고 지적했다.

닌토쿠천황은 이 곳 카와치의 나니와 땅에서 왕위에 올랐다. 앞에서 지적했듯이 그 당시 오우진천황의 제4왕자였던, 오오사자키노미코토(大雀命) 왕자가 등극하여 닌토쿠천황이 되었던 것이다. 물론 이 당시에 '천황호'는 없었으므로 '닌토쿠왕'으로 불렀던 것은 틀림없다.

왕인의 천거로 왕위에 오른 백제인 닌토쿠천황은 이 카와치의 큰 터전을 다스리면서 이른바 '카와치왕조(닌토쿠왕조)'를 꽃피운 영주(英主)로서 일본 역사는 기술하고 있다. 더구나 닌토쿠가 백제인이기 때문에, 이 카와치의 나니와(난바)를 중심으로 하는 거대한 터전이 뒷날 '백제군(百濟郡)'이라는 명칭으로 행정 구역이 이루어졌던 것이다.

"닌토쿠천황은 백제왕족(부여족 계열)이다"(水野 祐 『日本古代の國家の形成』 講談社現代新書, 1968)

이렇게 논술한 것을 굳이 부정하려는 학자는 찾아보기 힘들다.
더구나 오오사카땅이 백제의 옛터전으로서,

"천황가의 조상(祖先)이 남조선으로부터 일본에 건너 왔다"(松本淸張 『日本史謎と鍵』 平凡社, 1976)

고 하는 마쓰모토 세이쵸우 씨는 다음과 같이 단정했다.

"일본과 한국은 똑같은 민족(同民族)이다…… 일본은 한국으로부터 갈라져 나오게 된 국가이다. 행인지 불행인지 대마도해협이 있어서, 한국이 동란(필 주자 : 신라, 백제, 고구려의 전쟁)이 일어나고 있을 때, 일본은 독립해서 보다 일본적으로 되어 갔다. 미국이 영국으로부터 독립한 것과 마찬가지이다"
(松本淸張 『東京新聞』 1972. 4. 1 조간)

'백제왕신사' 의 제단. 지금도 아좌태자 등 백제왕족들의 제사를 모시고 있다.

　　왕인박사의 천거로 왕위에 오른 닌토쿠천황은 나니와쓰(難波津), 즉 '난
파진' 이라는 나니와(난바) 나루터를 중심으로 백제 식민지를 개발했던 것
이다. 그러기에 지금부터 80년전인 1922년에 이노우에 마사오 씨는 명저
『오오사카부전지』에서,

　　"이 나니와쓰라는 항구를 본격적으로 건설한 것은 백제인들이었다"(井上
　　正雄『大阪府全志』淸文堂出版株式會社, 1922)

라고 단언했다.
　　영국 브리타니아의 제1의 큰 도시였던 욕(York) 사람들이 대서양의 험한
파도를 건너 가서, 아메리카 땅을 식민지로 개척하던 당시, 그들이 건설한

그 옛날 백제 건축가들이 난파진 터전에다 세운 모습의 '사천왕사' 와 5중탑.

미국땅의 항구 도시를 '새로운 욕' 즉 '뉴욕(New York)' 이라고 명명했던 것이다. 그와 마찬가지로 백제인 왕인 등은 한반도 멀리로부터 현해탄 건너 험난한 파도를 헤쳐 카와치 땅에 건설한 새로운 나루터를 '난파진' (나니와쓰)으로 명명한 것도 뉴욕 보다 천년 전의 웅대한 식민지 개척의 큰 발자취였다.

더구나 그 난파진 땅의 중심지에 가장 큰 행정구역을 '백제군' 으로 설치한 사실 또한 우리는 높이 평가할 만 하다고 본다. 백제인 닌토쿠 천황에 의해서, 왕인박사의 자문 아래 백제의 식민지는 차츰 거보를 내딛기 시작한 것이었다. 이노우에 마사오 씨는 고대 난파진(나니와쓰, 현재의 오오사카시의 중심지 번화가인 '난바')의 문헌들을 섭렵하여 다음과 같이 '백제군' 을 고증했다.

「백제군은 그 옛날에 남백제촌(南百濟村)과 북백제촌(北百濟村)이 설치되어 있었다. 남백제촌에는 또한 각기 응합촌(鷹合村)을 비롯해서, 사자촌(砂子村)·중야촌(中野村)이라고 부르는 대단위의 행정구역들이 있었다.

응합촌의 경우는 닌토쿠천황 43년 9월에, 아이고(阿那古)가 잡아 온 매를 백제인 사케기미(酒君,주군)에게 사냥에 쓰는 매로 길들이라고 하면서 천황이 응감부(鷹甘部)를 설치시킨 데서 생겨난 지명이다. 그 당시 천황의 타카쓰궁(高津宮)은 나니와(난바)에 있어서, 이 곳하고 거리가 가까웠고, 백제의 사케기미가 세상을 떠나자 닌토쿠천황은 이 고장에서 장례를 치뤄주고 그에게 응견신(鷹見神)이라는 시호까지 내렸다.

북백제촌은 금재가촌(今在家村)을 비롯해서 신재가촌(新在家村)·금림촌(今林村) 등의 큰 행정 구역들이 속해 있었다. 또한 사천왕사촌(四天王寺村)은 본래 백제군에 속한 큰 행정 구역이었다. 그 밖에도 석천(石川) 백제촌과 백제대정(百濟大井)이라는 행정 구역이 난파진 지역에 있었다」(앞책 『大阪府全志』).

이와 같은 사실로 미루어 보더라도 백제인 닌토쿠천황의 백제군 행정 구역이 난파진의 큰 중심지였던 것을 쉽게 살필 수 있는 것이다. 물론 이 난파진 지구의 고대의 발자취는 사천왕사(四天王寺)가 그 옛날의 모습을 이어오고 있어서, 지금부터 1천 6백년 전 고대 백제인의 옛터전을 그립게도 해준다. 그러나 현재 그 옛날의 백제군 일대는 그 어느 곳이거나 모두가 대도시 오오사카의 번화가로서 오오사카부의 중심을 이루고 있다.

난파진 건설의 백제인 정복자였던 닌토쿠천황은 역시 오오사카의 모즈(百舌鳥) 땅에 지금은 조용히 잠들어 있다. 세계에서 가장 크다고 하는 '닌토쿠천황릉'은 봉분의 길이 486m를 보여주는 거대한 왕릉이다.

일본 속의 한국 문화유적을 찾아서

백제인 닌토쿠천황의 능. 세계최대라고 하는데 길이 486미터라고 한다.

과연 난파진 땅에서 카와치왕조를 건설한 대왕답게, 그의 왕릉은 세계적인 규모의 전방후원분(前方後圓墳)이다. 즉 앞은 모가 지고 뒤로는 길게 둥근 무덤을 보여 준다. 이런 전방후원분은 우리나라 전남 지역에도 여러 기가 지금도 전해 오고 있다. 위치는 오오사카부의 사카이시 다이센쵸(堺市大仙町)이다. 그러기에 별칭 '다이센릉' 이라고도 부른다.

●

일본 역사상 가장 오래된 백제사당 터전

카와치 땅의 백제사 사적공원 터전으로 다시 돌아가기로 하자. 이 곳의 '백제왕신사' 와 '백제사' 는 본래 백제의 성왕(聖王, 523~554)을 비롯해서 그 아들 위덕왕(威德王) 당시의 태자였던 아좌태자(阿佐太子)등 백제왕과 왕족들을 위해서 그 옛날 이 터전에 사당과 사찰을 잇달아서 짓게 되었다는 것이 고대문서에 의해 밝혀지고 있다. 더구나 크게 주목되는 사항은, 이 곳 '백제왕신사'며 '백제사'는 고대 일본에서 가장 먼저 건립된 백제의 사당터라고 하는 점을 들 수 있다.

일본 고대에 있어서 오늘의 오오사카, 즉 그 옛날의 카와치 터전은 일본 본토에서 최초로 백제인들에 의해서 지배된 왕도(王都) 터전이요, 그것을 입증하는 것이 다름 아닌 이 곳 '백제왕 신사'와 '백제사' 지역이다.

한반도에 있어서도 그랬거니와 고대 신라 · 백제 · 고구려 왕실은 천신(天神)이며 조상신(祖上神)을 숭배하고 제사지내는 것을 국체(國體)의 기본으로 삼았던 것이다. 그러기에 천신지기(天神地祇)에 대한 제사는 왕실 위에 자리매김하는 가장 중요한 왕실의 제례 행사였던 것이다.

일본 본토의 카와치(나니와, 난바) 땅을 정복한 백제인들에게 있어, 카와치의 나루터 난파진(나니와쓰)은 본국 백제의 왜나라땅 현관이었다. 그 만큼 중요한 이 카와치땅은 본국과의 직통 항로가 되었던 것이며, 그러기에 백제인이 일본 본토에서 최초로 정복한 카와치땅에 가장 먼저 왕실 사당과 사찰을 세웠다는 것은 지정학적으로도 설득력을 갖게 해준다.

이제 현재의 백제왕신사에 전해지고 있는 고문서들을 중심으로 해서 이 곳의 역사를 캐어보자. 우선 살펴보는 것은 『미마쓰가계도』(三松家系圖)이다.

「비다쓰천황(敏達天皇, 572~585 재위) 어대에, 백제의 왕진이(王辰爾, 오우신니)가 이 곳에다 사당을 세우고, 그의 조상을 제사지냈다」

이와 같이 백제왕족 왕진이의 후손인 미마쓰 가문의 가계도에서 밝히고 있다. 비다쓰천황은 백제인이다. 그 사실은 일본 고대의 『신찬성씨록(新撰姓氏錄)』(서기 815년 편찬)으로 입증되고 있다.

『신찬성씨록』은 9C초에 백제인 칸무천황(桓武天皇, 781~806 재위)이 몸소 편찬에 착수했고, 뒷날 칸무천황의 어명으로 제5왕자 만다친왕(萬多親王, 788~830)이 왕실에서 완성시킨 천황가와 귀족들의 복합된 족보인 것이다.

이 곳에다 사당인 '백제왕신사'를 처음 세운 왕진이에 관해 알아보자. 비다쓰천황 즉위 당시(서기 572년)의 왕진이의 벼슬은 카와치의 선사(船使, 해무청장)이며, 백제왕족 진손왕(辰孫王)의 손자였다. 그 무렵 고구려 사신이 평원왕(平原王, 559~589 재위)의 국서(國書)를 왜나라로 보내왔다. 비다쓰천황의 조신들은 3일간이나 국서의 내용을 풀지 못했다. 대신 소가노 우마코(蘇我馬子, 소아마자, 550~626)가 카와치의 선사 왕진이를 조정으로 불러들였더니, 그가 즉시 내용을 풀어냈다. 천황과 소가노 우마코 대신은 왕진이를 절찬하고 당장 그를 조정의 조신으로 승진시켰다(『일본서기』).

그런데 고구려에서 보냈던 평원왕의 국서는 보통 문서가 아니고 '까마귀 날개'였던 것이다. 왕진이는 그 '까마귀 날개'의 비문(秘文)을 해독해서 크게 명성을 떨치게 되었던 것이다. 새까만 까마귀 날개를 받았던 당시, 왕진이는 왕의 수라칸으로 갔다. 거기서 그는 가마솥의 뚜껑을 열고 밥의 뜨거운 김에다 까마귀 날개를 쐰 다음, 흰 비단천에다 날개를 꾹 눌렀다. 천에 찍힌 것은 먹글씨였으며, 그가 남모를 뜻이 담긴 글의 내용을 소상하게 풀자 조정 사람들은 모두 경탄했던 것이다(『일본서기』).

왕진이가 카와치에다 '백제왕신사'를 세우고 백제왕가의 조상에게 제사

지냈다는 『미마쓰가계도』는 백제 왕족 왕진이의 후손 미마쓰 가문의 전서
(傳書)이다.

「현재 일본에는 미마쓰(三松) 씨가 약 4천명이 살고 있다」(佐久間 英 『日
本人の姓』 1972).

●

백제경복의 딸이 칸무천황의 왕비

지금의 백제왕신사(宮司 住吉慶宜)에는 무로마치(室町) 시대(1336~1573)
의 고문서 『백제왕 영사묘 유서(百濟王靈祠墓由緖)』가 전해 오고 있다. 이
기록에 의하면 다음과 같은 발자취가 담겨 있다.

「오우진천황 어대에 백제왕(필자 주·근초고왕, 346~375 재위)은 왕인을
파견시켜 『논어』와 『천자문』을 보냈고, 스이코천황(推古天皇, 필자주·백제
인 여왕, 593~628 재위) 어대에는 백제의 아좌왕(阿佐王, 필자주·백제 위
덕왕 당시의 아좌태자)이 내조하여 성덕태자(聖德太子, 574~622)에게 불상
과 경전 3600권을 전했다. 성덕태자는 그 공적을 기뻐하며 아좌왕에게 카
타노(필자 주·현재의 히라카타시가 고대에는 카와치 카타노군에 속했음)에
다 토지와 저택을 베풀었다. 그 후 쇼우무천황(聖武天皇, 724~749)은 왕인
과 아좌왕이 유교와 불교에 기여한 공적을 기려, 특히 중용했던 남전(南典,
필자주·백제 왕족)이 서거하자, 조칙으로서, 카와치 카타노군의 나카노미야
(中宮)의 터전에 백제왕사묘(百濟王祠廟, 지금의 '백제왕신사')와 백제불찰
(百濟佛刹, 백제사)을 건립하여 백제왕의 혼령을 제사 모시게 했다. 승방(僧

房) 28채 · 말원 18곳 · 시자(侍者) 36명이 이에 속했으며, 선교대사(宣教大師)가 개기(開基)하였다.」

쇼우무천황이 백제왕신사와 백제사를 조칙으로 건립시켰던 당시, 이 카와치땅의 태수는 다름 아닌 백제경복(百濟敬福, 698~766)이었다. 백제경복은 650년에 조정의 궁내경(宮內卿, 왕실장관)인 동시에 카와치 태수를 겸직할 만큼 쇼우무천황의 총애를 받던 조신이었다.

백제경복은 백제왕창성(百濟王昌成)의 손자인 백제 왕족이었다. 이런 것만 살피더라도 그 당시 왜나라 천황가가 백제인 왕가라는 것을 추찰할 수 있지 않을까. 백제경복의 딸이 뒷날, 백제인 칸무천황의 왕비가 되었다.

칸무천황은 백제인이기에, 백제 왕족들이 백제왕신사와 백제사를 지키며 살던 성지인 카타노 땅에 몸소 몇번씩이나 찾아 갔고, 또한 그 곳의 숲에서 백제인 왕족들과 사냥을 즐기며 지냈던 사실이 일본 관찬 역사책 『속일본기(續日本紀)』(797년 편찬)에 기사가 자세하게 전한다. 그 중의 한 기사(서기 783년 10월)를 살펴보면 다음과 같다.

10월 14일, 천황은 카타노(交野)에 행행(行幸)하여, 매를 풀어 사냥했다.

10월 16일, 천황은 백제사에서 정5위상(正五位上)인 백제왕 이선(利善)에게 종4위하(從四位下)를, 종5위상의 백제왕 무경(武鏡)에게 정5위하를, 종5위하의 백제왕 원덕(元德) · 백제왕 현경(玄鏡)에게 각기 종5위상을, 종4위상의 백제왕 명신(明信)에게 정4위하를, 정6위상의 백제왕 진선(眞善)에게 종5위하를 수여했다.

10월 18일, 천황은 카타노로부터 나라경(平城京, **ならきょう**)으로 돌아왔다.

오오사카부 '히라카타시'의 백제사 터전. 법당의 둥근 초석들이 보인다.

이와 같은 역사 기사만 보더라도 칸무천황이 백제 왕족들을 얼마나 우대했는지 쉽게 살필 수 있을 것이다. 그는 장장 5일간이나 조정을 비우고 카타노의 백제왕가 사당에 갔으며, 백제왕족 조신들과 사냥을 즐기며 그 곳 백제사에서 여봐란 듯이 동행한 백제왕족 조신들에게 벼슬의 위계를 승진시키는 것이었다. 기사에서 '백제왕'이란 '백제왕족'을 가리키는 표기이다.

'백제국왕'등을 제신(祭神)으로 모시고 있는 백제왕신사의 지금의 건물은 에도시대인 1827년의 것이다. 그 이웃의 '백제사 사적공원'에는 고대의 거대한 가람터의 주춧돌들이 제자리에 잘 보존되어 있어서, 금당을 비롯해서 동탑과 서탑, 중문과 남문, 또한 금당뒤의 강당과 식당 터까지 자세히 살필 수 있다.

이 곳의 가람배치는 신라의 감은사(感恩寺) 터전을 방불케 하고 있다. 이

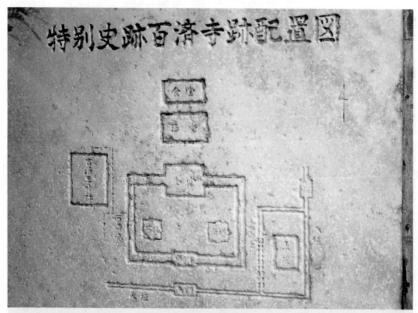

그 옛날 '백제사'의 절터 배치도가 돌판에 새겨져 있다(백제사 사적공원).

터전은 160제곱미터나 되는 큰 가람의 옛자취로서, 잘 가꾼 낙락장송들이 솟구쳐 일대의 드높은 고대 지역에 경관을 펼치고 있다.

 백제사는 카마쿠라시대(1192~1333) 등 두 번의 화마로 소실된 채 오늘에 이르고 있는 고대 백제인의 일본 지배 역사의 유서 깊은 한 터전이다. 또한 주목되는 것은 이 백제사터를 일본정부(문화청)에서 1952년 3월에 일본 최초의 '특별사적'으로 지정했다는 점이다.

쿄우토의 상징
히가시야마의 5중탑

—고구려 사신 이리지(伊利之)가 세운 야사카 터전

쿄우토땅은 사방이 산으로 둘러싸인 분지이다. 이 고장 동쪽의 산 간지대를 일컬어 '히가시야마'(東山), 즉 동산으로 부른다. 이 산허리에서는 해마다 8월 16일 밤에 '큰 대(大)자' 글씨 모양의 횃불들을 밝히는 불교식 위령행사가 널리 알려진 이른바 '다이몬지산'(大文字山)을 비롯해서, 완만하게 남북으로 길게 뻗어내린 히가시야마에 우뚝 솟은 것이 오중탑(五重塔)이다.

서울의 상징물이 '남대문'(숭례문)이라고 한다면, 쿄우토의 상징은 두말할 나위없이 오중탑이다. 그러기에 쿄우토의 사진이며 그림에는 5중탑이 어김없이 들어간다.

쿄우토의 고대 상징탑인 야사카의 오중탑이 보인다.

이 5중탑을 처음으로 만든 것은 고구려 사신이었던 이리지(伊利之, 7C) 였다. 이리지는 이 히가시야마의 '야사카'(八坂) 언덕에다 호우칸지(法觀寺) 사찰을 세웠다. 호우칸지를 일명 야사카지(八坂寺)라고도 부른다. 이 절 터의 5중탑 뿐 아니라, 바로 그 아랫쪽의 야사칸신사(八坂神社)는 이리지가 신라신(新羅神)인 '스사노오노미코토'(須佐之男命)의 신령을 모시느라 세웠 던 기온사(祇園社)라는 사당 터전이다.

일본에서는 사당(祠堂)을 신사(神社)와 신궁(神宮) 등으로 부른다. 신궁이 라는 말은 신라에서 생긴 사당을 가리키는 말이다(『三國史記』). 일본 신사 에서 거행하는 제사 축제가 '마쓰리'(祭)이다. '마쓰리' 라는 것은 신을 맞 이하는 '맞으리' 에서 생긴 한국어이다. 우리의 신은 하늘에 계시므로 지상 의 인간들은 거룩한 신을 맞이해서 제사를 모시게 되는 것이다.

그러므로 스사노오노미코토가 하늘에서 소를 타고 인간들이 사는 땅으 로 내려오시는 강신(降神)을 맞이하는 '강신 맞으리' 가 바로 '마쓰리' 인 것 이다. 야사카신사 경내의 동상으로 만든 소의 상인 우상(牛像)은 스사노오 노미코토가 타고오신 하늘의 소를 상징하고 있다고 한다.

일본 각 지역에 있는 사당인 신사며 신궁에서는 해마다 성대한 제사를 지내면서, 신령을 모신 가마(神輿, 미코시)를 수레에 얹어서 끌거나 또는 저마다 함께 어깨위에다 메고 수십명의 혈기방장한 가마꾼들이 "왔쇼이, 왔쇼이"하고 구령을 드높이 외치면서 큰 거리를 누벼댄다.

그들이 소리지르는 "왔쇼이"는 다름아니라 한국에서 신이 "오셨다"(お出 になった)는 조선어이다(重金碩之 「風習事典」, 啓明書房, 1981)

일본 전국에서 손꼽히는 마쓰리(祭) 행사는 쿄우토(京都)에서 거행하는

일본 속의 한국 문화유적을 찾아서

기온마쓰리(祇園祭)이다. 이 제신 축제 행사는 해마다 7월 17일부터 24일 (옛날에는 음력 6월 7일부터 14일)까지 거행하고 있다. 기온마쓰리를 주관하는 곳은 쿄우토시의 야사카신사(八坂神社)이다.

거리에는 전국 각지에서 몰려드는 수십만의 구경꾼들로 성시를 이루는 가운데 가마꾼들의 행진이 이어진다. 가마꾼들은 이른바 '야마'(山車)라고 부르는 4개의 큰 나무바퀴가 달린 집채같은 수레들을 끌고 밀고 뛰달리는 것이다. 이 '야마'라는 대형 수레는 신령(神靈)을 모신 것이다.

그 신령이란 다름 아닌 우두천왕(牛頭天王)이라는 신라에서 오신 신이다. 이 신라신 우두천왕을 일본의 고대 역사에서는 '스사노오노미코도'(須佐之男命, 또는 素盞嗚尊으로 표기함)라고 불러온다.

"스사노오노미코도는 신라에서 건너 온 신이다"라고 하는 것은 일본 고대사에서 뿐이 아니고, 토우쿄우대학의 저명한 고대사학자였던 쿠메 쿠니다케(久米邦武, 1839~1931) 교수의 논술(『日本古代史』, 1907)로서 공론화되기에 이르렀다. 쿠메 쿠니타케 씨는,

> "일본 천황들은 이른바 천조대신(天照大神)을 모시고 제사지내는 것이 아니고, 고대 조선의 천신(天神)인 고구려 동맹(東盟, 東明)의 신, 부여의 영고 (迎鼓)의 신, 예의 무천(舞天)의 신을 제사 지내 오고 있다"(「神道は祭天の古俗」, 1891.10)

라고 밝혀서, 국수주의자들에게 테러당했다.

그 당시 일본의 황국사관을 신봉하는 광신적인 국수적 군국주의자들은 쿠메교수의 자택을 4명이 기습해서 칼을 뽑아 교수의 목에다 대고 논박 질타하는 큰 소동을 피웠던 것이다. 그러나 일본 최초의 고문서학(古文書學)

'기온마쓰리' 때의 신라 신 '스사노오노미코토' (우두천왕)의 신령을 모신 수레(야마)가 쿄우토 거리를 행진하며 '왔쇼이, 왔쇼이'를 외치고 있다.

의 기초를 닦은 학자의 양식은 끝내 꺾을 수 없었다. 쿠메 쿠니타케 교수는 그후『일본고대사』(1907)와『나라사』(奈良史, 1907)를 펴냈다.

기온마쓰리에 참가하는 쿄우토 각 지역대표인 가마꾼들은 이른바 '야마'와 '호코'라고 부르는 신라신 스사노오노미코토의 신령을 모신 큰 수레들을 정해진 차례대로 거세게 몰면서 거리를 대행진한다. 민속학자 니시쓰노이 마사요시(西角井正慶, 1900~1971) 교수는,

「기온마쓰리에 등장하는 야마(山)와 호코는 오전 8시경에 나타나기 시작한다. 야마는 모두 14대이고(본래는 13대였다), 호코는 6대이다. 야마의 지붕

에다 양날창을 고추 세운 것을 호코라고 부른다. 호코를 행진의 선두에 세우고, 야마는 제비를 뽑은 순서대로 차례를 따라 대로를 행진한 뒤에 각기 자기 고장으로 헤어져 간다. 행진하는 것은 첫날인 7월 17일과 마지막 날인 24일이다」(「年中行事辭典」, 1958)

라고 밝히고 있다. 지금은 양력 7월에 거행하지만 메이지유신 이전에는 음력 6월에 거행했다고 한다.

●

신라신을 모시고 일본에 온 고구려 사신

이와 같이 일본에서 으뜸가는 제신(祭神) 행사인 기온마쓰리가, 신라에서 오신 신인 스사노오노미코토(우두천왕)를 야사카신사에서 모시는 것에 대한 옛기록은 야사카신사의 『유서기략』(由緖記略)에 다음과 같이 쓰여져 있다.

사이메이천황(齊明天皇, 655∼661) 2년(656)에 고구려로부터 왜왕실에 온 사신(調進副使)인 이리지(伊利之, 이리시)가 신라국(新羅國)의 우두산(牛頭山)에 계신 스사노오노미코도신을 쿄우토땅(山城國八坂鄉)에 모시고 와서 제사 드리게 되었으며, 왕실로부터 팔판조(八坂造, 야사카노미야쓰코)라는 사성(賜姓)을 받았다.

역시 야사카신사에 옛날부터 전해 오는 고문서인 『야사카어진대신지기』(八坂御眞大神之記)에도 보면 다음과 같은 기록이 분명하다.

신라신 '스사노오노미코토'를 신주로 모시는 '야사카신사'로 청소년들도 많이 찾아들고 있다.

사이메이천황2년에 한국의 조진사 이리지사주(伊利之使主, 이리시노오미)
가 다시 왔을 때에, 신라국 우두산의 신 스사노오노미코도를 옮겨 모셔와서
제사드렸다.

그러므로 고구려의 사신이었던 이리지는, 그 당시인 서기 656년에 왜나
라에 온 것이 두 번째 였다는 것도 알 수 있으며, 그 때에 신라의 스사노오
노미코토신의 신위(神位)를 신라의 우두산에서, 이 곳 왜나라 야마시로(山
城, 지금의 쿄우토의 야사카신사 터전)로 모셔 왔음을 밝혀주고 있다.

그러기에 '고구려대사'라고도 부르고 있다는 것이다.

「야사카신사를 고구려대사(高句麗大社)로도 부른다」(NHK-TV 보도, 1996.
5. 20 PM 6:20).

『일본서기』의 역사 기사를 보면,

고구려에서 서기 656년 8월 8일에 대사 달사(大使達沙)와 부사 이리지(伊
利之)등 모두 81명이 왔다

고 하는 것이 나타나 있다.

이것을 미루어 살펴본다면 그 당시 고구려에서는 왜국으로 고위 외교관
들을 다수 파견한 것을 알 수 있고, 또한 그들은 신라신인 스사노오노미코
도의 신위까지 모시고 가서, 왜나라 쿄우토 지역을 새로운 신라신(新羅神)
의 터전으로 사당을 크게 이룬 것을 살피게 해준다. 다만 여기서 이리지 등
고구려 사신이 신라신의 신위를 모셔온 배경은 아직 사료가 없어 규명이
불가능하다.

●

기온사 명칭을 바꾸게 한 군국주의자들

야사카신사의 축제를 '기온마쓰리'(祇園祭)라고 부르는 것은, 본래 이 야
사카신사의 사당 이름이 '기온사'(祇園社)였었기 때문이다. 야사카신사라
는 사당의 명칭은 일본의 메이지유신(1868년) 이후에 새로히 지어진 이름
이다. 메이지유신 때에 일본정부는 불교를 배척하게 되었다. 그래서 그 당
시까지 신불습합(神佛習合)이라는 신불의 동일체(同一體)의 종교적인 관습

'쿄우토타워' 쿄우토 역전에 우뚝 솟은 현대의 쿄우토시의 상징탑.

을 깨고, 신(神)만을 국가적으로 받들면서, 불(佛)을 함부로 배제시킨 이른 바 신도황국사상(神道皇國思想)이라는 국수주의적인 종교 관념을 새로히 만들어내기에 이르렀다. 그러한 것이 군국주의 일본의 광신적인 기치를 내거는 일이기도 했다. 그 주도적인 인물로는 사이고우 타카모리(西鄕隆盛, 1827~77)와 같은 조선 정복론을 외친 정한론자(征韓論者)부터 들 수 있다. 또한 처음에는 계몽사상가 행세를 하더니, 1885년에 탈아론(脫亞論)을 내세우면서 침략주의자로서의 목청을 돋운 후쿠자와 유키치(福澤諭吉, 1835~1901), 그리고 해군의 확장을 내걸고 청일전쟁(淸日戰爭)을 강행한 이토우 히로부미(伊藤博文, 이등박문, 1841~1909)는 초대 한국통감이 되어 '한

야사카신사의 본전 앞 참배객들이 보인다(난로우문).

일합방'을 또한 강행했던 군국주의의 선봉이었던 것이다.

메이지유신에 의해서 '기온사'는 이름이 '야사카신사'가 되었고, 불교적인 요소는 제거당했다. 물론 기온사 사당은 고대부터 신라신인 우두천왕(스사노오노미코도)을 제신(祭神)으로 삼고 제사드려 왔다. 그러나 '우두천황'이라는 명칭에서도 신사적인 성격보다는 불교적인 성격이 강했다.

기온마쓰리가 일본에서 가장 큰 제사 축제인 까닭은, 기온사가 마쓰리의 원류(源流)이기 때문이다. 일본의 3대 마쓰리는 쿄우토의 기온마쓰리, 오오사카의 덴만마쓰리(天滿祭)와 토우쿄우의 칸다마쓰리(神田祭)이다. 그런데 오사카의 텐만마쓰리나 토우쿄우의 칸다마쓰리의 원류는 바로 기온사의 기온어령회(祇園御靈會)에 그 뿌리를 두고 있다.

기온마쓰리는 신라신 우두천왕제(祭)로서 일본의 모든 마쓰리의 총본산을 이루어오고 있는 것이다. 일본 천황가가 고대 한국인 계열의 왕들에 의해서 왜나라를 지배해 왔다는 것은 이와 같은 거창한 제신(祭神)의 마쓰리 전통 문화를 배경으로 삼고 있었다는 데서 입증되고 있다.

이리지의 후손이 지금도 야사카신사의 궁사

민속학자였던 야나기타 쿠니오(柳田國雄, 1875~1962)는 기온마쓰리가 전국을 주도해 온 국가적인 제신(祭神)행사라는 것을 다음과 같이 말하고 있다.

쿄우토에서는 기온(祇園)이라는 보기드문 이름의 신이 음력 6월의 마쓰리의 중심이었다. 일반적으로는 천왕님이라고 했는데, 기온을 우두천왕이라는 이름으로 불러온지는 오래이다. 천왕 또는 기온을 모신 사당(신사)이 없는 고장에서도 마쓰리만은 역시 음력 6월의 똑같은 날 거행해 오고 있다(『日本の祭』弘文堂書房, 1946).

쿄우토의 기온사인 야사카신사는 전국 각지에 8만5천687사(2002년 통계)를 지역 신사로서 거느리고 있다. 따라서 약 8만개소의 전국 각지의 야사카신사에서는 해마다 7월(음력6월)에는 신라신 우두천왕을 모시고 제사드리며 마쓰리를 성대하게 거행하고 있는 것이다. 야나기타 쿠니오의 논술처럼, 야사카신사가 없는 자그만 고장에서도 기온마쓰리 때는 그 지역에서 그들 나름대로의 기온마쓰리를 거행해오고 있는 것이다. 오늘에 이르기까지 쿄우토의 야사카신사는 총본사이거니와 이 곳의 궁사(宮司, 최고

책임 神官) 다카라 요시타다(高良美忠, 야사카노미야쓰코) 씨는 고구려 사신 이었던 이리지의 후손으로서 대를 이어 오고 있다고 다음처럼 밝혔다.

야사카신사는 이리지의 장남 마테(眞手)의 자손들이 대대로 야사카노미야 쓰코(八坂造, 齊明天皇이 고구려에서 온 사신 伊利之에게 내려준 賜姓)를 세 습해서 지금까지 이어오고 있다(『八坂神社』, 1972).

「신찬성씨록」(新撰姓氏録, 서기815년 편찬)에도 찾아 보면, "야사카노미 야쓰코(八坂造)는 고구려인 이리지이다"라는게 밝혀져 있다. 이리지(伊利 之)는 옛 문헌에 고구려 사신 이리좌(伊利佐, 이리사)로도 간혹 표기되어 있 으나 이리지와 틀림없는 동일 인물이다.

현재 야사카신사의 신관(神官)인 마유미 쓰네타다(眞弓常正) 씨는 신라 신 스사노오노미코토가 하늘에서 신라땅이었던 '우두산'(牛頭山)으로 강 신(降神)하여 지상으로 내려온 사실을 인정하면서 다음과 같이 말한다.

「우두산(牛頭山) 지명은 한국의 여러 곳에 있다. 나는 그것을 알고 매우 놀랬다. 예를 들면 나는 강원도 춘천(春川)에 있다는 우두산에도 직접 다녀 왔다.」(EBS·TV방송, 『일본 황실제사의 비밀』 2002.8.15)

이렇듯 교우토 야사카신사는 신라신 스사노오노미코토를 제신(祭神)으 로 떠받들며, 장장 1천3백5십년이나 제사드리며 해마다 7월이면 일본 전 국 최대의 '기온마쓰리'라는 제사 축제로 성대한 영신(迎神) 행사를 이어 오고 있는 것이다.

신라인 제신 모신
키타노텐만궁(北野天滿宮)

--쿄우토 땅의 한국인이 모르는 명소

일본 쿄우토시의 '키타노텐만궁'(北野天滿宮) 하면, 일본인들에게는 명소 중의 명소이다. 일본 쿄우토시의 북쪽 키타노(北野)에 있는 대규모의 사당이다. 주소는 쿄우토시 카미쿄우구(上京區) 바쿠로쵸우(馬喰町). 쿄우토 시내버스 편으로 '키타노 텐마궁' 행을 타고, 궁앞에 내리면 된다.

누구나 쉽사리 찾아갈 수 있는 곳이지만 한국인들은 이 곳이 어떤 곳인지 제대로 아는 분은 드문 것 같다. 왜냐하면 죽은 뒤에 이 곳의 제신(祭神)으로 모셔져 있는 스가와라노 미치자네(菅原道眞, 845~903)가 순수한 일본 사람으로 여겨지고 있기 때문이다.

저자 자신도 20여년 전까지는 9세기의 거물 정치가였던 스가와라노 미

신라인 학문신 스가와라노 미치자네의 '키타노텐만궁'은 서기 947년에 처음 섰다.

치자네를 일본 선주민 계열의 인물로 알고 있었다. 그러나 그는 틀림없는 신라계의 고대한국인이다. 이 분이 신라인의 핏줄을 이은 후손이라는 것을 필자가 알게 된 것은, 일본 고대왕실 족보인 『신찬성씨록』(서기 815년 편찬)을 연구하게 된 뒤부터의 일이다.

일본인들은 누구나 '스가와라노 미치자네'를 일본의 으뜸가는 '학문의 신(神)'으로서 떠받들고 있다. 그는 존경을 한 몸에 받고 있는 헤이안 시대(794~1192)의 문장박사요 대정치가였다. 일본 천황이 그에게 "당나라에 사신으로 가시오"하고 칙명을 내렸으나 그는 단호하게 거절했던 다음과 같은 내용의 역사(『속일본후기』) 기사가 전한다.

"저는 당나라에 가지 않겠습니다. 뱃길의 파도가 위험하오니, 이제부터 당나라에 사신을 파견하는 일을 폐지하시기 바랍니다."

"잘 알겠소. 당나라의 뱃길이 위험하다면 이제부터 견당사 제도는 폐지하 도록 하시오."

그 당시 왜나라 조정에서 중국으로 보내던 사신인 '견당사'들을 태운 일본배들이 당나라에 다니다가 배가 험한 파도에 파선이 되어 난파한 사건은 한 두 번이 아니었다. 그 내용은 일본 역사책(『속일본후기』)에 여러 대목이 실려 있다. 그러나 누구도 지금까지 천황에게 감히 칙지를 거절하고 "견당사를 그만 두겠다"고 거역한 신하는 없었다.

천황의 명령을 거역하는 것은 목이 달아나는 일이기 때문. 스가와라노 미치자네는 자기 자신에 대한 천황의 견당사 파견을 단호하게 거절했을 뿐 아니라, 견당사 제도 그 자체마저 폐지시킬 만큼 조정에 대한 영향력이 큰 인물이었다.

스가와라노 미치자네에게 견당사를 하명한 것은 우다천황(宇多, 887~897 재위)이었고, 또한 그의 견당사 제도 폐지의 주청까지 승인했던 것은 서기 894년의 일이었다. 그러한 역사의 일화 때문에 스가와라노 미치자네가 유명한 것 만은 아니다.

그는 워낙 뛰어난 글재주를 가졌으며, 탁월한 정치적인 역량을 지닌 인물이었다. 그의 아버지 '스가와라노 코레요시'(菅原是善, 812~880)도 뛰어난 시인이요 문장박사며 조정의 고관이었다. 어머니도 신라인 계열의 고관 오오토모 씨(大伴氏) 가문의 딸이었다.

스가와라노 미치자네는 11살 때부터 시를 읊었고, 17세 때에 과거(문장생시)에 급제했으며, 22세 때는 벼슬길에 들어섰다. 그후 29세 때에 문장박사가 되었다.

그는 조정의 고관으로서, 또는 지방장관 등 요직을 두루 거쳤고, 관찬 역사책(『삼대실록(三代實錄)』) 편찬 등에도 참여했다.

견당사에 임명되었던 것을 계기로 견당사제도마저 중지시켰던 그는 그 이듬 해인 895년에는 내무부장관 격인 민부경(民部卿)이라는 장관직에 올랐다. 그 후 899년에는 마침내 조정의 정상인 우대신(右大臣)이 되기도 했다.

이와 같이 순탄하게 출세가도를 달렸던 스가와라노 미치자네는 똑같은 해인 899년에 좌대신이 된 인물 후지와라노 토키히라(藤原時平, 871~909)와 대립이 심화되었다. 스가와라보다 26세나 연하인 최고대신 후지와라노 토키히라는 급기야 우대신 스가와라노 미치자네를 모함하기에 이르렀다.

서기 901년의 일이었다. 우다천황이 서기 897년에 천황 자리를 제1왕자인 다이고천황(醍醐, 897~930 재위)에게 스스로 양위하고, 상황(上皇)이 되어 섭정하고 있을 때였다. 이 때에 후지와라노 토키히라 좌대신은 "스가와라노 미치자네 우대신이 은혜를 입은 우다상황을 폐립시키는 음모를 꾀하고 있다"고 모함하여, 자신의 직권으로 정적인 스가와라노 미치자네 우대신을 한직으로 좌천시켜 버렸다.

더구나 그와 같은 결정에 있어서 후지와라는 우다상황을 참석시키지도 않고 다이고천황과 함께 일을 저지른 것이었다. 그 뿐 아니라 후지와라 좌대신은 스가와라 우대신의 가족들 전부를 왕도 쿄우토땅에서 외지로 추방하는 잔혹한 처벌까지도 서슴치 않았다.

스가와라노 미치자네는 좌천된 터전에서 실의에 빠진채, 2년 만인 서기 903년에 병사했다. 그의 나이 아직 59세였다. 그가 쓴 뛰어난 시작품 등은 『관가문초』(菅家文草)며, 『관가후집』(菅家後集) 등에 전하고 있다.

스가와라노 미치자네는 우다상황의 천거로, 아들인 다이고천황이 우대

지금 현재(2002.1) 본전의 개축 공사가 진행중이다. 문(天滿宮)의 뒤쪽.

신으로 임명했던 것이다. 스가와라 우대신을 좌천시킨 후지와라 좌대신은 이제 강력한 라이벌을 제거시킨 나머지 제멋대로 정사를 휘둘렀다. 그는 902년에는 이른바 '장원정리령'(莊園整理令)을 포함해서 일련의 새로운 제도를 단행했고, 다시 903년에는 귀족들의 사적인 개인 활동을 금지시키는 강력한 정책을 폈다.

이 때문에 일부 귀족들의 반발을 샀으며, 그와 같은 정책의 성과도 제대로 보지 못한 채 그도 끝내 909년에 병사했다. 그 때 나이 38세의 요절이었다. 세상 사람들은 그의 죽음에 대해서 "스가와라노 미치자네의 원혼이 앙갚음한 재앙"이라고들 수근댔다 전한다.

신라신 스사노오노미코토의 후손

키타노텐만궁에서 천신(天神)으로까지 드높이 모시고 제사지내고 있는 스가와라노 미치자네. 그가 신라인의 핏줄을 이어 온 사실을 일본 학자들은 아직껏 논한 일이 없다. 일본인들이 최고의 학문신(學問神)으로서 추앙하고 있는 그의 집안 고대의 내력을 굳이 들춘다면, 어김없이 그가 신라인이라는 것이 밝혀질 것이지만.

서기 815년에 왕실에서 만다친왕(萬多親王, 788~830)이 주축이 되어 후지와라노 소논도(藤原園人, 756~818) 등과 함께 편찬한 것이 일본 왕실 족보격인 『신찬성씨록』이다. 후지와라노 소논도는 812년에 조정의 우대신이 되었던 고관이다.

여기에는 일본 고대의 신족(神族)과 천황족·귀족(주로 고대한국인)들의 가계가 기록되어 오고 있다. 귀족 명단에는 중국인 계열도 소수이나마 포함되어 있다. 이 족보에 보면, 스가와라노 미치자네는 다음과 같이 신라 계열의 신족으로 기록되어 있다.

천손(天孫)

하지숙이(土師宿禰)

아마노호히노미코토(天穗日命)의 12대 손자인 카미(神, 신) 호시이이네노미코토의 후손이로다. 코우닌천황 텐노우 원년(서기 781년)에 왕이 하지(土師)성씨를 스가와라(菅原)씨라고 새로운 성을 지어 주었다.(하략)

스가와라조신(菅原朝臣)

하지숙이와 똑같은 조상. 호시이이네노미코토 7대손

오호도무라지의 후손이니라.(『신찬성씨록』右京神別下 편)

이상과 같은 『신찬성씨록』의 기록은 조정의 '스가와라 조신'은 천손(天孫)인 '하지숙이'의 후손이며, 코우닌천황이 781년에 '스가와라' 성씨를 사성했다는 것과, 또한 '하지숙이'는 본래 신(神)인 '아마노호히노미코토'의 12대손인 신(神, 카미〈可美〉는 이두식 표기) 호시이이네노미코토의 직계 후손이라는 것이다.

그런데 『신찬성씨록』은 백제인 칸무천황(781~806 재위)의 참여하에 그의 제5왕자 만다친왕 등이 편찬하게 되었던 것이며, 칸무천황의 사후에야 이루어졌다.

쿄우토 '키타노텐만궁'의 '소상'이다. 신라신 스사노오노미코토가 하늘에서 타고 내려왔다는 신우(神牛)다. 신라인 문장박사 '스가와라노 미치사네'管原道眞)를 신주(神主)로 모시고 있는 쿄우토의 명소다.

일본 속의 한국 문화유적을 찾아서

신라인 천신(天神)으로 모시는 스가와라노 미치자네의 가호를 받기 위해서, 화살(天神矢)을 사느라 모인 참배객들.

『일본서기』에 의하면, 아마노호히노미코토는 신라신인 스사노오노미코토에 의해서 태어났다는 신화(神話)의 기사가 전하고 있다. 또한 스사노오노미코토가 신라신이라고 하는 것도 『일본서기』에 다음 기사가 있다.

스사노오노미코토는 하늘나라(高天原)에서 아들신 '이타케루신'을 이끌고 신라국으로 강림해서, 그곳의 '소의 머리(牛頭)'라는 곳에서 살았다(素盞烏尊, 師其子五十猛神, 降到於新羅國, 居曾尸茂梨之處).

더구나 주목이 되는 것은 일본이 메이지유신(1868년) 이후 군국주의를 전개시키면서 이른바 '황국 신도사상'의 정점에 올린 여신 천조대신(天照

大神,아마테라스오오오미카미)도 『일본서기』에 보면 스사노오노미코토의 손위 누이이다. 이것은 곧 천조대신은 신라여신이라는 것을 부정할 수 없는 등, 일본 개국신화의 체계는 신라신들이 그 주축을 이루고 있는 것이다.

●

제신(祭神)이된 신라인 학자

신라인 스가와라노 미치자네를 제신(祭神)으로 모시고 있는 곳은 쿄우토의 '키타노텐만궁' 즉 '키타노신사'(北野神社)만이 아니다. 이웃 도시인 오오사카의 '오오사카텐만궁'을 비롯해서, 일본 각지의 '텐만궁'(天滿宮)의 총본사가 쿄우토의 키타노텐만궁이다. 앞에서 밝혔지만 쿄우토의 '키타노텐만궁'은 '키타노신사'와 '키타노천신'(北野天神)이라는 명칭도 쓰고 있다.

총본사인 쿄우토의 텐만궁에서는 해마다 2월 25일에 스가와라노 미치자네 천신의 제사를 지낸다. 이 날의 제사는 경내에 매화꽃이 활짝 핀 가운데 축제가 함께 거행되고 있다. 해마다 2월 25일이 제삿날인 동시에 '키타노 매화꽃제'(北野梅花祭, きたのばいかさい)를 가져서 수많은 시민들이 몰려든다.

이날 키타노신사에서는 쌀(현미) 2말4되를 쪄서 제수로서 제단에 바친다. 이것을 '신찬'(神饌)이라고 하는데, 찐쌀을 크고 작은 둥근 쟁반에다 수북하게 얹어서 제사를 지낸다. 그 뿐 아니라 찐쌀을 '코우다테'(紙立)라고 부르는 자그만 종이봉투 마다 넣고 매화꽃을 봉투마다 꽂은 것을 42개 또는 32개씩 넣어서 세 곳에다 진설해서 제사드리게 된다. 그리고 제주(祭酒)인 제삿술은 신주(神酒)라는 이름의 흑주와 백주를 각기 바친다.

그런데 현미 종이봉투를 42개 또는 32개를 세 곳에다 진설한 것은, 제사가 끝난 뒤에, 구경꾼들 중에서 액년(厄年)이 든 사람들에게 나눠준다. 이 찐쌀을 먹으면 액년이 든 사람은 액땜을 하게 된다는 것이다.

일본에서는 나이에 따라서 액년을 정하고 있다. 일반적으로 남자는 액년의 나이가 25살, 42살이고, 여자는 19살, 33살이 되는 해가 액년이다. 그러나 신사나 신궁에 따라서는 더 많은 액년의 나이를 정하고 있어 일정하지는 않다.

여하간에 나이가 액년이 든 해의 사람들은 신사며 사찰에 찾아가 신불에게 빌고, 부적을 산다, 여러 가지 방법으로 액땜을 하게 되는 것이다. 일본 사람들의 그와 같은 일종의 액년 미신은 절대 다수의 사람들이 믿고 있는 실정이다. 그런 액땜을 가리켜 '야쿠오토시'(厄落し), 즉 '액떨어뜨리기' 라고 말한다.

키타노신사의 제신(祭神)이 된 신라인 학문의 신 스가와라노 미치자네도 해마다 2월 25일의 제삿날이면 수많은 참배객들을 맞으면서, 액년의 남녀들의 액땜을 해주고 있는 셈이다. 또한 제주로 바쳤던 신주인 백주, 흑주도 신사 침배객들에게 한잔씩 나눠서 마시게 해준다. 이 술을 얻어 마시면 병이 낫는다고 해서 많은 사람들이 몰려든다.

키타노텐만궁에는 한해의 시작인 1월 1일부터 1월 3일까지 수많은 참배객이 몰려와 경내에 꽉 들어찬다. 이른바 '하쓰모우데'(初늘)라고 해서, 신년초에 각 가정에서는 신사며 사찰로 액땜과 복을 빌러 가는 것이다.

이 키타노텐만궁에서도 예외없이 참배객에게 부적을 판다. '액땜 화살'도 판다. 신라인 천신인 스가와라노 미치자네의 신통력이 담긴 이른바 '천신화살'(天神矢)을 사다가 집안에 장식하여 마귀가 들지 못하게 쫓아내는 것이다. 부적은 종류도 여러 가지여서, 나무로 만든 '오후타'(御札)며 그림이 그려진 '에마'(繪馬) 등등이 있다.

간단한 것으로는 본인이 직접 산통에서 대젓가락(산가지)을 뽑아서 길흉화복을 점치고, 거기에 해당하는 '오미쿠지'라는 종이 쪽지를 사서, 경내의 나무가지에다 묶어두는 부적의 일종이 있다. 이 오미쿠지 때문에 경내의 자그만 나무가지에는 마치 흰꽃이 만발한 듯 수많은 쪽지들이 묶여 있는 것을 살피게도 된다.

그것은 비단 키타노신사만이 아니라, 각지의 사찰이며 신사마다의 흔한 광경이다. 상세한 것은 저자의 졸저(홍윤기 『일본문화백과』서문당, 2000)를 참조하시기 바란다.

학문신에게 바치는 입학기원 붓글씨

해마다 2월이 되면 수많은 청소년들이 키타노텐만궁으로 몰려든다. 이 청소년들이 이곳에 찾아오는 것은 '학문의 신'에게 상급학교 입학시험에 합격하게 해달라고 빌러 오는 것이다. 일본의 유일한 학문신이기에, 일본 전국 각지에서 소년소녀들이며 대학 입시를 앞둔 고교생과 재수생들이 몰려 온다.

이 청소년들은 입학시험의 합격을 기원하는 '나무패(에마)'를 사서, 신사에서 직접 자기 스스로 나무패에다 붓글씨를 써서 신사에다 맡긴다. 붓글씨를 쓰는 장소에는 대형 책상과 붓이며 먹물이 갖춰진 천막이 쳐있다.

'에마소'인 이 곳에는 청소년과 그 광경을 지켜보는 학부모들로 성시를 이루고 있다. 이 입학 기원의 나무패인 에마는 학문의 신인 스가와라노 미치자네의 신위(神位)가 모셔진 '어본전'에 봉납이 된다. 그러면 아마도 신라신은 그 청소년들의 뜨거운 소망을 들어 줄 것이다.

옛날에 백제의 왕인박사가 우리 나라의 붓글씨 쓰는 법을 처음으로 일본 왕자에게 가르쳐 주었다(『日本書紀』). 벼루에 먹을 갈아 붓글씨를 쓰는 것이 학문의 학습 방법이었다. 그렇기 때문에 누구나 청소년은 붓글씨를 잘 써야만 했다. 더구나 뛰어난 시를 지을줄 알아야만 과거에 급제했다.

그와 같은 관습에서 현재 일본의 초등학교와 중학교에서는 정규 과목인 붓글씨(習字, しゅうじ)가 '국어과목'에 들어 있다. 그 때문에 각급 학교에서는 붓글씨 교육에 열성이고, 마을마다 '붓글씨학원'에 다니는 아이들도 많다.

학문의 신을 모신 키타노텐만궁에서는 해마다 연초에 붓글씨를 써서 봉납하는 행사도 전국적으로 유명하다. 붓글씨 작품은 해마다 1월초에 모집하고, 심사를 해서 입상자를 표창한다. 이 행사를 '키타노텐만궁 가키조메(書初)'라고 한다. 붓글씨 쓴 것을 이 키타노신사에 봉납하는 그 작품을 일컬어 '텐만쇼'(天滿書)라고 부른다. 초중고생들의 응모 뿐 아니라, 유치원 아이들까지 전국 각지에서 응모자가 쇄도한다는 게 관계자의 말이다.

스가와라노 미치자네를 제사드리는 이 터전이 생긴 것은 서기 947년부터다. 또한 이 히라노텐만궁의 천신을 모신 본전과 배전(절을 하는 전각) 건물은 일본 국보이다. 지금의 본전은 1607년에 재건한 것으로서, 이른바 모모야마시대(桃山, 1582~1600년) 직후의 문화재로서 평가되고 있다.

이 곳에는 스가와라노 미치자네의 발자취를 그린 8권짜리 일본국보 그림책 『키타노천신연기』(北野天神緣起)가 「보물전」(寶物殿)에 보존되어 오고 있다. 길이 51.5센티의 크기로 된 이 그림책은 화려한 색채로서 동적인 구도로 그려져 있으나, 그림을 그린 화가는 미상이다. 카마쿠라시대(鎌倉, 1192~1333) 것인데, 제작 연대는 1219년으로 추정하고 있으며, 스가와라

'학문의 신'의 터전에 붓글씨를 써서 연초(1.2~1.4)에 내면 심사하여 시상하게 된다는 응모 안내판.

노 미치자네의 일대기를 보여주는 동시에 그의 사후의 상황 등도 그림으로 담고 있다.

미치자네와 신라인 터전 쿄우토

일본 쿄우토 땅은 서기 794년부터 천황의 새로운 왕도가 된 터전이다. 즉 백제인 천황으로 유명한 칸무천황(桓武 781~806)이 처음으로 쿄우토를 새 왕도인 '헤이안쿄'(平安京)으로 삼고 천도해 와서 왕궁을 짓고 정사를 펴기 시작했던 것이다. 그런데 이 쿄우토땅은 칸무천황이 새로운 왕도로 삼기 이미 4~5백년전 부터, 신라인과 고구려인 등이 자리잡고 번창하

155

일본 속의 한국 문화유적을 찾아서

고 있었다.

쿄우토땅이 고대에 신라인과 고구려인들의 터전이었다고 하는 것은 일본 사학자들의 통설이다. 이를테면 『쿄우토신문』(京都新聞)에서 「쿄우토 원인(原人)과 두 곳의 마을」(1967. 1. 3)이라는 특집 기사에는 그 사실이 다음과 같이 상세하게 다루어지고 있다.

헤이안경이 만들어지기 전에, 이미 쿄우토땅에는 실로 대조적인 큰 마을이 두 곳이 있었다. 그 하나는 저 야사카탑(八坂塔) 주변에 살고 있었던 '야사카노미야쓰코'(八坂造) 벼슬아치들의 마을이다. 거기에서는 고구려인들이 살면서, 야사카탑 북쪽에 '농경신'(農耕神)을 제사지내고 있었다. 지금의 야사카신사(八坂神社), 즉 '기원사'(祇園社)의 전신이다.

또 하나의 마을은 지금의 키타노하쿠바이쵸우(北野白梅町)를 중심으로 하는 진씨(秦氏, 하다씨)들이 사는 '키타노촌'(北野村)이다. 처음에 진씨는 '우즈마사'(太秦, 필자 주·키타노촌과 직선거리로 약 4km의 이웃 고장)에 살고 있었는데, 차츰 진씨 일족이 늘어나서, 이 키타노촌까지 뻗쳐서 살게 되었다. 그들은 다른 나라(異國, 필자 주·신라)의 베틀로 직조업에 힘썼고 농경 생활도 계속했다. 지금의 키타노신사(필자주·키타노텐만궁)도 본래 천신(天神)의 사당으로서 가뭄에는 단비를 내려주는 농경신, 즉 번개신(雷神)을 제사드리는 옛터전이었다. 이 두 촌을 지배하고 있던 진씨며 고구려씨는 고대 쿄우토땅에서 세력을 자랑삼던 지방 호족이었다. 진씨며 고구려씨는 도래해 온 씨족(고대 한국인 집단)이다(『京都新聞』 1967. 1. 3).

이 기사는 쿄우토대학 사학교수 하야시야 타쓰사브로우(林屋辰三郎) 씨의 증언을 중심으로 여러 사학자의 저서를 참고로 하여 썼던 것이다. 그런

신라인 대학자 스가와라노 미치자네의 유품들이 갖추어져 있는 '보물전'

신라인 진씨(秦氏)의 본터전 '우스
마사'(太秦)의 도로 표지판이 선명
한 오늘의 쿄우토시.

데 쿄우토산업대학 고대사 교수 이노우에 미쓰오(井上滿郎) 씨는 「신라계
의 진씨(秦氏)가 식산 씨족으로서 쿄우토 발전의 중심축을 이룬 것은 틀림
없다」(井上滿郎 『渡來人』 1987)는 구체적인 연구가 평가되고 있다. 그 밖에
도 「진씨는 신라인 호족이다」(門脇禎二, 『飛鳥』 1995)라고 쿄우토부립대학
교수 카토와키 테이지 씨 등이 밝히고 있다. 특히 야마오 유키히자 교수는,
「진씨 가문은 경상북도 울진의 호족으로서 5세기부터 일본에 건너 오기
시작했다」(山尾幸久 『日本國家の形成』 1965)고 구체적으로 밝힌 바 있다.

신라인 진씨 가문의 인물들 중의 경우 진하승(秦河勝, はたのかわかつ, 6
~7세기)의 눈부신 활약상을 잘 살피게도 해준다. 진하승은 백제인 스이코

여왕(推古, 592~628 재위) 당시, 신라 진평왕으로부터 훌륭한 목조불상(현재 일본국보 제1호, 보관 미륵보살 반가사유상)을 왜왕실로 보내오게 하는데 크게 기여했던 인물이다.

그 당시 진하승은 조정의 재무장관(藏官)이었다. 더구나 그는 적송(赤松)으로 만든 신라 목조불상을 자신의 영지였던 야마시로(山城) 즉, 지금의 쿄우토땅 우즈마사(太秦)에 모셔다가 서기 603년에 코우류우지(廣隆寺)를 세웠던 것이다. 진하승은 그 당시 쿄우토땅 신라인 호족의 지배자인 동시에 조정의 재정 담당 장관으로서 권세가 막강했던 인물이다.

그는 그 무렵 스이코여왕을 등극시킨 백제인 최고대신 소아마자(蘇我馬子, 그가의우마코, 550~626)와 굳게 손잡고, 지금까지 왜나라의 백제 불교문화 터전에 신라 불교로서 함께 기여했던 사람이다. 소아마자는 스이코여왕의 친외삼촌이기도 하다.

바로 이 시기부터 진하승 장관의 우즈마사 지역의 신라인 세력은 쿄우토땅에서 더욱 번창하면서, 동쪽으로 키타노촌 지역으로 까지 큰 확장을 이루게 되었다고 본다. 이 키타노촌 일대는 신라인들의 옷감 생산 등 직조 산업의 중심지가 된 터전으로 오늘에까지 유명하다. 즉 '니시진오리'(西陣織)라고 부르는 일본 최고급 비단의 생산지는 신라인들에 의해서 이 키타노촌 일대를 중심으로 발전해 왔던 것이다. '니시진오리'는 현재까지도 일본을 대표하는 비단으로서, 키타노텐만궁 지역이 바로 그 본터전이다.

신라인들의 니시진오리 본거지의 신라의 농경신(번개신) 사당터전에 뒷날에 가서는 신라인 문장박사며 우대신 스가와라노 미치자네의 사당인 키타노텐만궁(키타노신사)이 함께 섰다는 것을 우리는 뜻깊게 살피게 되는 것이다. 즉 신라인들의 중심지역에서 이번에는 신라인 학문신까지 제사드리게 되었다는 역사의 흐름을 뚜렷이 파악하게 해준다.

쿄우토의 '키타노신샤'(키타노텐만궁)의 후문을 나가면 바로 그 곳에서 약 1킬로미터 위치에는 '히라노신샤'(平野神社)가 자리잡고 있기도 하다. 앞의 항목에서 살펴보았듯이 히라노신사는 백제 성왕을 제신인 히라노신 (平野神)으로서 섬기면서 칸무천황이 서기 794년에 세운 '백제왕 사당'인 것이다.

그러므로 한국인들은 이제 쿄우토 관광에서, 이 두 신사, 즉 히라노신사 와 키타노신사도 내왕하면서 자세히 둘러 볼 일이다. 칸무천황의 생모인 황후 화씨부인(和新笠, 高野新笠)도 히라노신사의 제신(祭神)인 '히매노카 미'(比賣神)인 것도 거듭 지적해 두자.

오오사카의 백제
시텐노우지(四天王寺)

—백제 번영의 옛터전 난파진(難波津)

일본에서 현재 우리 나라 사람들이 가장 많이 살고 있는 고장은 오오사카(大阪) 지방이다. 약 40만 명의 재일동포들이 이 고장에 집중적으로 살고 있다. 우리가 그분들과 그냥 서로 얼굴을 마주 대하면, 그 얼굴만으로는 우리나라 사람인지 일본 사람인지 도저히 구분할 수 없다. 더구나 대부분의 재일동포들은 일본말을 쓰면서, 일본인들과 어우러져 살고 있기 때문이다.

그분들은 벌써 3, 4세가 주축이 되어 일본 땅에 살고 있는 것이다. 대부분이 일제치하에 징용, 징병 등으로 일본땅으로 끌려간 분들의 후손들이다. 설령 누가 그 중에서 우리나라 말을 쓴다고 하더라도, 그냥 얼굴만 바

백제인 건축가들이 서기 603년에 나니와(지금의 오오사카) 땅에 세운 시텐노우지(四天王寺, 사천왕사).

라보았을 때는, 일본인과 전혀 구별이 되지 않는 것도 사실이다. 왜그러냐고 한다면, 특히 이 고장 오오사카 일대는 고대부터 수많은 백제인들이 건너 와 이 터전을 지배하면서 살아왔기 때문에, 그 후손들이 엄청나게 많다는 사실도 또한 우리는 잊어서는 안된다.

지금의 오오사카 지방이야말로, 고대에 백제인들의 본터전이었던 것이다.

고대 한국인의 왜나라 교두보 오오사카

이 고장은 박사 왕인에 의해서 고대 한국문화가 일본 땅에 본격적으로 상륙한 최초의 개항지였다.

근대사를 살펴보면 일본이 서양으로부터 무기를 사들이고 무력을 개발하게 되자, 조선을 침략하기 위해서 조선왕실에다 부산과 인천항 등을 개항하라고, 강화도에서 으름짱을 놓으며 온갖 위협을 가했던 운양호(雲揚號) 사건이 연상된다.

그런 것과는 대조적으로 고대 한국인들은 아무런 저항도 받지 않고 아직 미개한 선주민들 만이 살고 있었던 왜나라 섬 열도에 마음껏 상륙했던 것이다.

그 당시의 선주민들은 철기(鐵器)를 만들지 못했기 때문에 쇠칼이나 쇠로 만든 저항용의 무기가 없었다. 그 보다는 어쩌면 모두가 순박하고 선량한 선주민들이었을 것으로 추측된다.

일본에서 두 번째로 큰 도시가 오오사카이다. 오늘날 인구 1천만명을 헤아린다는 오오사카의 옛 이름은 앞에서 지적했듯이 나니와쓰(難波津, 난파

고대 백제군(百濟郡) 지역인 지금의 오오사카 중심 시가지.

진,なにわづ, なんば)이다. 물론 그 옛날에는 일본에서 가장 큰 항구도시였다.

백제 사람들이 본격적으로 난파진을 개척한 반면에 신라인들은 동해 건너편 시마네현(島根縣)의 이즈모(出雲)며 후쿠이현(福井縣)의 와카사만(若狹灣) 일대를 개척했다. 그후 신라인들은 내륙을 거쳐서 남하하여 지금의 나라(奈良)땅을 정복의 터전으로 가꾼 것이다.

왜나라의 각 지역이 이렇듯 고대에 신라·백제·고구려 등 한반도의 선진국에서 건너 간 문화인들에 의해서 쉽사리 토착 선주민들을 지배하게 되었다는 것은 부연할 여지조차 없다.

그런데 여기서 한가지 구체적인 고대 역사 기록을 밝혀 두어야 할 것이

오오사카의 번화가인 난바(難波, 나니와)로 가고 있는 '쾌속전철'의 모습. '난바'는 4C부터 백제인 정복왕들의 지배의 터전이던 유서 깊은 고장이다.

있다. 14세기 초의 조신(朝臣)이었고, 뒷날 정치적·사상적 지도자가 된 키타바타케 치카후사(北畠親房, 1293~1354)의 저서 『신황정통기』(神皇正統記, 원본은 현재 일본황실 宮內廳 書陵部 소장)는 일본 역사가 서술된 명저의 하나이다.

이 책에 의하면,

"일찌기 신라·백제·고구려, 이 3국을 삼한(三韓)이라고 한다. 바르게는 신라에만 한하는 것인가. 진한·마한·변한을 모두 말하느니라. 그렇지만 고대로부터 신라·백제·고구려를 모두 합쳐서 삼한이라고도 일컬어 왔느니라. (중략) "일본은 삼한과 동종(同種)이노라"고 말하고 있었는데, 칸무천황

(桓武天皇, 781~806)의 어대(御代)에 그 책을 불태워(焚書) 버렸느니라."

라고 하는 기사가 지금껏 전해오고 있다.

칸무천황은 백제계의 천황이었고, 더구나 그의 생모는 화씨(和氏·高野新笠皇太后, 생년미상~789) 황후였다. 화씨는 백제 왕족인 조신 화을계(和乙繼)의 딸이었다. 그런데 어째서 칸무천황은 한일 두 나라 사람이 똑같은 핏줄을 가진 똑같은 종족(同種)이라고 하는 그와 같은 고대 역사책을 불질러 버렸던 것인가. 일본 천황가(天皇家)가 고대에 한반도에서 건너 간 한국인들에 의해서 이루어진 사실은 일본 고대의 문헌 등 여러 전적들을 통해 입증이 된다. 마쓰모토 세이쵸우(松本淸張) 씨는 일본의 천황들이 고대한국에서 건너 간 사실에 대해서 다음과 같이 구체적으로 지적하고 있다.

고대조선 천황가의 조상이 남부조선에서 건너와서, 야마토분지(大和盆地, 일본의 나라 지방)에 들어와 살게 되었다. 모름지기 그 이전 시대인 야요이시대(彌生時代, BC3~AD3) 때부터 일본으로 건너와서 살게 된 사람들은 역시 조선인들이 주체가 아니었겠는가고 본다. 조선으로부터의 도래는 여러번의 파도로서 밀려왔다. 그런데 크게 나누어 제1기와 제2기로 나누어보면, 제1기는 야요이시대의 전기(BC 3C)이고, 제2기는 야요이시대의 후기(AD 3C)이며, 그 다음인 고분시대(古墳時代, 3C말경~7C경)를 만든 것은 이 제2기의 도래인들이 주가 된다고 본다. 지리적 관계로부터 조선인의 도래가 계속 증가해왔다. 일본에서의 혼혈이 되풀이 되는데 따라서, 이른바 '왜종화'(倭種化) 되었다고 생각이 든다(『日本史謎と鍵』平凡社,1976)

마쓰모토 세이쵸우 씨의 지적은 지금으로부터 이미 약 2천3백년전 경부

시텐노우지의 '무대강' 앞 전각.

터, 한국인들이 일본에 건너가서, 천황가를 이루고 일본을 지배하기 시작했다고 한다. 그리고 일본 고분시대의 무덤속에서는 한반도의 삼국시대 고분에서 발굴된 부장품들과 똑같은 부장품들이 계속해서 발굴됨으로써, 고대 한국인들이 왜나라를 지배하면서 천황가를 이루었다는 사실을 입증하고 있다.

마쓰모토 세이쵸우 씨는 "일본과 한국은 똑같은 민족이다"(「東京新聞」 1972. 4. 1)라고 밝히기도 했다. 그러기에 일본의 천황은 지금도 궁중에서 해마다 11월 23일에 신상제(新嘗祭)를 포함해 신라신·백제신의 제사를 올리는 것이다. 물론 이 제사의 구체적인 내용은 천황가가 외부에 공표하지는 않고 있는 실정이다.

일본 속의 한국 문화유적을 찾아서

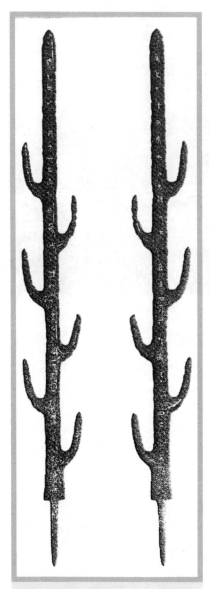

백제 근초고왕이 왜의 백제인 오우진왕에
게 하사한 칠지도. 앞면(우측)과 뒷면 글이
입증한다.

난바(難波, 나니와) 나루터
개척 시대

서기 4세기 중엽의 왜나라 지배
자는 백제인 오우진(應神)천황이었
다. 오우진천황은 당시 일본 열도
남쪽 섬인 큐우슈우(九州)의 북쪽
지방으로부터, 지금의 오오사카
항구 도시 지역인 난바(難波, 나니
와) 나루터 지역으로 밀고 들어왔
다. 즉 일본 본토의 내해(內海)인
오늘의 세토내해(瀨戶內海, せとな
いかい)로 진출해서 개척의 새터전
을 점령한 것이었다.

현재 오오사카 시의 중심 지역이
되어있는 난바(難波, なんば 또는
なにわ)라는 큰 번화가는 그 옛날
서기 4세기 후반에는 오오사카 앞
바다에 면한 자그만 나루터였던
것이다. 오우진 천황의 백제인 세
력들이 북큐우슈우 지역을 완전히
점령한 뒤에 다시, 일본 내해로 진
격해서 본토 내해의 깊숙한 평야

지대인 오오사카 땅으로 밀고 들어온 것이었다. 그 나루터 지역을 '나니와 쓰'(難波津)라고 부르게 된 것이다.

이 옛날의 나루터 지역은 모두 간척이 되어 매립된 뒤에 거대한 도시의 터전으로 바뀐 것이 오늘의 '난바'(難波)이다. 난바는 고층 건물들이 들어찬 큰 상업지역이며, 고대의 나루터의 자취는 이미 사라진지 오랜 옛날의 일이 되고 말았다. 그러기에 오오사카 전철의 중심역의 하나가 '난바역'이다.

'난바' 또는 '나니와'로 부르는 이 지명은 5세기 초인 서기 405년에, 백제인 오경박사(五經博士) 왕인(王仁, 4~5C)이 지었다고 본다. 왜냐하면 왕인은 오우진 천황의 제4왕자 닌토쿠(仁德)천황을 등극시킨 역사적 인물로 평가되고 있을 뿐 아니라, 그가 쓴 시(앞에 밝힘)에 '난바'의 지명이 최초로 기록된 것이 입증되기 때문이다.

서기 905년에 저술된 와카(和歌)라는 일본 고대시의 시집인 『고금집(古今集)』에 그 시가 들어 있다. 이 『고금집』은 기관지(紀貫之, 872~945)라는 백제인 학자가 지은 책이다. 기관지 자신도 와카라는 시를 짓는 가인(歌人, かじん)이며, 와카의 연구 학자로 저명한 인물이었다. 일본에서는 와카를 짓는 시인을 '가인'(歌人)으로 부르고 있다.

기관지의 『고금집』을 살펴보면, 그 서문(假名序)에 왕인 박사가 지은 일본 최초의 시인 와카 「난파진가(難波津歌)」, 일명 「매화송(梅花頌)」을 소개하면서 평가하고 있다. 왕인이 지은 이 와카의 서두에 '난파진'이라는 지명을 처음으로 쓰고 있다. 즉 '나니와쓰'로 읽게 된다.

일본 속의 한국 문화유적을 찾아서

시텐노우지(사천왕사)의 사천왕 조각상.

백제왕이 왜왕에게 하사한 칼

난바 지역에서 지배의 터전을 완전하게 장악한 오우진천황 시대에, 백제 왕실로부터 건너온 것은 아직기(阿直岐)왕자였다. 그 당시 백제왕은 근초 고왕(近肖古王, 346~375)이었다.

백제왕은 아들인 아직기 사신 편에 암, 수말 2마리와 칠지도(七支刀)를 오우진천황에게 보내어 하사했다. 근초고왕이 왜왕이 된 백제인 오우진천 황에게 하사한 칠지도에는 한자어 글씨가 새겨진 명문이 들어 있다.

현재 이 칠지도는 일본 나라현(奈良縣)의 텐리시(天理市)에 있는 이소노카미신궁(石上神宮)에 신보(神寶)로서 오늘날까지 잘 모셔져 있다. 일본 국보이며 일반에게는 비공개하는 등 엄중하게 보존되고 있다. 이 칠지도에는 근초고왕과 구수왕세자의 글이 새겨져 있다.

참고 삼아 한자어로 된 칠지도의 글씨를 살펴보면 다음과 같다.

泰和四年五月十六日丙午正陽造百練鐵七支刀以辟百兵宜供供侯王□□□□作

先世以來未有此刀百滋王世子奇生聖音故爲倭王旨造傳示後世

태화 4년(서기 369년) 5월 16일 병오날 정양에, 무수히 거듭 단금질한 강철로 이 칠지도를 만들었노라. 모든 적병을 물리칠 수 있도록 후왕(侯王)에게 보내주는도다.□□□□작 (이상 칼의 앞면에 새겨진 글)

선대(先代) 이후 아직 볼 수 없었던 이 칼을 백제왕세자 귀수성음(뒷날의 근구수왕, 375~383)은 왜왕을 위하여 만들어 주는 것이니, 이 칼을 후세에까지 길이 전해서 보이도록 하라.(칼의 뒷면에 새겨진 글)

이상과 같이 그 당시 왜는 백제의 속국이었으며, 오우진 천황은 백제 근초고왕의 후왕(侯王)이었던 것이 칠지도 칼 앞뒷면에 새겨진 금석문으로서 입증된다.

이와 같이 엄연한 고대의 명문이 새겨진 칼이 지금도 일본 땅의 이소노카미신궁에 비전(秘傳)되어 오고 있어서, 고대 일본의 지배자 오우진천황이 백제인이며 백제 근초고왕의 후왕이라고 하는 사실(史實)은 누구도 부인할 수 없는 일이다. 그러나 일부 황국사상을 가진 국수적인 일본 사학자들은 이 칼이 백제에서 건너온 시기를 468년이라는 등, 또한 백제왕이 백제의 후왕에게 하사한 것임에도, 갖다 바친 헌상(獻上)한 것이라는 둥 엉뚱한 주장을 해왔다.

다행스럽다고 한다면 이 칼을 직접 3번이나 찾아가서 만져보며 연구 조사한 쿄우토대학 교수 우에다 마사아키(上田正昭,1927~) 씨가 그 사실을 다음과 같이 입증하고 있다.

"나는 3번이나 실물을 음미한 일이 있으나, 안타깝게도 칼이 아래쪽부터 3분지 1되는 곳이 부러져 있다. 또한 명문도 녹이 슬었을 뿐아니라, 고의로 깎아낸 자취(필자 주·칼 앞면의 명문 끝 쪽의 부분)가 있어서, 명문의 판독이 어려운 곳이 있다.

그 때문에 많은 사람들이 해독에 고심해 왔거니와, 지금까지의 풀이에서 결정적으로 잘못을 저지르고 있는 것은 태화 4년(서기 369년)에 백제왕이 왜왕에게 갖다받친(헌상한) 칼로 해석해 온 일이다.

앞부분 명문에 '후왕에게 공급하노라'는 것의 후왕이란 뒷부분의 '왜왕'을 가리킨다. 우선 무엇보다도 이 명문의 서법(書法, 글의 말투)은 윗사람이 아랫사람에게 내려주는 하행문서(下行文書) 형식이고, 결코 헌상을 의미하는 서법이 아니며 또한 그런 글뜻(文意)도 아니다. 그것은 백제왕이 후왕인 왜왕에게 준 것을 의미하는 명문이었다. 그럼에도 이것을 '헌상'이다 또는 '바쳤다'는 따위 자의적(自意的)으로 읽는 것은, 나는 잘나고 그는 못났다고 하는 차별 사상에 사로잡혔다고 할 수 있다."(『古代史の焦点』 角川書店, 1975)

우에다 마사아키 씨는 그 당시의 백제가 막강한 군사력을 배경으로 강력한 국가였던 것을 밝히면서, 더욱 신랄하게 일부 잘못된 일본 사학자들의 칠지도에 대한 괴변을 비판했다.

"태화 4년(서기 369년)경의 백제는 세력이 크게 드높아졌던 시기이다. 그런 시기에 백제왕이 왜왕에게 복속(服屬)해서, 칠지도를 헌상했다는 것은, 백제측 정세를 살필 때 전혀 있을 수 없는 일이다. '모든 적병(百兵)을 물리쳐라' 하고 이 벽사(僻邪)의 주도를 만들어 왜왕에게 주었다는 것은 군사적 동맹을 강화하기 위해서였을 것이다."(『倭國の世界』講談社, 1976).

이와 같은 강력한 백제의 근초고왕 시대에, 난바 땅을 점령한 백제인 오우진천황에게, 백제 왕자 아직기는 말 2마리와 칠지도 라는 근초고왕이 하사하는 신보(神寶)의 칼을 전해준 것이었다.

그런데 칠지도 앞면의 명문을 누가 고의로 글자를 깎아 없앤 부분(□□□□作)의 네 칸에는 모름지기 백제왕실의 왕명 또는 제작자명이 새겨져 있었던 게 아닌가 한다.

그 뿐 아니라, 오우진천황은 그 후 곧 백제의 젊은 유능한 학자 왕인박사도 모셔 왔던 것이다. 오우진천황은 이 당시 『천자문』과 『논어』를 가지고 백제왕실에서 건너 온 왕인박사로 하여금 왕자들에게 글을 가르치게 했던 것이다. 물론 이 당시의 왜왕들의 왕호는 '천황'이 아닌 '왕'이었다. 일본 역사책 『고사기』(712)며 『일본서기』(720년) 등을 저술할 때 모든 왜왕의 왕호를 '천황'으로 통일시켜서 썼다.

여하간에, 오오사카 지역인 난바 땅은 백제인 지배의 큰 터전으로 발전을 거듭했다. 현재도 오오사카 지역 일대에는 '백제역'이며, '백제교', '백제소학교', '백제왕신사', '백제사 사적공원', 또한 '왕인묘(王仁墓)'와 '왕인공원(王仁公園)' 등등이 있다. 더구나 난바 지역의 옛날 행정구역 지명들을 잠깐 살펴보면 백제의 기나긴 식민지였다는 것은, 쉽게 이해가 될 것으로 안다.

이 지역의 행정구역 명칭은 '백제군(百濟郡)' 이었다는 것을 앞에서 살펴본 대로이다. 닌토쿠천황 지배의 중심지였던 난바지역 즉 백제군의 각 행정구역의 명칭이 완전히 사라지게 된 것은, 메이지유신(1868년) 이후 일제의 군국주의 황국사상에 의해서 한국 침략과 함께 행해진 것이었다.

백제 건축가들이 세운 사천왕사

그 옛날 백제군의 천왕사촌(天王寺村)에 자리잡고 있는 것이 사천왕사(四天王寺, してんのうじ)이다. 오오사카 땅이 백제인의 지배의 터전이던 시대, 바로 그 중심에 우뚝 선 가람이 '사천왕사' 다. 현재의 사천왕사가 자리하

오오사카의 난바(難波)에 있는 '오오사카시립 남백제 소학교' 교사(3층)의 일부.

정문에 있는 돌로 벽에 박아넣은 '쿠다라소학교'(百濟小學校)의 표지(2002년 1월 현재)

는 행정구역 명칭은 오오사카시 텐노우지구(天王寺區)에 속한다.

　오우진, 닌토쿠천황 부자의 시대가 2백년 지난 뒤였다. 백제인들의 왜나라 지배의 중심지 난바땅에 사천왕사가 건설된 것은, 성덕태자(聖德太子, 574~622)에 의해서였다. 백제인 스이코여왕(推古天皇, 593~628)의 생질로서, 태자에 책봉되었던 것이 성덕태자였다. 그의 부왕인 백제인 요우메이천황(用明天皇, 585~587)의 친누이동생이 다름 아닌 스이코여왕이다. 성덕태자가 백제인 왕족이라는 것은 법륭사 고문서 『성예초』(聖譽抄)등으로 입증이 되고 있다. 『성예초』는 저자가 찾아내어 한국에서 첫공개했다 (『일본문화사』畫報,P.10, 서문당, 1999).

　백제불교를 일으킨 스이코여왕은 외삼촌인 백제인 소아마자(蘇我馬子, 550~626) 대신의 천거로 왕위에 올랐다. 소아마자 대신은 외손주뻘이 되는 성덕태자를 스이코여왕의 새로운 태자로서 책봉시키는데 앞장 선 것이었다. 소아마자 대신은 서기 596년 11월에는 왜나라 최초의 7당 가람을 나라의 아스카(飛鳥) 땅에 세웠던 것이다. 이 당시 백제로부터 사찰 건축가며

일본 속의 한국 문화유적을 찾아서

기와박사 등 각종 기사들이 대거 왜나라에 건너 와 장장 8년간의 공사 끝에 아스카사(飛鳥寺)를 세운 것이었다. '아스카노테라'(あすかのてら)로 통칭한다. 초기 명칭은 '호우코우지'(法興寺, 법흥사) 등으로도 부른다.

이 백제 건축가들이 난바 땅에서 세운 또 하나의 가람은 다름 아닌 사천왕사였다. 사천왕사는 '아스카노테라' 보다 3년 앞선 서기 593년에 건설되었던 것이기도 하다. 이 사천왕사는 성덕태자와 소아마자 대신이, 사천왕의 가호를 받은 은덕에 보답하기 위해서 건설한 사찰이다.

서기 585년에 백제불교가 왜나라 국신파 조신(朝臣)인 물부수옥(物部守屋, 515~587) 대련(大連)에 의해서 제2차 훼불 사건을 당했다. 즉 물부수옥 대련은 소아마자 대신이 세운 사찰인 '석천정사(石川精舍)'를 불지르고, 대야악(大野岳)의 불탑을 때려부수는 등 끔찍한 불교 탄압을 가했다. 상세한 것은 뒤의 「나라땅에 세운 아스카노테라」 항목에 다뤘다.

그 후 물부수옥 일파는 용명천황이 와병중이던 당시에, 혈수부(穴穗部)왕자와 반역 모의를 했다. 이 반란 사건이 발각되어, 혈수부왕자는 소아마자 대신의 조정세력에 의해 살해당했다. 물부수옥 대련은 정권 찬탈을 포기하지 않고 군사를 일으켰다. 이 반역 사건에 분격한 소아마자 대신과 성덕태자 등 조정 세력은 관군을 거느리고, 물부수옥 대련이 아도(阿都) 땅에 진을 친 곳으로 토벌전쟁을 떠났다.

이 때 성덕태자는 붉나무(옻나무과)를 잘라서 '사천왕상(四天王像)'을 만들어 높이 받들면서 맹세했다.

"이제 만약 우리가 적과 싸워서 이기게 된다면, 반드시 호세사천왕(護世四天王)을 위해서 절과 탑을 세우겠나이다."

결국 소아마자 대신의 관군은 승리하여, 물부수옥 대련의 반란군을 섬멸시켰다. 이에 소아마자 대신은 성덕태자를 도와 난바 땅에다 '사천왕사'를

612년에 백제에서 왜나라로 건너 간 음악무용가 미마지(味摩之)가 가면무를 공연한 '무대강'.

세우게 한 것이었다. 즉 사천왕의 가호로 훼불 반란세력을 무찌르게 된 것을 감사해서 가람을 짓게 된 것이다.

이 사천왕사는 황릉사(荒陵寺, あらはかじ) 또는 난파사(難波寺, なにわじ), 굴강사(掘江寺, ほりえじ) 등등의 이름도 가졌었다. 그러나 사천왕사는 오늘의 명칭처럼 사천왕사(四天王寺, してんのうじ)로서 그 이름을 지키며 백제 옛 터전에 지금도 위엄있게 우뚝 서있다.

이 사찰의 건축 양식은 백제인들의 '사천왕사식'이라고 하는 가람 양식을 자랑삼고 있다. 그런데 이 "사천왕사는 물부수옥의 집과 재산으로 지었으며, 물부수옥의 자손들은 이 사찰의 영노비(永奴婢)가 되었다."(『人名辭典』三省堂, 1978)고 전하기도 한다. 즉 죄 값을 치루게 하기 위해서 물부수옥의 자손들을 평생 노비로서 이 절에서 부리게 되었다는 것이다.

사천왕사는 593년에 초창된 이후 863년에 낙뢰로 화재가 났으며, 몇번씩 화재를 거듭하면서 재건되는 가운데 오늘에 이르고 있다. 화재가 워낙 많았던 곳이라서 지금도 경내에는 소방서의 소방차를 한 대 주차시키고 있는 것을 목격할 수 있다.

사천왕사에서 우리가 꼭 들러볼 곳은 무대강(舞臺講)이라고 하는 커다란 돌무대이다. 이 돌무대는 그 옛날, 백제의 위대한 예술가였던 미마지(昧摩之,6~7C)가 이 돌무대에서 고구려의 사자춤이며 가면극을 제자들에게 가르친 유서 깊은 터전이다.

『일본서기』에도 역사 기사가 잘 알려지고 있듯이 미마지는 서기 612년에 백제에서 왜나라 스이코여왕의 왕실로 건너 온 음악무용가였다. 그는 고구려에 가서 고구려 사자춤 등을 배운 뒤 왜나라 왕실로 건너왔다.

이때 성덕태자는 진야수제자(眞野首弟子), 신한제문(新漢濟文) 등을 미마지에게 천거하여 제자로 삼게 했다. 미마지는 제자들을 키우면서 특히 사천왕사 돌무대인 '무대강'에서 고구려 사자춤 등 가면무(탈춤)를 가르쳤다. 또한 미마지의 음악은 뒷날 왜나라 왕실 아악(雅樂)의 기본이 되었다. 그러기에 그는 '일본 아악의 아버지' 라고 찬양받기도 하는 백제인이다.

사카이의 명소
에바라지(家原寺)

—백제인 행기대승정의 탄생지

박사 왕인의 후손 행기스님

일본 불교가 백제를 모태로 발생해서 백제 뿐 아니라, 신라와 고구려 불교에 의해서도 그 힘을 크게 입고 발전한 것은 누구도 부인할 수 없다. 그런데 일본 불교의 발전과정에서 가장 주목해야 할 인물이 있다. 그분은 백제인의 피를 이은 행기대승정(行基大僧正,668~749)이다. 백제인이면서도 일본 고대 불교 최초의 '대승정'이 된 행기스님에 대해서, 그동안 우리나라에는 전혀 알려진 바가 없었다. 이에 저자가 행기대정승의 일대기인 『행기 큰스님』(자유문학사, 1997)을 저술하기에 이르렀다.

왕인의 후손 '행기대승정' 이 자신의 탄생지에다 세운 '에바라' (家原寺) 사찰(사카이시).

일본 학자들은 중세(中世) 이전부터 수많은 사람이 행기스님에 관한 연구와 논문이며, 허다한 저술을 해왔던 것이기에, 우리로서는 부끄러운 일이 아닐 수 없다. 우리가 행기스님에 대한 연구를 게을리 하는 동안, 엉뚱한 일인 학자들이 등장해서 터무니 없는 소리까지 펼치기에 이른 것이기도 하다.

이를테면 "행기스님은 백제인 박사 왕인(王仁)의 후손"이라는 사실을 밝혔던 불교사학자가, 뒷날에 가서는 슬며시 그의 백제인 혈통을 연구서에서 빼버리고는 "중국인의 피가 섞인 것"으로 국적을 돌려버리는 것이기도 했다. 그 실예를 한가지 들어보기로 한다.

불교사학자로 이름이 널리 알려진 이노우에 카오루(井上 薰,1917~) 씨는 토우쿄우대학 국사학과 출신으로서, 오오사카대학 교수며, 나라대학 교수 등을 지내 온 문학박사다. 이노우에 카오루 씨가 행기스님 연구서를 쓴 것은 1959년의 일이었다. 그는 이 저서에서 행기가 백제인 왕인박사의 후손이라고 다음과 같이 그 출신을 밝혔었다.

> 「행기(行基)는 텐치(天智)천황이 오우미(近江)의 오오쓰궁(大津宮)에서 즉위
> 한 해(서기 662년)에, 카와치(河內)의 오오토리군(大鳥郡, 지금의 오오사카의
> 사카이시)에서 태어났다. 아버지는 고지재지(高志才智)이고 어머니는 봉전씨
> (蜂田氏)였는데, 고지씨는 왕인(王仁)의 자손이라고 한다(『大僧正舍利瓶
> 記』)(井上 薫『行基』吉川弘文館, 1959).

이노우에 카오루 씨는 1959년에 쓴 저서 『행기』에서 행기는 왕인의 후손
인 고지 씨의 아들이라고 밝혔었다. 『원향석서』에서는 행기의 탄생년이
662년은 아니고 668년이다. 그런데 이노우에 씨는 그후 21년이 지난
1980년에 그가 쓴 연구론에서는 백제인 왕인의 후손 소리는 자취도 없이
사라지면서 다음과 같이 중국 계열인 것처럼 돌려버리고 마는 것이었다.

> 「행기(行基, 668~749)는 텐치(天智)천황 7년에 카와치(河內)의 오오토리
> 군(大鳥郡)의 어머니쪽 외가에서 태어났다. 에바라지(家原寺, 사카이시) 사찰
> 터는 본래 어머니쪽의 집이었던 것을 행기가, 서기 704년에 사찰로 바꾼 것
> 이었다. 아버지는 고지재지(高知才智)이고 어머니는 봉전씨(蜂田氏)이며 고지
> (高志) · 봉전(蜂田)씨는 한계(漢系)의 도래인이다.」(井上 薫『古代史の群像』創
> 元社, 1980).」

이노우에 카오루 씨는 21년만의 글에서는 천연덕스럽게 백제인을 중국
사람으로 국적을 송두리째 바꿔버렸다. 무엇 때문에 그런 짓을 저지르고
야 말았을까. 혹시 일본의 국수 세력으로부터 협박이라도 당했다는 것인

가.

일본의 저명한 역사학자 우에다 마사아키(上田正昭) 교수는 한국으로부터 일본문화가 전수된 사실들을 올바르게 쓰고 있는 학자로서 정평이 있다. 우에다 마사아키 씨는 일본의 고대 지배자가 한국인이었다는 사실을 그의 저서마다 진솔하게 논술하자 국수적인 반한 분자가 과자 상자를 들고 집에 찾아와서 협박했다고 다음처럼 솔직하게 털어놓은 일이 있다.

"이번에는 과자가 들어 있지만, 다음번에는 과자가 아니라 다른 것을 보낼테니 각오하세요."

과자가 아닌 다른 것은 무엇인가. 부연할 것도 없다. 폭탄을 넣겠다는 것이다. 실제로 일본서는 우편으로 소포를 위장한 폭탄 폭발 사건이 근년에도 몇번 발생했었다. 이노우에 카오루 씨도 우에다 마사아키 씨처럼 국수세력의 테러 협박을 받았다는 것인가. 그래서 한국 사람을 중국 사람이라고 변신시킨 것이랴.

●

역사왜곡하는 일본의 불교학자

이노우에 씨는 1959년의 저술에서 '행기는 왕인의 후손이다'라고 하는 것을 고대 문헌 『대승정사리병기』를 예시하며 입증했던 것이다.

『대승정사리병기』의 고증이야말로 고고학적으로 평가되는 역사의 발자취이다.

『대승정사리병기』는 행기스님의 고대 무덤에서 파낸 사리병 속에서 나

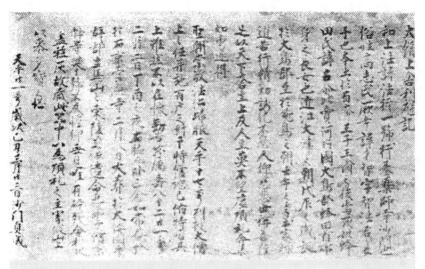

행기대승정의 묘지에서 발굴한 '대승정 사리병기'의 옛문헌.

온 옛날 기록이다. 이 고대 기록에서 행기스님의 생부가 왕인박사의 직계 후손인 것이 밝혀졌다.

그 뿐 아니라, 일본의 불교사이며「역사의 명저(名著)」로 평가되고 있는 고승전(高僧傳)인『원향석서』(元亨釋書,1322)에서는 행기스님은 백제의 왕손(王孫)임이 다음과 같이 밝혀지고도 있다.

釋行基.世姓高志氏.泉州大鳥郡人.百濟國王之胤.天智七年生……

(虎關師錬, 1278~1346『元亨釋書』).

여기 굳이 밝혀 두자면, 이노우에 카오루 씨는 그의 1959년의 저술인 『행기』(行基)에서 행기스님의 발자취를 학문적으로 성실하게 논술했던 것이다. 특히 행기스님이 왕인의 후손이라는『사리병기』의 발자취도 행기스

行基舍利瓶破片

大僧上舍利瓶記
和上法諱行一號行基藥師寺沙門也俗姓高志
氏厥考諱才智法君之長子也本出於百濟王
子王爾之後焉厥姚蜂田氏諱古爾比賣河內國大
鳥郡蜂田首虎身之長女也近江大津之朝庭辰之
歲誕於大鳥郡至於飛鳥之朝壬午年之歲出家歸道
苦行精勤誘化不息人仰慈悲稱菩薩是以天下
蒼生上及人主莫不望塵頂禮集如市途得聖
朝崇敬法侶歸服天平十七年特居別授大僧上之任
施百戶之封于時僧綱已備其一年雖不在位
懷勤苦彌屬壽八十二廿一年二月二丁酉之夜
右脇而臥正念如常奄終於右京菅原寺二月八日
火葬於大倭國平群郡生馬山之東陵依遺命也
弟子僧景靜等攀號不及瞻仰無見唯有碎殘舍利
然盡甌灰故藏此器中以爲頂禮之主界彼山上以
慕多寶之塔
天平廿一年歲次己丑三月廿三日
沙門眞成

행기사리병기의 파편과
사리병기의 내용.

님의 열반 기사와 함께 다음과 같이 썼던 것을 살피게 해주고 있다.

「행기는 스가하라지(菅原寺)에서 병이 나서 2월 2일(749년) 밤, 임종에 처하자 특히 제자 광신(光信)에게 떠맡겨 이 사찰의 동남원(東南院)에서 타계했다(『大僧正舍利瓶記』·『行基年譜』). 8일에 유언에 따라 제자들은 야마토의 헤구리(平群)에 있는 이코마산(生駒山)의 동릉(나라땅 서쪽 10킬로)에서 유체를 화장했다. 화장할 것을 유언한 것은 스승인 도소(道昭) 스님을 따른 것이리라(필자 주·도소스님은 행기의 스승으로서, 행기스님이 18세때 그 문하에서 참선했다). 제자인 경정(景靜)은 화장한 유골을 주워서 사리병기에 담았으

며, 산위에 묘지를 마련했고, 제자 진성(眞成)은 사리병 속에다 행기의 전기
(傳記, 『大僧正舍利瓶記』)를 새겨서 이것을 묘지에 묻었다. 묘지는 지금의 치
쿠린지(竹林寺)이다.」

바로 이 『대승정사리병기』에 행기스님이 백제 왕인의 후손으로 새겨져
있다는 것을 밝힌 것이 이노우에 카오루 씨 자신이면서도 뒷날인 1980년
에 가서는 행기스님의 새로운 전기를 쓰면서, 행기스님을 이번에는 중국
인으로 바꿔버리는 것이었다.

행기스님이 백제인이라고 하는 사실은 일본 고대의 가장 오래된 불교 전
적으로 손꼽히는 『일본영이기』(日本靈異記)에도 상세하게 여러 대목의 일
화까지 전해오고 있다. 이 『영이기』는 야쿠시지(藥師寺) 사찰의 경계(景戒)
스님의 저술로서, 서기 787년에 처음으로 집필된 고전이다. 또한 이 책에
는 행기스님 이외의 여러 백제 고승들의 일화가 담겨 있기도 하다.

세계 최대의 금동불상 만든 성인

행기스님의 출생지인 에바라지(家原寺)는 오오사카부의 사카이시(堺市)
의 에바라지쵸우(家原寺町)에 있다. 에바라지라고 부르는 이 가원사(家原寺)
가 있는 에바라지쵸우는 오오사카시(大阪市)의 JR(제이아르) 시텐노우지역
(四天王寺驛)에서 JR 전철(阪和線철도)로 남쪽으로 달려서 쓰쿠노(津久野)
역에서 내리면 찾아가기가 매우 쉽다. 걸어서 약 20분 거리이다. '에바라
지'가 어디냐고 하면 누구나 손쉽게 가르쳐 줄 만큼, 알기 쉬운 위치에 있
다. 시텐노우지역에서 쓰쿠노역까지는 완행을 타고 가야 한다. 쓰쿠노역

에서 급행은 서지 않기 때문이다. 시텐노우지역에서 13번째의 역이므로 약 40분거리이다.

에바라지 사찰은 행기스님의 탄생지이며 그의 외가였다. 행기스님은 뒷날 이 외가에 찾아와서 사찰을 세웠던 것이다. 그것은 그의 나이 37세때인 서기 704년의 일이었다. 에바라지의 정문은 인왕문(仁王門)이며, 경내에는 행기스님의 등신대(等身大)의 동상이 우뚝 세워져 있다. 이 사찰의 개산당(開山堂)에는 행기스님의 목조보살상이 있어서 또한 유서깊다.

행기스님은 어째서 일본 최초의 대승정이 된 것일가. 그의 82세의 생애는 파란만장한 동시에, 영광스러운 역정이 이어져 왔던 것이다. 그는 49곳의 수도장과 사찰을 몸소 세웠으며, 특히 그의 빛나는 업적중의 하나는 나라(奈良)시에 있는 토우다이지(東大寺) 사찰의 세계 제1의 금동불상인 '비로자나대불'을 주조한 일이다. 토우다이지 경내에는 '행기당'(行基堂) 전각에 행기스님 목상이 모셔져 있다.

일본 고대불교의 성인(聖人)으로 추앙받고 있는 행기스님은, 지금의 에바라지 절터에서 668년에 태어나, 15세때인 682년에 출가한다. 그는 이때 나라 땅의 야쿠시지(藥師寺)에 찾아가, 신라에서 온 혜기법사(惠基法師)의 문하에 들어갔다. 그는 혜기스님 밑에서 『유가유식론』(瑜伽唯識論)을 공부하게 되는 것이다. '유식'이란 무엇인지 15세 소년은 조금씩 공부해 나갔다.

지금 세상인 이승에 있어서 진리에 눈을 뜬 부처님이 있는가 하면, 미래의 세상에도 진리에 눈을 떠서 부처님이 되는 사람이 있다고 하는 것이 유식 사상이다. 바로 그 미래불이 '미륵보살'이다. 현재 정토인 도솔천에서 설법하고 있는데 석가모니 부처님의 예언에 따라서 나이가 4천살이 되면 인간 세계로 내려와 부처님이 된 다음에 석가모니 부처님을 대신하게 될

왕인박사의 후손인 백제인 고승 '행기대승정'의 동상. '에바라지(家源寺)에서 저자 촬영.

일본 속의 한국 문화유적을 찾아서

부처님이란다. 그런데 도솔천에서 말하는 4천살이란 우리가 살고 있는 지구의 인간의 나이로 따져 자그마치 56억 7천만년을 헤아린다고 하는 기나긴 영원한 미래이다.

행기 소년은 3년간을 신라스님 혜기법사 밑에서 유가유식론을 공부한 뒤에, 서기 685년, 18세 때에 나라땅 아스카지(飛鳥寺) 남쪽 선원(禪院)으로 옮겨 가, 이번에는 백제스님 도소화상(道昭和尚) 문하에서 선을 배우면서 금식과 심신 수련을 했다.

다시 나이 22세 때인 서기 689년에는 나라의 카스가산(春日山) 암자로 백제스님 의연법사(義淵法師)의 문하로 옮겨 가서 수도하게 된다. 그리고 서기 691년 24세때는 카쓰라기산(葛木山) 고쿠우지(高宮寺)로 가서 신라에서 온 덕광법사(德光法師)의 문하생이 된다. 여기서 비로소 청년 행기는 덕광법사로부터 구족계(具足戒)를 받아 승려의 길에 들어서는 것이었다.

이와 같이 행기스님은 나이 15세에 출가해서, 24세에 이르러 비로소 불가의 몸이 되는 것이다. 위에서 살펴 보았듯이 그 당시 일본 나라땅 일대에는 백제와 신라로부터 건너 온 고승들이 한반도로부터의 불교를 왜나라 땅에다 심으며 포교 활동이 활발했던 것을 살필 수 있다.

이미 일본땅에는 서기 538년에, 백제 성왕(聖王, 523~554 재위)에 의해서 불교가 처음으로 전파된 이래로, 우리 나라 삼국으로부터 수많은 고승들이 건너 가서 일본땅에 불교를 널리 펴게 되었던 것이다. 그러기에 행기스님은 소년시절부터 신라와 백제로부터 건너 온 고승들의 문하를 두루 돌면서, 불법을 수도하게 되었던 것이다. 그 과정에서 한 훌륭한 백제인 성인의 발자취가 일본땅에 그 모습을 서서히 드러내기에 이르렀던 것이다.

행기스님은 그 당시 거리를 누비고 다니면서 적선을 하게 된다. 길가에 쓰러져 신음하는 행려병자들을 보듬어 따뜻한 잠자리와 먹을 것을 베풀면서 불법(佛法)으로 선도한다. 그 무렵 왜왕실은 백제인이 지배하고 있었으나, 선정보다는 악정 때문에 왜나라 선주민 백성들은 고통스러운 삶에 허덕였던게 현실이었다.

백제인 왕가는 백성들을 부역으로 강제 동원해서 왕궁을 짓게 한다, 성을 쌓는 등, 많은 사람들이 먼 고향을 떠나와 도읍지에서 중노동에 시달렸다. 제대로 먹지 못하고 부역을 하다가 부상당하면 그나마 공사판에서 쫓겨나 도읍지를 방황하며 구걸했고, 노비도 없어서 고향에 돌아가지 못한 채 거리를 헤매다 쓰러져 굶어죽기가 예사였다.

행기스님은 그런 불우한 사람들을 위해 서기 700년에 호우키산(法器山) 기슭에다 부랑인 수용소를 만들었다. 행기스님은 큰길 모퉁이에서 부처님의 가르침을 설법하며 전도했다. 민생들은 행기스님의 설법회에 몰려왔다. 행기스님은 따르는 제자들을 모아, 가뭄에 시달리는 농민들을 위해 도랑을 파서 냇물을 끌어준다, 물 웅덩이를 파주었으며 큰 냇가에 다리를 놓아 멀리 돌아 다니는 농민들의 고통을 덜어 주었다.

행기스님을 따르는 제자며 불도들이 날로 늘어났다. 행기스님은 계속해서 부랑인 수용소를 이 곳 저 곳에 세우고, 거기서 불법을 가르쳤다. 행기스님이 가는 곳에는 군중들이 구름떼처럼 모여들었다.

서기 701년이었다. 이 당시 백제인이며 왕실의 조신인 대납언(大納言) 등원불비등(藤原不比等, 후지와라노 후히토, 659~720)은 행기스님을 탄압하기 시작했다. 행기스님의 신도들이 늘어나자, 등원불비등은 승정(僧正)으로 임명한 지연(智淵)법사에게, 거리에서 설법하고 다니는 행기스님을 단속하라고 강력하게 지시했다. 그러나 신라인 출신의 지연승정은 "단속하면 안된다"고 단호하게 거절했다.

대납언 등원불비등은 지연법사를 승정 자리에서 물러나게 했다. 이번에는 코우후쿠지(興福寺)의 의연법사(義淵法師)에게 승정직에 취임할 것을 요청했다. 행기스님의 스승이었던 의연법사는 승정직을 받아들였다. 그러나 의연승정 역시 행기스님의 노상 설법회를 전혀 단속하지 않았다. 행기스님의 설법회는 불우한 중생을 구휼하고 불법(佛法)으로 이끄는 일이기에, 단속은 커녕 오히려 장려해야 할 일이라고 애제자를 감싸주었다. 의연스님은 행기 때문에 승정직을 수락했던 것이다.

나라경(平城京) 도읍지의 도성 공사 때문에 일본 각지에서 강제 부역에 끌려 나왔다가 부상 당하고 병들어 허덕이며 고향길로 가다가 굶어서 길가에 쓰러져 죽는 이가 자꾸 늘어만 갔다. 행기스님은 그와 같은 행려병자들을 구제하느라 계속해서 무료 숙박시설인 '포시옥'(布施屋)을 새로이 지어 나갔다. 그동안에 생가의 에바라지(家原寺)며, 신호우지(神鳳寺), 온코우지(恩光寺) 등등 벌써 사찰도 여러 곳에 지어 나갔다.

조정의 실권자인 대납언 등원불비등은 오우미태수(近江太守)인 아들 등원무지마려(藤原武智麻呂, 후지와라노 무찌마로, 680~737)와 함께 본격적으로 행기스님 탄압에 나섰다. 그들은 행기스님의 신도가 기하급수적으로 증가하는데에 불안이 몹시 커졌던 것이다. 그 당시의 행기탄압 법령은 이른바 「승니령」(僧尼令, 717년 4월 23일)이었다.

이때 왕실은 백제여성인 겐쇼우(元正) 천황(715~724 재위)이었다. 겐쇼우 여왕의 조칙으로서 내려진 「승니령」은 노골적으로 행기스님을 거명하면서, 비방하는 내용마저 담긴 장문(長文)의 것이었다(『續日本紀』卷第七, 本文)

일본의 관찬 역사책인 『속일본기』(권7)에 따르자면, 행기스님을 '소승행기'(小僧行基)라고까지 비하하며 행기와 제자들의 탁발 등 모든 옥외 활동에 제재를 가하는 탄압을 계속했다. 그 뿐 아니라 행기스님과 제자들을 체포해서 감옥에 가두었다는 것이 『원향석서』(元亨釋書)에 다음과 같은 기사로서 전하고 있다.

「행기는 옥에 갇힌 사미승을 구출했으며, 자기 자신도 감옥에 있는 몸이면서 밖의 거리에 나와서 설법하면서 다녔다. 옥리(獄吏)는 이 사실을 알려 천황이 사면하게 되었다.」

이와 같이 행기스님은 이적(異蹟)을 보이므로써 더욱 성인(聖人)으로 추앙받게 되었다. 그 뿐 아니라, 쇼우무(聖武) 천황(724~749 재위)이 왕위에 오르자, 쇼우무천황은 행기스님의 덕행과 불법(佛法)에 감화받아, 행기스님을 공경하기에 이른다. 더구나 행기스님이 빈궁한 농민들을 위해 벌여온 관개사업을 본으로 삼은 것은 이른바 '삼세일신법'(三世一身法)이라고 하는 농민들에 대한 선정(善政)이기도 하다.

이 삼세일신법이란, 농민이 스스로의 힘으로 개간한 땅은 개인의 소유로써 아들과 손자의 3대까지 물려줄 수 있는 은전(恩典)이었다. 감히 개인이 농토를 소유할 수 없었으나, 자신이 개간한 땅에 한해서만은, 3대가 마음껏 개인의 땅으로 경작해서 곤궁을 면하게 선정을 베풀게 된 것이다.

행기스님은 계속해서 도처에다 보시원이며 수도장(修道場)과 사찰을 지어나갔다. 농민들을 위해서 다리도 놓아주고 연못도 파주었으며, 뚝을 쌓아주는 등 관개사업도 계속해서 펼쳐 나갔다.

그 무렵 신라에서 고승인 심상대덕(審祥大德)이 초청되어 나라땅 다이안(大安寺)에 건너와 설법하고 있었다. 또한 심상대덕은 서기 740년 10월 8일부터는 백제인 양변(良弁) 스님의 콘쇼우지(金鍾寺)의 강원에서 신라의 화엄불교를 강설하게 되었다.

『행기보살 탄생총』 석비.
에바라지 경내.

　드디어 행기스님은 서기 738년부터는 조정에서 '행기대덕'(行基大德)으로서 찬양받게 되었다. 또한 이 시기에 행기스님과 심상스님이 서로 만나 친교하게 되었다. 그것은 머지 않아 나라땅에 '토우다이지'(東大寺, 752년 개창)라는 역사적인 대가람 건설에 이 두 스님이 성인(聖人)으로서 참여하는 계기가 된 것이기도 했다.

　서기 743년, 행기대덕의 연세 76세 때였다. 쇼우무천황은 행기대덕에게, 토우다이지 건설과 비로자나대불의 주조를 도와달라고 소원한다. 행기대덕은 일본 전국의 제자와 신도들에게 천하에 으뜸가는 비로자나대불의 조성에 시주해줄 것을 요청하였다. 그러자 전국 각지에서는 시주가 물밀 듯 나라땅으로 밀려 왔다.

토우다이지 가람의 높이 16미터 19센티의 거대한 금동불상은 행기대덕을 존중하는 제자와 신도들의 시주로서 이루어지게 된 것이다.

지금 나라시 토우다이지 대불전(大佛殿)의 비로자나대불이라는 큰 부처님은 행기대덕이 아니면 이룰 수 없는 대업이었다. 행기스님의 요청에 호응해서 그 당시 신도들이 시주한 내용의 기록은 다음과 같다.

재목을 시주한 사람은 5만1천590명, 나의 제의에 호응해서 공사에 무보수로 참가한 인부는 166만5천71명, 금전을 시주한 사람 37만2천75명, 기술인력 51만4천102명이었다.」(行基『造寺材木知識記』).

『토우다이지요록』(東大寺要錄)을 보면, 비로자나대불을 주조한 사람은 백제조신 국골부(國骨富)의 손자인 조불장관(造佛卿) 국중마려(國中麻呂)였다는 것이 기록되어 있다. 그러나 오늘의 토우다이지에 가보면 그와 같이 백제인 국중마려가 불상을 만든 사실은 단 한 가지도 표시가 되어 있지 않다. 심지어 성인 행기스님에 관한 것도 토우다이지에서는 밝히려들지 않을 정도이다.

서기 745년 78세때 행기스님은 쇼우무천황에 의해 일본 역사상 최초의 대승정(大僧正)으로 추대되었다. 또한 쇼우무천황은 749년에 행기대승정 앞에서 머리를 깎고 출가하여 승적에 들었다. 그 해에 행기대승정은 82세를 일기로 입적했던 것이다.

일본 속의 한국 문화유적을 찾아서

일본땅 백제들판의
백제사(百濟寺) 삼중탑

일본땅의 행정구역 '백제'

오늘날 일본 정부는 우리 나라의 '독도'(獨島)를 가리켜 일본 영토 '타케시마'(竹島)라고 공공연하게 주장하고 있다. 실제로 일본정부의 건설성 문서에도 독도를 타케시마로 주장하면서, 일본의 섬 6,852개의 하나라고 밝히고 있는지는 벌써 오래다(建設省國土地理院『全國都道府縣市區町村面積調』(1994).

그런 반면에 이와 같은 일본 속에, 지금도 행정구역이 '백제'(百濟)로 되어 있는 고장이 아직도 있다. 일본정부는 메이지유신(서기 1868년) 당시에 그 옛날부터 지켜 온 나라(奈良)땅의 '백제강'(百濟川, くだらかわ) 이름은 없애버리고, 그 대신에 '증아강'(曾我川, そがかわ)으로 강이름을 변경시켰다.

「백제간이우체국」

　'백제강' 즉 '쿠다라카와'를 '소가카와'로 바꾼다해서, 나라시대의 백제인 지배의 역사가 딴 것으로 변할 수는 없을 것이다. 역사의 실체 그 자체는 절대로 바뀔 수 없는 내용이다.

　그런데 옛날 백제강이 흐르는 터전에 '쿠다라'(백제) 지명이 아직도 있어 눈길을 모은다. 즉 현재의 행정구역 명칭 '코우료우쵸 쿠다라'(廣陵町 百濟)가 일본 나라땅에 실재하고 있는 이 고장은 고대 일본을 지배했던 백제의 옛날 왕도(王都)의 한 곳으로서 매우 중요한 역사가 담긴 지역이다. 그 위치는 일본 나라현(奈良縣 北葛城郡)에 속하는 고장이다.

　이 곳 쿠다라(백제)에는 그 옛날 백제사(百濟寺, くだらじ)의 삼중탑(三重

塔)이 지금도 옛모습을 보이며 우뚝 서 있다. 이 백제사 삼중탑이 서 있는 마을에는 '쿠다라 간이우편국'(百濟簡易郵便局)이라는 한자 이름을 가진 '백제우체국'도 그 아담한 모습이 마치 옛날을 몹시 그리워하고 있는 것만 같아 보인다.

백제의 옛 가람터전의 쿠다라 삼중탑 앞에는 자그마한 '쿠다라지 공원 (百濟寺公園)도 새로히 단장되어 있어서, 나그네의 마음을 아늑히 감싸주고 있다.

우선 이 곳을 어떻게 찾아가면 될 것인지부터 밝혀두자. 일본의 오오사 카(大阪)에서, 또는 쿄우토(京都)에서, 각기 이 곳으로 찾아가게 된다. 전철을 타면 되는데, 반드시 '킨테쓰'(近鐵)라는 전철의 '급행'(急行) 전철로 일단 '야기'(八木, やぎ)까지 가야 한다.

우선 쿄우토에서 야기까지 가는데는 쿄우토의 '킨테쓰 전철'역에서 '킨테쓰 카시하라선'(近鐵橿原線)을 타면 된다. 쿄우토에서 야기 전철역은 37번째 정거장이 된다.

오오사카에서는 '킨테쓰' 쓰루하시(鶴橋)역에서 '킨테쓰 오오사카선'(近鐵大阪線)으로 '사쿠라이역'(櫻井驛)까지 가서, 사쿠라이역 앞에서 '쿠다라지'(百濟寺) 앞까지 가는 소형버스를 타도 된다. 사쿠라이역으로부터 쿠다라지는 거리가 사뭇 멀다.

야기역에서 '백제사 삼중탑'에 가기 위해서는 약 20분 거리의 택시편을 이용해야 찾아가기가 쉽다. '백제사앞'(쿠다라지마에, 百濟寺前)까지 가는 버스는 현재 버스 운행이 1시간에 1대 정도이며, 그나마 오전 9시에서 10시 대와 오전 12시에서 오후 1시대에는 운행하고 있지 않다(서기 2002년 1월 현재). 왜냐하면 이 고장 일대는 워낙 광활한 백제들(百濟野, くだらの)의 큰 들판이어서, 주민이 적고 백제사 삼중탑 앞에 백제 마을이 있을 정도이다.

백제인 비다쓰천황의 왕궁 터전

그 옛날 백제들판 한 복판을 가르면서 오늘도 '백제강'은 흐르고 있다. 비록 이름은 '소가카와'로 바뀌었으나, '쿠다라카와'는 비옥한 들판을 흠뻑 적시면서 남녘으로 유유히 흘러가고 있다. 지금의 이 소가카와의 다리 몫을 건너서 가면 거기 대로변의 전주 드높이 '쿠다라'(百濟) 지명의 도로 표지가 선명하게 부착되어 있다.

우선 그 '백제'라는 한자 글씨의 행정 구역의 지명은 나그네에게 낯선 일본땅에서 여간 정겨운 광경이 아닐 수 없다. 바로 그 언저리 어귀의 넓은 터전에 '쿠다라지마에'(百濟寺前, 백제사 앞)라는 명칭의 버스정류장 터전이 휑하니 큼직하게 자리잡고 있다.

그 앞에서 곧장 서쪽을 바라보면 거기 우뚝 치솟은 백제사 삼중탑이 나그네의 눈길을 향해 정답게 손짓하듯 역사의 우렁찬 말발굽소리라도 금시 울려 올 것 만 같다.

이 터전이야말로 우리 한국인에겐 결코 잊을 수 없는 오랜 왜나라 터전 백제왕가의 유서깊은 옛고장이기에 말이다.

일본역사의 제30대왕으로 되어 있는 것은 백제인 비다쓰천황(敏達天皇, 572~585 재위)이다.

그 당시는 '비다쓰왕'으로, 또는 '비다쓰대왕'으로 호칭되었던 분이다. 비다쓰천황이 백제인이라는 것은 『신찬성씨록』(815년 편찬)에 역사기록이 있다는 것을 앞에서 지적했다.

일종의 일본 왕조실록인 『부상략기』(扶桑略記,14C)를 펴보면 비다쓰왕, 즉 비다쓰천황이 이 고장에다 '백제대정궁'(百濟大井宮)을 지었다는 기사가 전하고 있다.

백제대정궁이라는 왕궁의 이름을 보면 이 들판 어딘가에는 어김없이 궁궐을 짓고, 큰 우물도 팠던 유적이 있을 것이다.

저명한 역사지리학자였던 요시타 토우고(吉田東伍, 1864~1918) 박사는 그의 명저 『대일본지명사서』(大日本地名辭書, 富山房, 1900)에서 백제대정궁 터전이 그 옛날 이 고장에 있었다고 다음과 같이 밝혔다.

　「백제대정궁 터전은 야마토국(大和國)의 히로세군(廣瀬郡)의 쿠다라(百濟)
　이다.」

즉, '야마토국 히로세군 쿠다라는 지금의 나라현 코우료우쵸 쿠다라(廣陵町百濟)이다'는 것을 현대의 사학자 세키 아키라(關晃) 교수도 지적하고 있다(『日本書紀』岩波書店, 1979).

백제인 비다쓰천황이 오늘의 코우료우쵸우 쿠다라 땅에 그 옛날 세웠다던 왕궁터전은 모름지기 백제사 삼중탑이 있는 그 일대 어딘가였을 것이다. 지금부터 벌써 1천4백여년 전의 옛날 일이기 때문에, 그 궁전 터가 아직 발견되지는 않았으나, 머지 않아 언제인가 그 터전이 발견될 것을 기대하면서, 우리 또한 그 고고학적 규명을 위해 모두 힘쓸 것을 감히 독자 여러분에게 제언하는 것이다.

비다쓰천황의 궁궐터의 발견은 가망이 있다고 본다. 왜냐하면, 지난 1999년 5월에, 백제인 죠메이 천황(舒明天皇, 629~641 재위)의 '백제대궁'(百濟大宮) 옛터전이 사쿠라이(櫻井市)시의 키비(吉備) 연못터 부근에서 발굴되기 시작했기 때문이다(홍윤기 『일본천황은 한국인이다』 효형출판, 2000).

나라땅 '코우료우쵸우 백제'(廣陵町百濟)의 도로간판 '百濟'가 있는 이 근처에 '백제사 3중탑'이 있다.

　이 사쿠라이시의 키비 연못터는 '코우료우쵸우 쿠다라'로부터 동남쪽으로 직선 거리 약 8킬로미터 지점이다. 이 곳 키비 연못터 일대에서는 1997년 2월 27일에, '백제대사' 터전이 발굴되어 세인을 경탄시켰다. 왜냐하면, '백제대사' 터의 발굴은 『일본서기』의 역사 기사를 입증했기 때문이다.

　비다쓰천황의 친손자가 다름아닌 죠메이천황이라는 것을 밝히면서, 또한 죠메이천황도 왜나라땅에서 그의 친할아버지 비다쓰천황처럼 '백제대궁'과 '백제대사' 등을 건설한 자세한 발자취를 일본 역사책에서 직접 살펴보기로 하자.

한줄기에 함께 핀 2송이 연꽃

『일본서기』 죠메이천황 7년 7월 7일 기사는 다음과 같다.

「백제 손님에게 조정에서 향응을 베풀었다. 이 달에 이상한 연꽃이 '쓰루기못'(劍池)에 피어 있는 것을 발견했다. 한 개의 줄기에 두 송이의 꽃이 함께 피어 있다」

이 기사는 본국인 백제와 왜나라의 나라땅 백제인 왕실이 쌍둥이 나라이고 형제 국가인 것을 상징하는 것이라고 본다. 이 '쓰루기 못' 즉 '검지'는 지금도 옛날 그대로 나라의 아스카(飛鳥) 지역에 있다. 지금의 명칭은 '이시카와 못'(石川池)이다.

이 곳 쓰루기못이 있는 이시카와 지역은 비다쓰 천황 당시에 최고대신이 된 백제인 소아마자(蘇我馬子, 소가노 우마코, 550~626)등 백제 귀족들이 살던 옛터전이다.

특히 이 곳은 소아마자가 백제 불교를 중흥시키기 위해서 몸소 자신의 저택을 사찰로 개축한 이시카와정사(石川精舍)가 있던 옛날 터전으로도 유명한 곳이다. 지금 이 이시카와정사 터가 보존되고 있다.

죠메이천황 11년(서기 639년) 7월의 『일본서기』는 다음과 같이 매우 중요한 기사를 쓰고 있다.

「7월에 조칙을 내려서, 가라사대 '금년에 대궁(백제궁)과 대사(백제사)를 만든다'고 밝혔다.

백제강(百濟川) 기슭을 궁터로 삼았다. 서쪽 백성들은 대궁을 만들고, 동쪽 백성들은 대사를 지었다.

12월 14일. 이 달에 백제강 기슭에 9중탑을 세웠다.

12년 10월에 백제궁으로 이사하였다(是月徙於 百濟宮).

13년 10월 9일에 천황은 백제궁에서 붕어했다. 18일에 궁의 북쪽에 빈소를 만들었다. 이것을 '백제의 대빈' 이라고 한다(十三年冬十月己丑朔丁酉, 天皇崩于 百濟宮, 丙午, 殯於宮北, 是謂百濟大殯)」(『日本書紀』).

이와 같이 죠메이천황은 몸소 백제대사와 백제궁을 짓고, 백제궁에서 살다가, 백제궁에서 서거한 뒤, 본국인 백제 왕국의 3년상인 '백제 대빈' 으로 국상을 치르게 되었다.

이 '백제왕실 3년국상' 기록은 『일본서기』에 죠메이천황의 왕비였으며 여왕으로 등극했던 코우쿄쿠천황(642~645 재위)이 여왕 2년 9월 6일에, 오시사카릉에다 죠메이천황을 안장시킨 것으로서 밝혀져 있다.

코우쿄쿠천황은 비다쓰천황의 증손녀였다.

그러므로 남편인 죠메이천황의 조카딸이었다. 이 당시는 왕실의 근친 결혼이 크게 성했었다. 비다쓰천황의 경우도 배다른 친누이동생을 왕비로 삼았던 것이 일본 역사에서도 유명하다.

일본 역사상 최초로 서기 572년에 백제강이 흐르는 터전에 '백제궁' 을 지었던 비다쓰천황을 본떠서 그의 친손자인 죠메이천황도 서기 640년에, 역시 백제강 서쪽에다 백제궁을 짓고, 백제강 동쪽에는 백제대사를 세운 것이었다.

이와 같은 일본 역사의 발자취야말로 서기 5세기초부터 백제인들이 오오사카 땅이며 나라 땅(야마토)에서 왜나라를 지배한 역사의 흐름을 보여

백제사공원 옆에 '백제사 3중탑' 이 우뚝 서있다.

주는 것이다.

● '백제사 삼중탑' 숨기는 일본 관계자들

비다쓰천황의 왕궁인 '백제대정궁'이 있었던 그 역사의 터전에, 지금은 백제사 삼중탑만이 우뚝 선 채 그 옛날의 역사를 말해주고 있다. 여기서 굳이 지적하자면, 저자가 이와 같은 역사를 고증하기 이전까지 일본에서는 일본역사의 '백제궁'에 관한 것을 지금까지 누구도 구체적으로 논술하여 밝히지 않았다.

그 점은 비단 백제 뿐 아니라, 일본 안의 신라와 고구려의 사적들도 숨기기에 힘쓴 것을 역시 똑같이 살피게 하고 있다.

일본 사람들이 숨기는 것을 우리가 나무라기에 앞서서, 그런 역사의 사실(史實)을 지금까지 제대로 찾아내지 못한 저자 스스로도 반성할 여지가 있음을 깨달으며 자괴하는 바이다.

저자가 이 글의 서두에, 백제사 삼중탑이 있는 코우료우쵸우 쿠다라의 행선지 교통편 설명을 상세하게 한 것은, 일본 여행을 하게될 독자들께서 가능하면 이 지역을 두루 살펴보시라는 뜻에서이다.

그러면 이제, 일본 학자들의 잘못된 처사와 또한 양식 있는 학자의 비판도 차례로 살펴보기로 한다.

일본의 국보와 문화재를 소개하는 이름하여 『국보·중요문화재 안내』(國寶·重要文化財案內)가 있다고 앞에서 예시한 바 있다. 일본 국가가 지정한 일본 전국의 국보와 중요문화재들이 빠짐없이 기록 설명되고 사진까지도 곁들이고 있다.

백제사 3중탑 앞의 게시판. 중요문화재 · 화기엄금하라고 써있다.

그렇다면, 나라땅의 '코우료우쵸우 쿠다라'의 일본 중요문화재인 '백제
사 삼중탑'도 실려 있는가. 없다. 전혀 언급조차 되어 있지 않다.

이 책은 일본의 삼대 일간신문의 하나로 꼽히는 이른바 『마이니치신문
사』(每日新聞社)가 출판했다. 더구나 그 편저자는 일본의 내노라하는 저명
한 건축사학자 오오타 히로타로우(太田博太郎, 1912~) 씨와 미술사학자
마치다 코우이치(町田甲一, 1916~) 씨다.

오오타 히로타로우 씨는 토우쿄우대학 건축학과 출신이며 같은 학과의
교수로서, 특히 일본고대 사찰건축 연구로 손꼽히는 건축사학자이다. 또
한 마치다 코우이치 씨는 토우쿄우대학 미술사학과 출신이며, 토우쿄우
교육대학 미술사학 교수로서 일본고대 미술사학자로 지명도가 높은 존재

백제사 3중탑 주변의 '백제' 마을(廣陵町百濟). 그 옛날 이 곳 어딘가에 제30대 비타쓰천황의 '백제대정궁'(百濟大井宮)이 있었다고 한다.

이다.

그와 같은 전문 사학자들이 공동으로 편찬한 책에, 어째서 꼭 들어 있어야 할 나라땅 백제들판인 '쿠다라노'의 '백제사 삼중탑'에 관한 항목 자체가 송두리째 빠져 있는 것일까. 이 백제사 삼중탑이 일본정부가 지정한 국가 중요문화재가 된 것은 일찍이 서기 1906년(메이지 39년)의 일이다.

그들 두 학자가 의도적으로 『국보 · 중요문화재 안내』 책에 넣지 않았다고 하는 사실은 일본의 저명한 사학자 미즈노 아키요시(水野明善) 교수가 그의 연구론에서 다음과 같이 비판하고 있는 것으로도 잘 알 수 있다.

「백제사 삼중탑에 관한 것을 전혀 다루고 있지 않은 사실은 마이니치신문

사에서 발간한 『국보 · 중요문화재안내』에서 살필 수 있다. 야마토의 들판 지대에는 그 이르는 곳마다 호우류우지(법륭사)등 각 사찰의 명탑(名塔)을 살펴볼 수 있다. 그런데 그 들판의 한복판에 우뚝 서있는 유일한 탑은, 그 고장에 지금도 쿠다라(백제)의 이름을 가진 마을이 있고, 그 옛날 쿠다라노(百濟野, 백제들판)에 시있는 백제사 삼중탑(중요문화재) 뿐이다. 그러나 이 책에서는 그 옛날 백제 도래인들과 뗄래야 떼어 놓을 수 없는 이 백제사 삼중탑이 무참하게도 묵살당하고 있는 실정이다」(「古代の朝鮮 渡來人をめぐって. 學問水準と常識 」1973).

미즈노 아키요시 씨는 비단 이 백제사 삼중탑과 『국보 · 중요문화재안내』책에 관해서만 언급하고 있는 것은 아니다. 미즈노 씨는 일본의 각 중요 문화기관들이 출판한 문화재 관계 서적들이 한국고대의 일본 문화재들에 관해서 의도적으로 그 항목들을 빼어버리고 누락시켜 외면하고 있는 일련의 사례들을 상세하게 연구 조사하고 있으며, 그와 같은 일본문화계 관계자들의 무책임한 처사에 일침을 가하고 있다.

기회를 마련하여 미즈노 아키요시 교수의 연구론을 번역해서 독자 여러분에게 알리고자 한다. 여기서 한 가지 또다른 곳의 백제사(오우미 지역)를 항목에서 빼버린 사례만은 더 밝혀 두자. 미즈노 씨는 일본의 공공기관인 '일본교통공사'(日本交通公社)가 발간한 대형 『전국여행안내』책자의 처사를 다음과 같이 비판하고도 있다.

「일본교통공사의 『전국여행안내』(全國旅行案內, 1970년 10월 첫인쇄) 책은 총 1600쪽에 달하는 큰 책이다. 그러나 실로 주도하게라고 말하기 보다는, 주도 이상 철두철미하게 신경을 써서 조선도래인(朝鮮渡來人)뿐 아니라,

나라땅 '코우료우쵸우쿠다라'(廣陵町百濟)의 '백제사공원'

이른바 '귀화인'에 관한 사항에 독자들이 눈길을 끌지 못하게 하도록 철저한 대비를 했다.

오우미(近江)의 명승지 코토우삼산(湖東三山)의 하나인 쿠다라지(百濟寺, 백제사)는 항목 그 자체가 빠져 있을 뿐 아니라, 숫째 다루지 조차 않았으며, 심지어 백제사가 코토우삼산의 하나라고 하는 것 조차 밝히려 하고 있지 않다. 이것이 일본교통공사가 가장 새로히 냈다고 하는 대표적인 간행 서적의 내용이다. 실로 공사(公社)라는 본색을 있는 그대로 들어 내고 있는 실정이다」(앞 연구론).

미즈노 아키요시 씨는 수많은 고대한국의 일본문화재들이, 그 밖의 박물관이며 여러 문화기관 등과 저명 출판사의 출판물에서 배제되어 있는 사항을 낱낱이 예시하고 있다. 또한 그는 일본 저명 출판사들의 한국 관련 역사 기사를 왜곡한 처사들도 상세하게 지적하고 있으나, 지면 관계상 그의 한 마디만 전하면서 다음 기회로 미루기로 하겠다.

「일본고대사에서 조선을 새삼스럽게 묵살하려고 하는 태도는, 일본이 제2차대전 이전의 '황국사관'에서 뿐 만이 아니고, 전후(1945년 8월 15일 이후)로부터 오늘에 이르기까지 끊임없이 계속되어 오고 있는 실정이다」(앞 연구론)

여기 부기해 둔다면, 독자들 중에는 "일본에는 「백제사」라는 절이 도대체 몇군데나 있느냐?"하고 저자에게 묻고 싶은 분들도 계실 줄로 안다.

일본에는 지금 현재도 '쿠다라지'(백제사)라는 이름을 가진 터전은 6곳, 즉 여섯군데에 이르고 있다. 물론 고대에는 더 많은 백제사 터전이 있었다.

히라카타시(枚方市)의 백제사에 관한 것은 앞에 소개한 바 있거니와, 야마토의 백제사는 백제대사와 함께 두 곳이 있으며, 오오사카 난바(難波)의 백제사 터전, 오우미의 백제사, 나가노시의 백제사(지금의 명칭은 善光寺, 젠코우지) 등을 살피게 하고 있다. 이것은 고대 백제가 최초로 서기 538년, 일본에 불교를 포교했으며, 백제인 왕실의 왜나라 지배의 발자취를 동시에 살피게 해주는 것이다.

또한 신라사·고려사(고구려 사찰은 일본 역사에서 '고려사'(〈高麗寺〉)로서 표기해 왔음)의 발자취들도 현재 일본 여러 곳에 있다. 그런데 특히 신라의 경우는 '신라사'(新羅寺))며 '신라신사'(新羅神社)와 '카라쿠니신사'(辛國神社)라고 하는 이름을 가진 신사들이 여러 곳에 많다는 사실도 우리는 주목해야만 한다.

현재도 신라 관계 신사의 이름을 가진 터전은 10곳에 이르며, 계족사(鷄足寺)의 이름을 가진 신라사(新羅寺) 사찰도 3곳을 헤아리게 된다.

신라신사가 일본 각지에 산재하고 있는 내용이 지금까지 우리 나라에 전혀 알려지지 않은 것도 사실이다. 신라신사가 그토록 지금도 많이 있다고 하는 것은, 일본신화(日本神話)의 주신(主神)들이 신라신(新羅神)을 주축으로 이루어져 있다는 것을 거듭 주목해야 할 것이다.

일본 속의 한국 문화유적을 찾아서

나라(奈良)땅의 백제불교와
백제대사(百濟大寺)

—사쿠라이시(櫻井市) 키비연못터에서 발굴

저자는 이런 말을 쓰고 싶다. 즉 "일본땅을 파면 한국이 나온다"고.
지난 1997년 2월 27일에, 일본 나라현(奈良縣) 사쿠라이시(櫻井市)의 '키비
연못터' 부근에서는 고대의 '백제대사(百濟大寺)'의 옛터전이 발굴되었다.
이 터전을 발굴한 것은 일본의 나라 국립문화재연구소 발굴조사단이다.
그 이전까지는 '백제대사'가 서기 639년에 세워지게 되었다고 하는 역사
(『일본서기』 등)의 기사만이 전해 왔었다.

그러던 것이, 나라국립문화재연구소의 고고학자들이 백제대사의 옛 가
람 터전을 발굴해내서, 그 실체가 입증이 된 것이다. 발굴된 백제대사의 금
당 받침대는 남북의 길이가 약 27미터이고, 동서의 길이는 약 36미터이다.

이와 같은 발굴에 대해서 일본의 저명한 불교사학자인 다무라 엔쵸우(田村圓澄) 교수는 이렇게 말했다.

"아스카(飛鳥, 592~645)시대의 사찰들 중에서, 유일하게 사찰터를 알길 이 없었던, 백제대사의 옛터전을 발견한 것은 일본불교사 연구에 있어서 획기적인 성과이다."

어째서 백제대사의 옛터전이 발견된 것이 일본 불교역사 연구에 있어서 획기적이라고까지 다무라 씨가 지적하는 것인가. 실은 그 사찰을 세우도록 어명을 내린 죠메이천황(舒明天皇, 서명천황, 629~641 재위)에 관한 기사가 입증된 것을 가리키는 것이다.

죠메이천황이 나이 49세에 서거하자, 백제대궁 북쪽에 빈소를 모셨는데, 이 빈소를 '백제대빈'이라고 명칭을 붙인 것은 죠메이천황이 백제인왕이었던 사실을 잘 나타내고 있다.

마유즈미 히로미치(黛弘道)

백제 왕도였던 지금의 나라현 '사쿠라이' 시의 '키비' 지역 도로 안내표석.

제34대 죠메이천황의 백제궁과 백제대사 터전의 상징인 '키비 연못' 옛 터전.

교수는 『일본서기』의 죠메이기(舒明紀)의 주해(註解)에서, 「여기서 말하는 빈소(백제대빈)는 그 의식(儀式)을 성대하게 거행한 것을 의미하는 것이라고 본다」고 지적했다.

죠메이천황의 친할아버지였던 비다쓰천황도 나라땅에 '백제대정궁'을 지었다. 그런데 죠메이천황은 역시 백제여인 스이코여왕(推古天皇, 593～628)의 친손자이기도 하다. 그는 스이코여왕이 서거한 뒤에 자기의 친할머니를 뒤이어서 왕위를 계승했던 것이다.

죠메이천황의 어명으로 서기 640년에 지었던 국립사찰 백제대사의 옛 터전이, 지난 1997년 2월 27일에 발견된 것은, 백제불교가 나라땅에서 가장 큰 열매를 맺었던 것을 입증하는 것이다. 또한 우리는 소아마자(소가노

1997년에 키비 지역에서 제34대 죠메이천황의 '백제대사' 터전을 발굴하고 '백제궁' 터를 발굴 중인 '나라국립문화재연구소'의 발굴현장의 천막(필자 촬영).

우마코) 대신과 스이코여왕이 일본 나라땅에서 백제불교 국가를 건설한 큰 발자취들을 이제부터 차분하게 하나하나 살피지 않으면 안될 것이다.

스이코여왕은 즉위하자마자, 불교를 위해서 국가의 역량을 총동원하기 시작했다. 그것이 즉위 원년(서기 593년)에 아스카땅에서 건설중인 법흥사 경내에다 부처님 진신사리를 모신 찰주(刹柱)를 세운 일이다. 그리고 고구려에서 모셔 온 혜자스님 밑에서 충실하게 불경공부를 해온 조카인 '마구칸왕자'(성덕태자)를 태자로서 책봉한 것도 불교 중흥을 위한 등용이었다.

성덕태자가 나니와에다 세운 사천왕사의 터전은 아라하카(荒陵)이다. 이미 모노노베노 모리야 일당을 완전히 멸망시킨지 5년 째가 되었을 때 사천왕사를 창건한 것이었다.

『부상략기』의 기록(서기593년)에 의하면,

「아라하카 연못 깊은 속에는 항상 청룡이 살고 있으면서 불법(佛法)을 지켜주었다. 그로 인해서 탑을 세웠는데, 탑의 심주속에는 부처님 사리 6알을 모시고 있다. 금당에는 금동구세관음상을 안치했는데, 이 불상은 백제에서 보내 온 것이며, 백제국왕이 서거했을 때 추모해서 만든 불상이다. 그 때 불상과 경론 법복니(法服尼, 법복을 입은 여승)도 건너왔다」

는 내용이 전하고 있다.

지금의 호우류우지의 '구세관음상'이 백제에서 보내 온 초기에는 나니와의 사천왕사에 안치했던 것을 말한다. 구세관음상에 관한 호우류우지 고문서(『성예초』)의 내용과 일치한다.

또한 본국 백제로부터 백제인 여승이 직접 왜나라로 처음 건너 온 것은 서기 593년이라는 것도 『부상략기』가 전하고 있다. 즉 백제니(百濟尼)가 직접 포교를 위해서, 성덕태자가 세운 나니와의 사천왕사로 건너 온 것이다. 그 당시 백제니가 백제로부터 사천왕사에 건너 올 때 백제 위덕왕(554~598 재위)이 '금동구세관음상'을 보낸 것을 잘 알 수 있다. 그런데 소아마자 대신이 백제 사신에게 간청하여 아스카에 살고 있던 백제인 소녀 선신니(善信尼) 등 사미니 3명을 모국 백제에 가서 수학하도록 보내었으며 그들 셋이 백제로 건너가 수계를 받고 백제로부터 왜나라로 돌아온 것은 서기 590년 3월이었다.

참으로 다행이랄까, 때마침 근년에 '백제니'가 왜나라 오오사카(나니와) 땅에 건너 왔었다고 하는 고고학적인 발견이 있었다.

그 옛날 '백제니사'(百濟尼寺)가 있었다는 것이 입증된 토기마다 '백니'(百尼)·'백제니'(百濟尼)라는 글씨가 쓰인 것들이 1997년에 발굴되었다.

「7월 29일(1997년)에 오오사카의 텐노우지구(天王寺區, 천왕사구) 사이쿠타니(細工谷) 유적에서 백제 비구니 사찰이 존재 했었음을 입증하는 그릇(토기) 1백여점이 출토되었다. 출토된 항아리 등에는 '백제니'(百濟尼) 또는 '백니'(百尼) 등의 글자가 먹글씨로 쓰여져 있다. 그것은 이 고장에 백제 비구니 사찰이 있었음을 증명하는 것이며, 사찰의 건립시기는 서기 7세기, 아스카(飛鳥) 시대로 추정된다」

이와 같이 백제니가 건너 와서 사천왕사 근처에 니사(尼寺)를 짓고 살았던 것을 오오사카교육위원회가 발표한 바 있다.

그런데 완전한 형태로 발견된 토기는 30여점이며, 2개의 항아리(지름 26cm · 높이 18cm)에 '백제니'와 '백니'라는 먹글씨가 있고, 5개의 접시

일본 속의 한국 문화유적을 찾아서

고대에 '백제강'(百濟川)으로 불렀다는 『일본서기』의 기록을 안고 흐르는 이 강이 지금은 '소가강'(曾我川)으로 이름이 바뀌었다.

(지름 16~20cm)의 바닥면에는 '백니사'(百尼寺)와 '백니' 등의 먹글씨가 쓰여져 있다.

이 백제니의 그릇 등이 발굴이 된 사이쿠라니 유적에서 불과 5백미터 쯤 동쪽에는 백제사찰로 추정되는 도우가시바지(東ヶ芝寺) 사찰 옛 터전이 있기 때문에, 그 당시 백제에서는 일반 사찰과 이웃해서 비구니 사찰을 함께 지었던 것으로 추정되기도 한다. 그 점을 그 당시 쿄우토대학 교수 우에하라 마히토(上原眞人) 씨는, 「사찰을 비구니 사찰과 함께 건축하는 것은 백제의 사찰 제도를 모방한 것으로 보이며, 이번 토기 발굴은 사찰 제도 연구에 귀중한 자료가 될 것」이라고 지적을 하기도 했다.

한일동족 입증하는 고대 일본왕실 족보

고대 일본왕실에서 서기 815년에 편찬된 것이 이른바 『신찬성씨록』(新撰姓氏錄)이다. 이 『신찬성씨록』이야말로 누가 뭐라고 해도 도저히 숨길 수 없는 한일동족의 고대 일본왕실 족보이다. 더 구체적으로 지적하자면 이 고대 족보에 의해서, '한일동족설'은 말할 것도 없고, 고대 한국인들이 일본의 정복왕이요, 지배자들이었다는 것을 문헌적으로 살필 수 있다.

우선 『신찬성씨록』이란 어떤 내용의 책인지 간략하게 살펴보기로 하자. 이 책에는 그 당시 왕도였던 쿄우토(京都)를 중심으로 나라(奈良), 오오사카(大阪) 등등 이른바 경기(京畿, 近畿라고도 부름)지역의 1천1백82 성씨(姓氏)를 기록했다.

약 천2백의 성씨는 3개 분야로 구별해서 기술하고 있다. 첫째는 왕실의 계보인 황별(皇別) 왕족 성씨들이 등장한다. 두 번째는 이른바 천신(天神)의 후손인 신별(神別)의 씨족들이다. 세 번째는 제번(諸蕃)이라고 해서 신라, 백제, 고구려인들의 성씨가 등장한다. 여기에는 중국인 성씨도 나타난다.

이 제번의 성씨는 천2백의 성씨의 약 32%인 387개의 가문의 성씨들이 기록되고 있다. 하라시마 레이지(原島禮二) 교수는 그의 연구론에서 "조선인으로 왜나라에 건너 온 도래씨족(渡來氏族)은 『신찬성씨록』의 약 32%를 차지하고 있다"(「分布한 大陸渡來氏族」1974)고 한다.

물론 하라시마 씨가 지적하는 것은 『신찬성씨록』의 제 3부인 「제번」만을 가리키는 것이다.

그런가하면 와타나베 미쓰오(渡邊三男) 교수는 그의 저서 일본의 성씨(『日本の苗字』, 1965)에서 『신찬성씨록』의 제 3부인 「제번」의 한국인 성씨는

일본 속의 한국 문화유적을 찾아서

『신찬성씨록』에 수록된 전체 성씨중 약 28% 강(强)이라고 했다.

이와 같은 일본 학자들의 지적만을 살피더라도, 우선 『신찬성씨록』에 기록이 된 고대 한국인 귀족(지배자)들은 전체의 약 3분의 1이 된다.

물론 9세기 초였던 이 무렵 일본의 수많은 모든 평민과 천민들은 누구도 전혀 성씨가 없었다. 그 당시 고대 한국인 계열이 지배했던 왜나라 땅에서의 성씨는 왕족·귀족·승려 등 한국인 지배 세력자 가문에만 계승된 것이었다.

일본인들이 처음으로 성씨를 만든 창씨는 메이지유신 이후 즉 19세기 말경인 서기 1875년 2월부터의 일이다(佐久間英 『日本人の姓』 1972). 이 때에 전체 일본인의 약 95%가 비로소 처음으로 성씨를 짓느라고 일본 천지를 떠들썩하게 했던 것이기도 하다(洪潤基 「일본인들의 姓氏고찰」 『月刊朝鮮』 1997·8).

일본 학자들은 애써 『신찬성씨록』의 한국인 지배자들의 성씨를 제3부의 「제번」 항목에만 크게 치중시켜, 한국인은 『신찬성씨록』 전체의 약 32%라느니, 약 28% 강이라고들 내세운다.

그러나, 그들은 제1부위 「황별」의 성씨들도 거의 모두가 한국인 왕족들이라는 사실은 어째서 언급조차 하지 않는지 그 까닭을 알 수 없다. 어디 「황별」의 한국인 왕족들 뿐이런가. 제2부의 「신별」 성씨도 거의 다 한국인 신족(神族)들로 열거되어 있다.

일본 학자들은 누가 이 『신찬성씨록』을 편찬했는지 과연 알지 못한다는 것인가. 이 역사 계보는 한국인 정복왕조의 백제인 왕족과 조신(朝臣)들이 편찬한 것이다. 오늘에 와서 일본인 학자들이 애써 제3부의 「제번」만을 중심으로 한국계를 내세우는 그 심정만은 이해가 간다.

하기는 그 당시 일본의 지배 계층 씨족 약 천 2백의 가문의 3분의 1 정도가 한국인이었다는 것만으로도, 한일 동족설은 움직일 수 없는 역사적 사실이다. 그러나 제 1부의 「황별」과 제 2부의 「신별」도 거의 다 한국인들의 씨족이라는 것을 살필 때, 일본의 지배자였던 고대의 한국인들은 절대 다수며 우위의 입지에서 일본 선주민들과 연차적으로 계속해서 혼혈이 이루어진 것을 이제 누구도 부인할 수 없을 것이다.

『신찬성씨록』을 쓴 것은 칸무천황과 백제인 왕족

『신찬성씨록』의 제1부를 간략하게 검토해 보기로 한다. 우선 누가 썼는지 편찬자부터 살피는 게 순서가 될 것이다. 서기 815년(弘仁 6년) 7월 20일에 중무경(中務卿) 만다친왕(萬多親王, 788~830) 등이 이 책을 썼다고 그 서문에서 만다친왕 스스로가 밝히고 있다.

『신찬성씨록』의 대표 집필자인 만다친왕은 칸무천황의 제 5왕자이다. 그러므로 만다친왕은 두말할 나위 없는 백제인인 것이다. 아버지 칸무천황(781~806 재위) 자신도 『신찬성씨록』 편찬에 앞장섰으나 이 왕실 족보는 백제인 칸무천황의 사후 10년만에 완성된 것이었다.

『신찬성씨록』의 제 1부인 제 1질(第一帙)의 최초로 나오는 분은 식장진인(息長眞人)이다. 식장진인은 바로 백제인 왜나라 정복왕이었던 오우진천황(5세기 전후)의 후손이라고 밝혀져 있다. 이 분을 필두로 해서 역시 오우진천황의 후손인 산도진인(山道眞人) 등등 모두 344명이 등장하고 있다. 이들의 대부분은 신라인과 백제인이다.

서기 815년 당시의 일본국의 왕도인 헤이안경(平安京, 지금의 쿄우토땅)에 이들 백제인 왕족들이 퍼져서 살고 있었던 것이다. 신라는 이미 3세기

경에, 신라인 스진천황(崇神天皇)이 일본 최초의 정복왕이 되었던 것이다.

토오쿄우대학의 에카미 나미오(江上波夫) 교수는, 일본의 정복왕인 스진 천황은 고구려계의 가야 사람이라고 하면서, 그는 4세기 초엽에 가야땅에 내려와 그 지역을 지배하다가, 바다를 건너와서 일본의 정복왕이 되었다 (『騎馬民族國家』1994)고도 했다.

신라인 스진천황은 틀림없는 일본 초대왕이다(홍윤기 『일본문화사』 서 문당, 1999, 참조 요망). 그리고 그의 왕자가 스이닌천황(垂仁天皇)이며, 스 이닌천황의 왕자가 케이코우천황(景行天皇)이다.

이와 같은 3대의 신라인 왕들이 3세기에서 4세기 초경까지 오늘의 나라 (奈良)땅에서 왜나라를 지배했던 것이다. 앞에서 살폈듯이 에카미 씨는 스 진천황의 정복시대를 4세기 초라고 했으나 저자와는 약 2세기의 차이가 난다.

그 이후 왜나라 땅에서는 백제인 오우진천황과 그의 왕자 닌토쿠천황의 시대가 지금의 오오사카(나니와, 난바)땅에서 이루어지면서 백제인 정복왕 의 시대로 이어지는 것이다.

이 백제인 왕가는 끊임없이 이어지면서 왕도(王都)는 6세기를 전후해서 이번에는 나라 땅으로 옮겨진다. 그러나 그 후 근기(近畿)지방이며 쿄우토 땅으로 옮겨 간 것이 8세기 말인 서기 794년부터의 칸무천황 시대이기도 하다.

비타쓰천황이 백제왕족이라는 역사 기록

그러기에 『신찬성씨록』이 성립된 당시에는 아무래도 「황별」(왕족)에 백

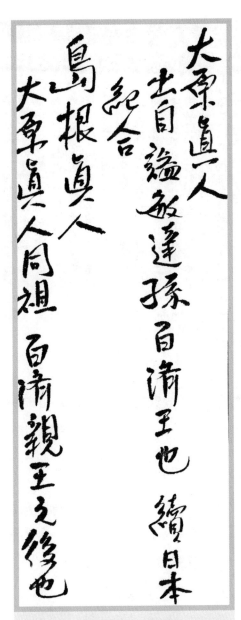

大原眞人
出自謚敏達孫百濟王也 續日本
紀合

島根眞人
大原眞人同祖 百濟親王之後也

제30대 비타쓰천황(敏達, 572~585)이 '백제왕
족' 임을 입증하는 『신찬성씨록』(新撰姓氏錄, 서기
815년 왕실편찬)의 기사.

백제인 죠메이천황이 백제강 옆에 9중탑을 세웠으며, 백제대사를 백제 3중탑이 있는 지역(코우료우쵸우 쿠다라)으로 옮겼다는 '백제사' 안내판

제인 왕족들이 압도적으로 많았다. 『신찬성씨록』에서 백제인이라는 것이 구체적으로 나타나고 있는 백제인왕은 비타쓰천황(敏達天皇, 서기 572~585년 재위)이 대표적이다. 즉 다음과 같은 기사가 실려 있다.

「대원진인(大原眞人)의 출신은 시호(諡號)가 비타쓰(敏達, 민달)천황인 그의 손자 백제왕(百濟王)으로부터이다. 『속일본기』(저자 주·일본의 관찬역사책, 서기 797년 편찬)와도 일치하고 있다」(『新撰姓氏錄』左京皇別).

대원진인 뿐 아니고, 노진인(路眞人) 역시 '비타쓰(민달)천황의 왕자인 난파왕(難波王) 후손' 이라는 것 등등 백제인 비타쓰천황의 직계의 후손만

하더라도 모두 15개 가문이 차례로 밝혀져 있다.

현대의 『신찬성씨록』 연구의 권위학자로 정평있는 사에키 아리키요(佐伯
有淸) 교수는 '대원진인은 비타쓰천황의 후손인 백제왕족'이라고 하는 대
목에 대해서 다음과 같은 내용의 상세한 해설을 하고 있기도 하다.

「대원진인은 비타쓰천황의 증손자이다. 비타쓰천황의 황자는 언인황자(彦人皇
子)이며 그의 아들은 백제왕(百濟王, 저자 주·일본역사에서는 백제왕족을 말함)이
다. 비타쓰천황의 손자인 백제왕의 아들의 속성(俗姓)이 대원씨(大原氏)이다. 또한
백제강(百濟川, 나라땅 소재) 강변에다 백제궁을 짓고, 그 백제궁에서 살다가 서기
641년에 붕어한 죠메이천황(舒明天皇, 서기 629∼641년 재위)은 '백제천황'(百濟
天皇)이라고도 호칭되었을 것으로 본다. 그렇다고 한다면 백제왕의 아들이던 대원
진인은, 뒷날의 '백제천황'인 죠메이천황에게 그의 왕손의 계보가 연결되었다고
본다」(『新撰姓氏錄の硏究』 1981).

즉 비타쓰천황의 친손자가 백제왕족의 호칭인 '백제왕'으로 불리우고
있었다는 것은 비타쓰천황이 백제인왕이라는 것을 입증한다. 실제로 비타
쓰천황도 나라의 대정(大井)땅에서 '백제대정궁'(百濟大井宮)을 지었다(『扶
桑略記』 13세기경 편찬). 왜나라 역대왕들 중에서 최초로 '백제궁'을 지었
던 것이 비타쓰천황이다. 그리고 두 번째로 '백제궁'을 백제강 강변에다
지은 것은 죠메이천황이다.

『신찬성씨록』의 '황별' 편에는 이르는 곳마다 '백제왕'·'백제친왕'(百濟
親王)·시호 비타쓰·시호 죠메이·시호 텐치(天智)·시호 텐무(天武) 천황
등등 백제인 혈통의 왕호와 왕족 이름들이 거듭하여 줄줄이 나타난다.

따지고 본다면 이 『신찬성씨록』이 편찬된 서기 815년 당시까지 오우진

천황과 닌토쿠천황으로부터 백제인 왕가는 장장 4백 여년간 왜나라를 지배하면서 칸무천황시대에 이른 것이다. 그 뿐 아니라 칸무천황으로부터 오늘의 아키히토천황(1989~현재)에 까지 이어져 오고 있는 것이다.

두말할 것도 없이, 고대 신라인, 백제인, 고구려인들은, 왜나라 터전으로 진출해서, 왜땅을 지배하는 가운데 본의든 타의든 간에 한일 동족 혼혈의 역사를 형성해 온 것이었다.

나라땅에 세운
아스카노데라(飛鳥寺)

—6세기에 백제인들이 일으킨 불교 성지

일본의 역사와 문화를 살피기 위해서는 일본 불교가 이루어진 발자취를 먼저 알아야만 한다. 그러기 위해서 우리가 찾아갈 곳이 있다. 그 곳은 일본 나라현의 타카이치군(高市郡) 아스카(明日香,명일향) 땅이다. 이 '아스카'라는 한자 표기는 본래 비조(飛鳥,あすか,아스카)라고 썼었다. 지금도 이 아스카(飛鳥)와 아스카(明日香, あすか)는 함께 쓰고 있다. 이를테면 이 고장 역이름은 '비조'(飛鳥)라고 옛날 그대로 '아스카'(あすか)로 쓰고 있음을 현지에 가면 살피게 된다.

이 유서깊은 아스카 땅에서 백제불교를 눈부시게 꽃핀 인물이 셋 있다. 백제인 소아마자(蘇我馬子,そがのうまこ, 550~626) 대신이 앞장서고, 그의

고대 6세기부터 시작된 백제인의 왕도 '아스카'(飛鳥)의 전철역.

조카딸인 스이코여왕(593~628 재위)과 또한 그의 외손자인 성덕태자 (574~622)이다.

이 삼두마차의 인물들은, 서기 538년에 모국땅 백제에서 일본에 포교시 킨 불교를 반세기 이후인 6세기 말부터 눈부시게 꽃피운 사람들이다. 만약 에 이들이 없었다면 일본 불교는 일찍이 이루어지지 못했을지도 모른다. 왜냐하면 백제의 성왕(523~554 재위)이, 킨메이(欽明)천황(538~571)에게 불경과 불상들을 보내주었을 당시부터 왜나라 조정의 일부 조신들은 불교 를 강력하게 배척했기 때문이다.

급기야 서기 570년에는, 조정의 배불파(排佛派) 우두머리인 물부수옥(物 部守屋, もののべのもりや, 515~587) 대련(大連) 일파가 그 당시 아스카 땅 최초의 향원사(向原寺, 코우겐지)를 습격했던 것이다. 향원사는 최고대신인 소아도목(蘇我稲目,そがのいなめ,505~570)이 백제에서 보내준 불상을 자기 저택으로 모셔다가 왜나라 역사상 처음 세운 사찰이었다. 그러나 배불파인 물부수옥은 부하들을 거느리고 향원사에 침입해서 불상을 부수고, 향원사를 불지르는 훼불을 자행했던 것이다. 때마침 그 당시 소아도목 대신이 죽고, 대신 자리가 비어 있을 때였다.

이런 비참한 꼴을 당한 것은 소아도목 대신의 아들인 19세 소년 소아마자였다. 그는 아직 아버지의 대신 직위를 세습해서 물려받기 전이었다. 그당시는 조정에서의 아버지의 직위를 아들이 고스란히 물려받았다. 이런 훼불난동을 자행하던 물부수옥 대련은 다름 아닌 소아마자의 손위 처남이기도 했다. 그러므로 젊은 소아마자의 처는 물부수옥의 친누이 동생인 물부태원(物部太媛)이라는 여성이다. 이들은 젊은 나이에 두 고관 집안에 의해 연분을 맺었던 것.

그렇다면 무엇 때문에 물부수옥 대련은 사돈의 집인 향원사를 쳐부순 것인가. 종교 때문이었다. 물부 가문은 고대부터 왜나라의 신도(神道)를 받들어 온 집안이었다. 그런데 뜻밖에 538년에 백제로부터 불교가 전해온 것이다. 그 뿐 아니라, 그 불교를 최고대신 소아도목이 앞장서서 떠받든다, 심지어 자기 저택을 향원사로 개조할 정도로 열렬하게 불교를 일으키는 것이었다. 그러자 조정의 신하들도 다수 불교에 동참하게 되었고, 동시에 많은 주민들이 신도(神道)를 버리고 불교로 돌아섰다.

이런 형세에 물부수옥은 극도로 불안을 느끼고 당황한 나머지, 소아도목 대신이 서기 570년 초에 사망한 틈을 엿보아, 향원사를 때려부수고 불지르는 훼불을 자행한 것이었다. 그 후 킨메이천황이 승하하고, 그의 아들 비타쓰천황(敏達天皇, 572~585)이 등극했다.

비타쓰천황이 등극하자 21세 청년 소아마자는 아버지의 뒤를 이어 최고대신이 된 것이다.

실권을 거머쥔 백제인 소아마자대신

소아마자 대신은 비타쓰천황 밑에서 정치적 지반을 확고하게 다져 나갔다. 서기 584년 9월에 백제로부터 가심신(鹿深臣)이 미륵보살 돌부처를 아스카의 백제(百濟)땅 백제대정궁 조정으로 모셔왔다. 좌백련(佐伯連)도 불상을 모셔왔다.

그러자 소아마자 대신이 불상 두체를 아스카 땅의 석천(石川, いしかわ)에 있는 자기 저택으로 모셔갔다. 그리고는 고구려에서 온 혜편(惠便) 스님을 모셔다가 자기 저택을 개조해서 '이사카와정사'(石川精舍)를 만들었다.

자기 아버지 소아도목이 저택에다 향원사를 만든 것과 흡사한 불교 숭앙이었다. 혜편 스님 밑에는 백제인 소녀 선신니(善信尼) 등 3명의 소녀를 비구니 수도생으로서 이사카와정사에서 수도시키는 것이었다.

소아마자 대신은 이듬 해인 585년 2월 25일에는 대야구(大野丘, おおののおか) 언덕위에다 불탑을 세우고 법회를 열도록 했다. 이와 같이 소아마자 대신이 아버지를 계승해서 불교를 다시 일으키자, 처남인 물부수옥 대련은 끝내 참지 못했다.

물부수옥 대련과 그 일당은 이번에도 불탑을 때려 쓰러뜨리고, 이어 아스카의 이사카와정사도 불질렀다. 서기 585년 3월 30일의 사건이었다. 즉 15년 만에 또다시 두 번째로 훼불을 자행한 것이다. 그 뿐 아니라, 비구니 수도생 세 소녀의 법복을 찢고, 곤장을 때리는 등 가혹한 태형을 가했다.

그 해 8월 15일에 비타쓰천황은 병으로 서거했다. 소아마자 대신은 결코

아스카시대의 위대한 지도자였던 백제인 '소아마자' 대신의 저택이자 사찰 '이시카와정사'의 옛 터전.

기회를 놓치지 않았다. 그는 비타쓰천황의 이복동생인 외조카를 요우메이 천황(用明天皇, 585~587)으로 등극시켰다. 요우메이천황에게 소아마자 대신은 외삼촌이었다. 소아마자 대신의 큰누이 견염원은 킨메이천황의 왕 비였던 것이다.

요우메이천황은 본래 병약했다. 그 때문에 왕위에 오른지 2년만인 서기 587년 4월 9일에 승하했다. 성덕태자(마구칸왕자)는 요우메이천황의 왕자 였다. 이 때 성덕태자는 나이 불과 13세의 어린 소년이었다.

바로 이 무렵에 물부수옥 대련은 정권을 찬탈하기 위해서, 혈수부왕자 등과 음모를 꾀하는 것이었다. 킨메이천황에게는 6명의 왕비와 그 사이에 왕자와 공주 등 모두 25명이 있어서, 그 무렵 왕실에서는 왕위계승을 둘러싸고 혼란스럽기도 했던 것이다.

분노한 소아마자 대신은 혈수부왕자를 살해시켜 제거했다. 소아마자 대신은 그를 따르는 왕자들과 또한 나이 13세의 성덕태자 등을 거느리고, 반역을 꾀한 물부수옥 대련의 진지로 쳐들어갔다. 이 전쟁으로 물부수옥은 죽고 그의 세력은 끝내 멸망하고야 말았다.

이제 소아마자 대신은 새로운 왕을 옥좌에 앉혀야만 했다. 소아마자 대신이 요우메이천황을 계승시킨 것은 스슌천황(崇峻天皇, 587~592 재위)이다. 소아마자 대신은 스슌천황에게 역시 외삼촌이다. 소아마자 대신의 작은 누이인 소자군(小姉君)도 킨메이천황의 왕비 중의 하나였다. 즉 소아마자 대신의 두 누이는 나란히 킨메이천황의 왕비가 되었던 것이다.

킨메이천황과 소자군 사이에 태어난 스슌천황. 이제 그는 소아마자가 왕위에 등극시킨 두 번째의 제왕이기도 했다. 스슌천황은 정사를 오래 잘하며, 나라를 제대로 이끌어갈 것인가. 그러나 그도 결코 오래가지는 못했다.

스슌천황을 왕위에 앉힌 소아마자는 본국인 백제로부터 스님들과 수많은 사찰 건축가들을 아스카 땅으로 모셔오는 것이었다. 소아마자대신은 이 터전에서 서기 588년부터 '법흥사'(法興寺, ほうこうじ) 즉 세칭 아스카절(飛鳥寺, あすかのてら)의 건축 공사를 시작하였다. 일본 최초의 칠당 가람의 건설이었다. 이 가람은 장장 8년 간의 공사 끝에, 서기 596년에 완공되기에 이르는 것이다.

아스카절(법흥사)이 착공되어 공사가 4년째로 한창 이어지고 있을 때였다. 그 해인 592년 11월에 스슌천황은 소아마자의 지시로 살해 당하고야 말았다. 이유는 스슌천황이 소아마자 대신에게 큰 불만을 품고, 소아마자 대신을 살해할 계획을 세웠기 때문이다.

한 발 빨랐던 실권자인 소아마자 대신은 이제 그의 손으로 다시 세 번째 천황을 즉위시켰다. 일본 최초의 여왕인 스이코천황(推古天皇, 592~628재위)이다. 소아마자 대신은 역시 스이코여왕에게도 외삼촌이었다. 스이코여왕은 소아마자의 큰누이 견염원의 딸인 공주였던 것이다.

여기 밝혀두자면 스이코여왕은 공주 시절에 배다른 이복 오라비였던 비타쓰천황의 왕비가 되었던 것이다. 즉 스이코여왕과 비타쓰천황은 본래 이복 남매간이므로 그 둘은 근친결혼을 했던 것이다. 비타쓰천황의 어머니는 킨메이천황의 왕후인 석희(石姬)왕후였다.

소아마자 대신은 지금까지 벌써 4년을 계속해 온 아스카절인 법흥사 대가람 공사에 박차를 가했다. 스이코여왕을 등극시켜준 소아마자 대신은, 현재 한창 건설중인 법흥사 경내에다 나무탑인 찰주(刹柱)를 세우는 법요를 거행시키는 것이었다. 서기 593년 1월의 일이었다.

아스카 땅의 대가람 법흥사(아스카노데라)는 이제 백제 불교의 요람으로서, 이 큰 사찰은 왜나라 땅에서 미구에 백제 불교를 꽃피우게 되는 것이다.

일본어의 '데라'는 고구려말 '뎔'이다

백제 여성인 스이코여왕이야말로 왜나라를 불교 국가로 건설한 여걸이었다. 그녀는 등극한 이듬 해인, 서기 593년 2월 20일에, 몸소 불교 번영을 위해서, 「삼보(三寶, 佛法僧)가 크게 일어나 번창하도록 이끄시오」라는 조칙까지 내렸던 것이다. 그 당시에 대해 『부상략기』가 다음과 같이 전하고 있다.

「이 때에 대신 등 모든 신하들은 여왕의 은혜에 보답하기 위해서, 다투어 저마다 불사(佛舍)를 건립하게 되었다. 즉 이것을 가리켜 절(寺,데라,てら)이 라고 부르는 것이다.」

절(寺)이라는 말이 왜나라 땅에 등장한 것이 바로 이 시기이다. 그 당시 '절'을 '데라'로 부르게 된 것이다. 다무라 엔쵸우(현재 九州大學 명예교 수) 씨는 그의 저서 『성덕태자』에서 일본어의 '데라'는 한국어의 '절'에서 생긴 한국어의 전화(轉化)라고 다음과 같이 스이코여왕 2년 부터의 한국식 사찰 건축 붐을 지적하고 있다.

「붉게 칠한 절의 둥근 기둥들이 서고, 또한 하늘로 젖혀지는 듯한 지붕에 다 기와를 얹은 절이, 아스카땅을 중심으로 여기저기 그 모습을 드러냈을 때, 그 당시의 일본 사람들은 무엇이라고 불렀던 것인가. 눈에 익지 않은, 그 러나 여지껏 초가지붕에다 기둥을 땅속에 파묻은 종래의 빈약하기만한 일본 건물하고는 비교도 되지 않는 당당한 이 대가람들을 보았을 때 말이다.
'절'의 어원은 '배례'를 의미하는 한국어의 chyol(저자 주·절한다는 절) 또는 사찰의 찰(刹)의 뜻을 갖는 char의 전화(轉化)로 생각이 되며, 백제 등 의 도래인의 용어가 일본어의 '데라'가 된 것이리라.
사람들은 각지에 세워지고 있는 호족들(저자 주·백제인 부호들)의 절을 가리키 면서, '아스카(飛鳥)의 데라', '이카루가(斑鳩)의 데라', '히노쿠마(檜隈)의 데라'라 고 그 고장의 땅 이름에다 절 이름을 얹어서 각기 불렀던 것이다.
불전(佛典)은 말할 것도 없고, 한자어나 한문 지식을 전혀 갖지 못했던 그 당시 사람(저자 주·왜나라의 선주민들)들에게 있어서, 지명(地名)을 붙여 절이 름을 부르는 것은 당연한 노릇이었다. 그리고 이 통속적인 호칭이 일반화되

백제여인 스이코여왕의 초상화(眞野滿筆).

어 널리 불리우게 되었다.」(『聖德太子』中央公論社, 1994)

이와 같이 일본인들이 '절'을 한국어에서 따서 '데라'로 부르게 된 것은, 서기 6세기말부터 백제 불교가 본격적으로 일본에서 사원 건축을 편데서부터이다.

또한 거기에는 스이코여왕과 소아마자 대신의 적극적인 불교 권장책이 국가정책으로 당당하게 펼쳐진데 기인한다.

저자는 '데라'는 고구려에서 건너 온 혜자(惠慈) 스님 등 고승이 절을 '뎔'이라는 '고구려말'(평안도말)로 부른데 그 연원이 있다고 본다.

아스카절(飛鳥寺, 정식 명칭은 法興寺)의 옛터전에 있는 현재의 아스카절(安居院).

바다에서 떠온 침향목과 관음보살

스이코여왕 3년 봄의 일이다.

「남쪽 바다에서 한 밤중에 큰 빛이 번뜩이고, 흡사 벼락치는 것 같은 소리가 한달이나 계속되었다. 4월 어느날 아와지섬(저자 주·오오사카 앞바다 쪽의 코우베땅에 면한 섬. 淡路島)에 길이 8자가 넘는 둥근 나무둥치가 떠왔다. 그 나무의 향기는 매우 독특했다. 섬사람들은 멋도 모르고 그 나무를 섭에 얹어서 불태워버리려고 했다가 태우지 않고 조정에 갖다 바쳤다. 이 때

6세기 말부터 눈부시게 백제 불교문화가 꽃피우게 되었던 나라(奈良)땅 아스카(飛鳥)의 평화로운 농촌 풍경

235

아스카절 창건 당시에 백제인 조각가 사마
지리(司馬止利,시메토리, 6~7C)가 만들었
다. 1956년부터 아스카절(법흥사) 발굴 때,
땅 속에서 나옴.

성덕태자가 스이코여왕에게 아뢰
기를, 이 나무는 물에 담가둔 침
수향(沈水香)인데, 나무 이름은 매
단향목(梅檀香木)이며 인도 남쪽
에서 자생한다고 보고했다. 여름
날 뱀들이 이 나무를 둘러싸므로
써 나무는 차가웠다. 그래서 사람
들이 활을 쏘았다. 겨울에 나무속
에 파고 들어간 뱀을 꺼냈더니,
그 생김새는 닭의 혀와도 같았다.
그 나무에서 피는 꽃은 정자(丁子)
라고 부르는데, 그 기름은 물에서
도 향기롭다. 물속에다 오래 담가
둔 나무를 침향(沈香)이라 부르고
물에 오래 담그지 않은 것은 천향
(淺香)이라고 한다. 그런데 여왕이
불교를 융성시키기 위해서, 불상
으로 조각하도록 지시하시니, 부
처님이 감동하셨다. 이 나무를 물
에 띄워 운반하여, 여왕이 백제공
(百濟工)에게 칙령으로 불상을 조각토록 하니, 높이 여러자나 되는 큰 관세
음상이 되었다. 요시노산(吉野山, 저자 주·나라현의 불교 터전의 한 곳)의
비소사(比蘇寺)에 안치했더니, 때때로 빛을 번뜩였다」(『부상략기』).

이와 같은 고대 불교사의 기록을 살피더라도 스이코여왕의 '백제 불교'에 대한 열성은 이만저만한 게 아니었음을 쉽게 헤아릴 수 있다.

●

고구려 청암리 금강사터 양식의 아스카절

아스카 땅의 전철역인 '카시하라역'(橿原神宮前驛)으로부터, 차편으로 15분이면 그 옛날 아스카절(법흥사) 터전에 이르게 된다. 날씨 좋은 봄이나 가을철이라면 걷는 것이 더욱 좋을 것이다. 왜냐하면 이 고장 일대의 경관은 우리 나라 부여며 경주땅과 흡사한 정취를 안겨주기 때문이다.

나라(奈良) 분지의 남쪽, 널직한 들판 저쪽 켠으로 나긋나긋 나지막한 산들로 이름난 야마토 삼산(大和三山)의 파노라마를 즐기며 걷기에 알맞은 고장이다. 야기쵸우(八木町)를 중심으로 하는 우네비야마(畝傍山, 199미터)며 아마노카구야마(天香久山, 148미터), 미미나시야마(耳成山, 140미터)의 자그마하고도 아담한 산들은 시정(詩情)을 안겨 준다할 만하다. 왜냐하면 이 고장을 지배했던 고대 백제인들이 읊은 시가인 만요우(萬葉)의 노래(和歌)는 야마토 삼산을 소재로 읊은 명시들이 허다하기에 말이다.

아스카절로 가는 주변의 유서깊은 터전은 하나 둘이 아니다. 소아마자 대신의 '이시카와정사' 옛터전이며 '쓰루기이케'(劍池, 검지), 오카데라(岡寺), 타치바나데라(橘寺) 등등이 산재한다. 아마카시노오카라는 정취어린 산언덕이며 군데군데 무리지는 대나무밭, 그리고 그 밑으로 소근대듯 모여있는 작은 마을들이 살며시 어깨를 들썩인다.

아스카절터가 가까워지면서 그 옛날 스이코여왕의 궁전터였다는 토유라노데라(豊浦寺) 터전은, 동시에 소아도목의 향원사(向原寺, 코우겐지) 터전이기도 하다. 이 유서 깊은 백제 왕실의 옛터전을 끼고 불과 5분 남짓 걸으면 그 곳에 널찍한 아스카절(법흥사) 옛터전이 전개된다.

지난 1956년부터 '나라국립문화재연구소' 연구원들이, 이 법흥사 터전을 발굴한 보고서를 들춰보면, 이 곳에서는 백제 기왓장이며 주춧돌이 발굴되었다는 기록에 가슴이 훈훈히 젖어 온다.

지금 그 터전 한 쪽에는 안고인(安居院, 안거원)이라는 불당이 자리하고 있다. 그 어귀에 '아스카절'(飛鳥寺)이라는 간판이 걸려 있어서, 이 곳이 그 옛날 백제 건축가들이 일본 최초로 주춧돌을 놓고 큰 기둥들을 세우며 대들보를 얹은 기와 지붕의 법흥사(法興寺, 아스카절) 가람의 옛 고장이라는 데 대한 발자취를 느끼게 해준다.

참으로 다행스럽다면, 이 안거원 안에는 법흥사 창건 당시에 주조한 '석가여래좌상'이 모셔져 있다. 백제인 조각가로 유명했던 사마지리(司馬止利, 6~7세기)가 주조한 '아스카대불'이다.

요코야마 코우이치(橫山浩一) 씨는 그의 저서 『아스카발굴사』(1974)에서 다음과 같이 말하고 있다.

「현재의 안거원 본당의 위치가, 즉 옛날 금당(저자 주·법흥사 금당)의 위치이다. 지리불사(止利佛師,사마지리)가 만든 것으로 전해지는 본존(本尊)인 석가여래상은 손상이 심하나, 역시 옛날의 대좌 위에 안치되어 있다는 것이 발굴조사 때 확인되었다.」

지금부터 장장 1천 4백년 전의 석가여래좌상. 오늘도 그 옛날 백제 불교의 생생한 숨결을 여실히 전해주고 있는 석가여래상 앞에서 합장해 본다. 또한 이 절터는 고구려 때 평양 청암리(淸岩里)의 금강사(金剛寺) 옛 절터와 똑같다는 것을 요코야마 코우이치 교수는 조사 보고했다.

「가람의 배치는 일본에서 또한 백제에서도 발견한 예가 없는, 멀리 고구
려 평양의 청암리 옛 절터에서 그 유례를 살필 수 있다. 고도의 기술을 요하
는 이중기단(二重基壇)은 백제의 부여에 그 예가 있으므로 역시 조선 직수입
(直輸入)의 절의 형태라는 것을 알았다.」(앞의 책)

이 유서 깊은 법흥사 터전은 이제 일본 고대의 가장 오래된 불교 가람으
로서, 우리 누구나가 한 번쯤은 찾아가 보아야할 곳이 아닌가 여긴다. 오오
사카에서 텐노우지(天王寺) 지역의 '킨테쓰(近鐵) 아베노바시역'(あべの橋
驛)에서 '카시하라'(橿原)·아스카(飛鳥)행 전철을 타면 된다.
완행과 요금이 똑같은 급행(急行, 큐우코우)을 타면, 1시간 남짓이면 '카
시하라역'에 당도할 수 있으니, 찾아가기 결코 힘든 곳이 아니다.
쿄우토부립대학 사학교수 카토와키 테이지(門脇禎二, 1925~) 씨는 법흥
사 건설에 대해서 다음처럼 평가하고 있다.

「새로운 문화 창출의 출발이 되었으며, 그 권세와 부(富)를 응집시켜 건립
한 것이 아스카절(飛鳥寺, 법흥사)이었다. ① 가람 배치가 고구려 청암리 폐사
와 똑같은 1탑 3금당 양식으로 만들었다. ② 탑의 중심 속의 동(銅), 은(銀),
금(金)의 3중으로 된 사리(舍利) 용기와 그 안에 든 훌륭한 옥(玉) 종류, 또한
탑주 밑에 있던 계갑(桂甲), 도자(刀子) 등, ③ 전형적인 지리양식(止利樣式)
의 석가상, ④ 기와에서 볼 수 있는 백제 양식, ⑤ 기와를 굽는 방법의 변화
며, 석공(石工)에서 보이는 토착공인(土着工人)의 기용 등, 눈길을 끄는 게
매우 많다.

아스카절(법흥사)과 이웃하고 있는 고대 한국신의 사당. '아스카니이마스신사'. 고구려 가면극제 '온다 마쓰리' 가 유명.

거기에다 석무대 고분(石舞台古墳, 저자 주·소아마자 대신의 바윗돌 무덤, 길이 19.1미터, 높이 7.7미터 임)의 축조 등도 첨가시킨다면, 아스카 문화가 전통적이고 기술적인 달성에, 새로운 고구려, 백제, 신라 문화 등 다양한 국제적인 문화 요소를 구사해서 창출했다는 것을 말해준다」(『日本史』學陽書房, 1948).

이 법흥사와 멀지않은 터전에 소아마자의 묘소인 석무대고분이 있고 또한 그 곳에서 머지 않은 곳에는 고구려 고분벽화 무덤으로 유명한 고송총(高松塚,타카마쓰즈카)이 위치하고 있다. 그러기에 기왕의 아스카 지역 관

아스카니이마스신사의 게시판. 'おんだ祭' (온다 마쓰리) 축제(2월 6일) 광고. 이 축제 때는 사자춤 가면놀이패가 마을을 돈다.

광에는 결코 빠뜨릴 수 없는 한 터전 안의 연결 고리와 같은 고대 우리나라 유적지라는 것을 말해 두련다.

법흥사 가람터 동북 쪽 언덕에는 '아스카니마스신사' (飛鳥座神社)가 우뚝 자리잡고 있기도 하다. 이 신사는 해마다 2월 6일이면, '온다마쓰리' (おんだ祭)가 새봄의 아스카 땅을 축제 한마당으로 떠들썩하게 인파를 몰아세운다. 왜냐하면 '사자춤' 패들이 아스카의 온 마을을 돌며 축복을 빌어주기 때문이다. '온다' 는 '한국신이 온다', 또는 '사자춤패가 온다' 는 우리 말의 음을 딴 것 같다.

소아마자 대신의 뜻대로, 서기 592년에 스이코여왕이 등극한 것은, 이제 왜나라가 일본 열도에서 처음으로 국가다운 국가를 이루기 시작하는 것이다.

지금까지는 나라 땅, 또는 오오사카 땅에서 한반도에서 건너 온 지배자들의 정복왕 시대가 이어져 왔다. 그 동안의 권력구조는 법령(法令)을 가진 국가는 아니었다. 그러나 국가의 기틀이 되는 일정한 법률을 가진 국가가 이제 마악 시작되려는 것이다.

백제여인 스이코여왕의 시대에 비로소 일본 역사상 처음으로 법률이 만들어진 것이다. 나라의 아스카 땅에서, 조카딸인 스이코여왕을 등극시킨 백제인 소아마자 대신은, 국가다운 국가를 만드는데 앞장섰다. 그는 왜나라를 완전한 불교국가로 만들기로 한 것이다. 모국인 백제에서 처음 불교가 들어온지 꼭 55년만에, 한창 건설중이던 법흥사 경내에다 찰주를 세운 것은 곧 불교국가가 되었다는 것을, 왜나라 모든 사람들에게 성스럽게 선언하는 일이었다. 그러므로 이 광경을 지켜보는 백성들은 저마다 크게 기뻐했던 것이다.

물론 그것은 시작에 불과했다. 소아마자 대신은 아스카 불교국가의 원대한 꿈을 실현하는 첫발을 이제 막 내딛었을 따름이다. 그는 이른바 '소아왕가'(蘇我王家)의 후계자로서의 성덕태자, 즉 '마구칸왕자'를 스이코여왕의 태자로 책봉케했다.

성덕태자는 왕실 마구칸 근처에서 태어났던 것이다.

소아마자 대신은 이제부터 성덕태자에게 철저하게 백제불교를 가르치기로 했다. 앞으로 법흥사가 준공이 된다면, 이 가람은 바로 왜나라가 불교국가라는 것을 천하에 입증하게 될 것이다. 성덕태자는 어린 시절부터 백제와 고구려에서 건너 온 스님들로부터 불경 공부를 하게 된다.

소아마자는 태자로 하여금 철저하게 불교의 학문적인 깊이를 심어주기

스이코여왕릉을 향해 오르고 있는
저자의 뒷모습(2002.2.12).

로 마음 먹었다. 장차 성덕태자를 보위에 올렸을 때에, 불교의 훌륭한 학문
이 있으므로써, 성덕태자는 불교국가에 걸맞는 훌륭한 군주가 될 것이기
때문이었다.

모국인 백제에서 지난 날 돌아가신 거룩한 성왕과 같은 성군의 뒤를 이
을만한 왕을 만들고 싶었던게 소아마자 대신 그 사람이었다. 지금 백제에
서는 성왕의 뒤를 이은 위덕왕(554~598 재위)이 훌륭하게 불교국가 백제
를 다스리고 있지 않은가. 위덕왕도 부왕인 성왕처럼 일본에 많은 불상과
불경이며, 스님들을 계속해서 보내주고 있으니, 모국의 은혜에 보답하기
위해서도 더욱 공고한 불교국가로 밀고 나가는데 힘쓰는 것이었다.

그러기에 그는 백제의 고승인 혜총(惠聰)스님을 일본으로 모셔오기로 마
음먹었다. 앞으로 2,3년이면 법흥사가 준공이 될 것이다. 소아마자 대신은
법흥사가 완공이 된다면 백제의 고승 혜총스님 뿐 아니라 고구려의 혜자

서기 596년에 백제 건축가들이 건너가서 세운 일본 최초의 7당가람 '아스카절' (飛鳥寺·法興寺) 옛 터전.

(惠慈) 스님도 이 가람에다 모시기로 작정하고 있었다. 절에다, 아니 왜나라 최초의 가람에다 모국의 이름 높은 고승들을 모셔옴으로써, 나라의 기틀이 더욱 공고해진다는 것을 그는 일찍부터 깨달았던 것이다.

소아마자 대신은 이제 성덕태자의 태자 책봉에 뒤이어서 또 하나의 큰일을 거행하게 되었다.

그것은 그동안 어지러운 내정 때문에 미루어 왔던, 성덕태자의 아버지 요우메이천황의 묘지 이장이었다. 천연두에 걸려 젊은 나이에 일찍 세상을 떠난 것이 큰누님 견염원의 아들 요우메이천황이 아닌가. 소아가문의 핏줄이 섞인 최초의 군주였던 것이다.

아버지 소아도목 대신의 큰 뜻이 처음으로 열매 맺은 것이 요우메이천황이었다. 성왕의 한국 불교 수용에 앞장섰던 소아도목. 그는 백제인 킨메이 천황을 받들면서, 자신의 두 딸을 나란히 그 왕에게 바친 것이었다. 그 보람은 있어, 왕과 큰 누님 사이에 태어난 요우메이왕자가, 아들 소아마자 대신의 힘으로 천황이 되었던 것이다. 그러나 요메이천황은 왕위에 오른지 2년 만에 병석에 누운 것이었다.

이 때 나이 어린 마구칸왕자(성덕태자)는 부왕의 병상 머리맡에 쭈그려 앉은 채, 아버지의 쾌유를 부처님에게 기원하며 날마다 밤을 꼬박꼬박 지샜던 것이다. 나이 겨우 13살이었던 마구칸 왕자는 일찍부터 불교의 가르침에 따라 삼보(부처님, 불경, 스님)를 위했고, 부모에게는 또한 효성이 지극했다.

소년의 효심과 돈독한 불교 신앙은 특히 소아마자 대신을 감동시키고 있었다. 향불을 피워놓고 병상을 지키는 마구칸왕자를 바라보는 소아마자 대신은 그 때부터 성덕태자에 대한 신망을 자기 마음속에 뜨겁게 껴안고 있었던 것이다. 이 당시 백제인 불상조각가 사마다수나(司馬多須那)도 마구칸 왕자의 효심에 감탄한 사람이었다. 그는 병상의 요우메이천황이 하루 속히 쾌유하기를 기원하면서 스스로 머리를 깎았다. 사마다수나는 요우메이천황의 병상 앞에 엎드리면서 아뢰었다.

"신은 상감마마를 위해서 출가하여 불교를 수행하겠나이다. 또한 장육불상(丈六佛像)을 만들고 절을 지어 상감마마를 받들겠나이다."
요우메이천황은 슬퍼하면서 큰소리로 엉엉 울었다(『일본서기』).

사마다수나는 곧 나라땅 아스카촌의 사카다(坂田, 판전)에다 판전사를 짓고, 장육불상을 조각해서 봉안하게 되었다. 현재 아스카땅에는 이 판전사

일본 속의 한국 문화유적을 찾아서

절터가 있다. 그리고 절터의 남쪽에는, 판전사의 장육불상(국보)이 전해오고 있다. 이 사마다수나의 법명은 '덕재법사'(德齋法師)이다.

'사마다수나가 백제인이며 불상 조각가'라고 하는 것은 『부상략기』에 자세한 기사가 나와 있다. 저자는 지금부터 이미 1천4백여년이 지난 그 당시의, 사마다수나가 조각한 장육불상을 우러러 보면서, 감개무량했다. 고대 한국인들이 그 험한 동해바다며, 또는 현해탄 등을 건너 일본 고대의 섬나라에 가서, 정복왕조를 이루고, 그 땅에다 우리의 불교를 심는데 기여했던 그 광경들이 현실처럼 마음 속에 떠오르게 되는 터전이 아스카 지역이다.

아스카에서 왜나라의 백제 불교는 날로 번창했다. 누가 불교 중흥의 영웅이었던 것인가. 소아마자 대신이었다. 그는 성덕태자를 조카딸 스이코 여왕의 섭정으로 앉힌 것이었다. 얼핏보기에 소아마자대신과 여왕과 성덕태자는 3두마차 같다. 그러나 아스카(飛鳥) 왕조의 실권자는 소아마자대신이었다. 백제인 목리만치(木ㄲㄲ滿致) 대신의 직계 5대손인 소아마자대신은 이제 본격적으로 불교 국가의 대업을 이루는데 앞장선 것이다.

이 당시를 집약해서 토우쿄우대학 사학교수 이노우에 미쓰사다(井上光貞,1917~1983) 씨는 다음과 같이 지적하고 있다.

「서기 587년에 소아 마자와 물부수옥은 조정을 양분해서 무력투쟁을 벌인 결과, 드디어 소아씨가 승리해서 스슌조가 시작되었다. 그리하여 소아마자가 독재정권을 장악하자, 불교는 삽시간에 융성하기 시작했다. 서기 588년에 백제에서는 영조(聆照)스님 등 승려들과 태량미태(太良未太)등의 사찰건축가며 화공(畵工)·노반박사 등을 보낸 것을 계기로, 법흥사(아스카절, 飛鳥寺)의 건조가 시작되었고, 서기 592년에는 금당과 회랑도 만들었다.」(『日本古代の國家と佛敎』岩波書店,1971).

제33대 스이코여왕(593~628재위)은 백제왕족이었고, 이 터전이 왕궁(豊浦宮)이며 풍포사(豊浦寺)를 이끌었다던 곳. 본래는 코우겐지(向原寺) 터전이기도 했던 아스카의 명소 중의 명소.

　　소아마자대신의 당당한 권력은 스이코여왕을 앞세워 착착 불교국가 건설에 행보를 세차게 내딛어 나갔다. 스이코여왕 3년에 남해바다에서 떠온 매단향목으로 백제인 조각가가 관음상을 만들 무렵에, 백제에서 고승인 혜총(慧聰) 스님이 건너 왔다. 그러므로 나라에는 이미 고구려에서 건너와 있던 고승 혜자(慧慈) 스님 등등, 해를 거듭하면서 한국 고승들이 계속해서 늘었다.

　　혜자스님과 혜총스님은 스이코3년(서기 595년) 11월에 법흥사에 나란히 입주했다. 마침내 법흥사가 준공되었기 때문이다(『日本書紀』 등).

　　그런데 여기서 지적해 둘 것이 있다. 승전인 『원향석서』(元亨釋書, 14세기 초엽 편찬)에 의하면, 백제의 고승 혜총스님은 이미 스슌 2년(서기 588년)에 일본에 건너 왔으며, 소아마자대신에게 계법(戒法)을 일러주었다고 기록되어 있다. 그리고 두 스님은 서기 596년에 함께 법흥사에 입주했다고 전한다.

아좌태자의 그림 입증하는 『반구고사편람』

불교의 새터전 아스카땅에 '아스카절'인 '법흥사'가 준공이 된 것은, 왕실의 경사요, 모국인 백제에서도 보람이 컸다. 이 소식이 전해지자, 백제의 위덕왕(威德王, 554~597)은 왕자인 아좌태자(阿佐太子,6~7C)를 사절로 나라 땅으로 보냈다. 그것이 스이코여왕 5년(서기 597년) 4월의 일이었다(『日本書紀』).

법흥사가 준공되고, 모국 백제로부터 아좌태자가 위덕왕의 축하사절로 아스카의 조정에 찾아드니, 스이코여왕을 비롯해서 소아마자대신과 성덕태자는 크게 기뻐하면서, 아좌태자를 융숭하게 대접했다. 아좌태자는 왕자이면서도 그림 솜씨가 천하에 뛰어났다. 그래서 각별히 친하게 지내게 된 성덕태자의 모습을 그려주었다(法隆寺古文書『斑鳩古事便覽』). 저자는 이 옛날 문헌 『반구고사편람』을 찾아내어 확인했다.

이 그림은 현재 일본 국보로서 유명한, 「성덕태자와 2왕자상」이다. 그림을 보면 성덕태자가 검을 차고 한 가운데 서있고, 좌우로는 2왕자가 서있다. 이 그림은 백제왕자인 아좌태자의 그림으로 유명하며, 현재 일본 궁내청(宮內廳)에 비장되어 있을 뿐인 비공개 문화재이다. 이 그림에서 성덕태자의 초상화를 따서 일본 지폐에 넣었다.

법흥사가 준공된 서기 596년 11월 22일에, 스이코여왕은 신라 진평왕(579~631 재위)에게 사신을 보냈다. 사신은 키시 이와카네(吉士盤金, 길사

반금)이다. 키시 이와카네는 신라인이었다.

신라에 건너 가서 진평왕을 알현한 왜나라 사신 키시 이와카네는 이듬해인 서기 597년 4월에 귀국했다. 그는 진평왕의 선물인 까치 두쌍을 스이코여왕에게 전했다(『일본서기』). 우리나라 길조인 까치를 스이코여왕이 나니와(지금의 오오사카)의 사당이 있는 숲에 풀어서 길렀더니, 나무가지에 둥지를 틀고 새끼를 깟다(『일본서기』). 이 까치가 우리나라로부터 일본에 처음 건너간 까치라고 하겠다.

스이코여왕이 사신을 신라에 보낸 것은 법흥사 준공을 알리는 등, 친선을 도모하여 신라와의 불교 교류 등 국교를 돈독히 하려는 것이었다고 본다. 왜냐하면 그 해 8월에는 신라에서 공작 한쌍을 보내주었고, 스이코여왕은 공작새가 아름답다고 귀여워했다(『부상략기』)는 기록이 있기 때문이다. 우리나라 길조인 까치며 또는 공작을 보내준 것은 법흥사 준공을 축하하는 불교국가 신라의 외교적 친선의 축의였다고 본다.

지금도 아스카 땅에 가면, 남의 나라 땅이라는 느낌이 들지 않는다. 더구나 법흥사 터전에 찾아가면, 사마지리가 조각했던 석가여래상 앞에 머리를 숙이며, 천4백년 전으로의 그 기나긴 역사의 타임머신을 타게 되는 것이다. 그렇듯 아스카 땅에는 아직도 우리 고대인들의 숨결이 생생하게 살아 숨쉬고 있다.

—백제인 소아마자 대신의 가문

'**아**스카'에서 유명한 고대 유적은 거대한 바윗돌 무덤이다. 이른
바 '돌무대'(石舞台, いしぶたい)라고 부르는 이 규모가 엄청나게 큰 바윗돌
무덤의 주인공은 백제인 지배자이다. 그의 이름은 소아마자(蘇我馬子, そが
のうまこ,550~626)다.

소아마자(소가노우마코)야말로 일본의 아스카시대(593~645)의 백제인
영웅이다. 그의 말 한마디에 하늘을 나는 새도 떨어진다고 했다. 그는 손수
세 사람의 천황을 만들었고, 그 중의 하나는 살해시켰다. 소아마자 앞에 결
코 어떤 제왕도 끝내 배겨내지 못했다.

우선 소아마자의 고분으로 유명한 나라(奈良)땅 아스카(飛鳥)의 유적인

'소아마자 대신의 거대한 바위무덤'. 오랜 세월 때문에 큰 봉분의 흙은 벗겨져 버렸다고 한다. 이 큰 바윗돌들 밑에는 훌륭한 석실이 있다. 전장 19·10m, 높이는 7.7m의 거대한 바위무덤 고분이다. 나라(奈良)의 아스카공원에 있다.

'돌무대'를 찾아가 보자. 이 오랜 문화재야말로, 고대 백제의 석재건축의 역사적인 우수성을 깨닫게 해준다. 오늘날의 대형 기중기를 가지고도 만들기 힘들 만큼, 엄청난 크기의 바윗돌 수십 개를 조립해 가지고 만든 횡혈식 묘지이다.

이 돌무대 고분은 그 한변의 길이가 약 20미터나 되는 대규모의 네모 형태이다. 본래는 이 바위 무덤 전체를 흙으로 둥글게 산처럼 드높게 성토해서 덮었던 것이다. 그러나 현재 봉분의 흙은 모두 없어지고, 묘의 내부를 이루는 거석 바위들의 구조물만이 남아 있다. 가장 큰 바위는 한 개의 무게가 약 77톤이나 된다. 고대에 인간의 힘으로 이와 같은 큰 바위를 과연 어떻게 움직였는지, 그 앞에 다가서서 바라보자면 가히 장관이라고 할밖에 없다.

이 돌무대를 봉분으로 만들었던 당시의 성토한 흙은 어디로 가버린 것일까. 그 봉분했던 막대한 흙의 행방에 대해서는 두가지 설이 있다. 소아마자 대신의 가문이 멸망한 뒤에, 그에 대한 앙갚음 때문에 무덤을 파헤쳤다는 것이다. 또 하나는 막대한 분량의 무덤의 흙을 이용해서 중세시대(13~16세기경)에 논을 만드는데다 갖다 썼다는 설도 있다. 소아마자의 돌무대 고분을 덮었던 흙은 방대한 분량이었을 것이라고 한다.

소아씨 가문이 망한 것은 서기 645년 6월 13일의 일이다. 그 날 소아마자대신의 손자인 소아입록(蘇我入鹿, 출생년미상~645)이 정적에게 쫓겨, 끝내 궁지에 몰려서 자결하므로써 소아가문은 망했다. 정적은 중신겸족(中臣鎌足, 뒷날의 藤原鎌足 614~669)이다.

돌무대 고분의 내부는 석실로 되어 있다. 그 생김새는 고대 한국의 횡혈식 석실 형식으로 만든 것이다. 이 돌무대 고분의 내부는 지난 1933년과 1935년, 두 번에 걸쳐서 발굴 조사를 가졌다. 그러나 석실 속에 있어야할 석관은 없었고, 석관의 부스러기들만 나왔다. 누군가가 이미 그 이전에 석관을 도굴한 때문이다. 그 당시의 이 발굴 조사를 담당했던 것은 쿄우토대학과 나라현 고고학 관계자들이었다. 현장 주임은 고고학자인 스에나가 마사오(末永雅雄) 씨였다.

이처럼 거대한 바위돌로서 구성한 고분을 만드는 데는, 그 당시 수많은 인력이 동원된 것을 추측할 수 있다. 수백명의 인부들이 큰 바위돌을 굵은 밧줄로 묶어서 동시에 끌어당기는 등, 장기간에 걸친 공사가 이루어졌을 것이다. 이런 독특한 거석의 묘지를 만들었다는 것은 또한 당시의 소아마자 대신 가문의 세도가 얼마나 컸던 것인지를 오늘에도 당당하게 보여준

나라(奈良)땅의 고대 백제왕실 터전 아스카(飛鳥)의 현관 '아스카역'.

다는 생각마저 들게 한다. 저자는 이 돌무대를 여러 번이나 가서 조사해 보곤 했거니와, 독자 여러분에게도 나라 아스카 지역 여행 때는 꼭 둘러보시기를 권하는 바이다. 이 일대는 돌무대 뿐 아니고 그 밖에 고구려 고분벽화로 유명한 고송총(高松塚, 타카마쓰츠카) 등등 고대 한국 문화의 유적이 매우 많기 때문이다.

왜나라에 건너 가서 득세한 목리만치대신

솟대를 세우고 고대 한국 천신(天神)을 제사지내면서 나라 아스카땅에 군림했던 백제인 정복왕들. 그 중에 대표적인 것은 백제계 여인 스이코여왕(推古女王, 593~628)과 그녀의 윗대인 유우랴쿠천황(456~479)과 케이타이천황(507~531) 등을 들 수 있다. 스이코여왕은 아스카땅에서 불교를 꽃피우면서 왜나라를 불교국가로 만드는데 눈부시게 기여한 왜나라 최초의 여왕이다.

스이코여왕을 왕위에 올린 것은, 그녀의 친외삼촌 소아마자대신이었다. 소아마자 없이는 스이코여왕도 등장할 수 없었고, 또한 백제에서 건너간 불교가 왜국땅에서 고대일본을 불교국가로서 일으켜 세우지도 못했을 것이다.

소아마자 대신이라는 거인이야말로, 아스카시대에 백제불교와 동시에 신라불교, 고구려불교를 모두 수용한 충실한 불교 건설자이다. 그의 당시의 정치적인 공과를 논하기에 앞서서, 이 위대한 고대 백제인이 어째서 오늘에 이르기까지 우리나라에 제대로 알려지지 않았던 것인가. 거기에는 일인 학자들의 은폐도 크게 작용한 것은 사실이다. 그러나 우리가 스스로 반성해야할 점도 적지 않다고 본다.

한일관계 역사에 대해서는 일인 학자들을 들추기에 앞서서, 한국인 학자 스스로가 역사의 사실(史實)을 규명했어야만 하기 때문이다. 일본의 역사 왜곡 뿐 만이 아니고, 날이 갈수록 한일관계 사료들은 그 자취가 사라지고 있는 게 작금의 현실이라는 것도 강조해 말해두고 싶다.

돌무대 고분의 주인공인 소아마자대신. 과연 그는 어떻게 아스카문화의 주도적인 인물로서 등장할 수 있었던가. 이제 우리는 그의 정체를 캐내기 위해서, 그의 집안의 발자취를 거슬러 올라가 보기로 하자. 그의 직계 조상은 앞에서 언급했듯이 백제의 목리만치(木刕滿致)대신이다.

서기 475년 9월에 고구려의 장수왕(413~491 재위)이 3만의 군사를 이끌고 백제로 쳐내려 왔다. 장수왕은 백제의 왕도 한성을 포위했다. 백제의 개로왕(455~475)은 대신인 목리만치에게 문주(文周, 475~477 재위) 왕자를 데리고 남쪽으로 피신하도록 명했다. 사태가 위급했기 때문에 개로 왕은 문주왕자를 떠나보낸 것이었다.

문주왕자가 신라로부터 원병 일만명을 거느리고 한성으로 돌아 왔으나, 이미 때는 늦었다. 성은 깨졌고, 아버지 개로왕은 피살당했으며, 고구려 군사들은 벌써 철퇴한 뒤였다. 여기서 목리만치는 문주왕자를 왕위에 즉위시켰고, 왕도를 남쪽의 웅진(지금의 공주)으로 옮겼다.

그 후에 목리만치대신은 왜나라로 건너 갔다. 목리만치가 처음으로 간 곳은 나니와(難波, 지금의 오오사카)의 석천(石川, いしかわ)땅이었다. 이 석천은 목리만치대신의 혈족이며 백제인 왕실 고관들의 중심지였다. 또한, 왕도 나라의 아스카 땅에도 똑같은 '석천(石川, 이시카와)' 이라는 명칭의 백제인 왕족 터전이 그 무렵에 있었다.

이 당시의 왕도는 나라땅에 있었다. 유우랴쿠천황은 백제에서 목리만치 대신이 건너 왔다는 소식을 접하자 곧 그를 왕도로 초청했던 것이다. 그러잖아도 유우랴쿠천황은 한반도에서 건너 오는 관리들을 늘 환영하며 조정에 등용했던 백제인 혈통의 왕으로 유명했다.

그 점에 대해서 쿄우토부립대학 사학과 교수 카도와키 데이지(門脇禎二, 1925~) 씨는 다음처럼 밝혔다.

「서기 475년에 고구려의 대군이 한성에 내습해 오자, 백제는 멸망의 위기에 이르러 수도를 웅진(공주)으로 천도했다. 백제 고관인 목리만치가 야마토 국가의 조정으로 475~6년 경 건너 온 것은 이와 같은 내외의 역사적 상황 때문이었다. 유우랴쿠천황은 도래해 오는 관리들을 중히 여겼고, 송(宋)나라에 대한 조공책을 계속해서 유지하고 있었다. 목리만치는 백제 관리로서 또한 한반도 현지의 상황이며 삼국(신라, 백제, 고구려) 사이의 관계를 소상하게 잘 알고 있다는 점에서 중용된 것이다. 유우랴쿠천황이 서기 478년에, 송나라 순제(順帝)에게 보낸 유명한 상표문에도, 목리만치대신의 의견이 들어 있었다고 추측해도 좋을 것으로 나는 생각하고 있다」(『飛鳥』 1995)

유우랴쿠천황이 제사지낸 백제왕

백제에서 건너 온 목리마치 대신은 즉시 유우랴쿠천황의 조정에서 대신으로 군림했던 것이다. 이 당시에 목리만치는 나라땅의 백제인 터전인 백제강(百濟川) 지역에서 자연스럽게 백제인 집단의 지배자가 되었다.

이 백제강의 백제인 고장의 옛날부터의 땅이름인 지명은 '증아'(曾我, そが,소가)였다. 이 '증아'를 일본어로는 '소가'라고 읽는다.

유우랴쿠천황 조정의 대신이 된 목리만치는 성씨를 '증아'의 일본말과 똑같은 음의 '소아'(蘇我, 소가,そが)로 바꾸었다. '증아'지역의 백제인들의 지배자로서 '소가'(蘇我)라는 이두식의 한자음이 똑같게 새 성씨를 만든 것이었다.

최초로 왜나라에 한자어를 가르친 백제인 왕인(王仁, 4세기말~5세기) 박사에 의해서, 일본 고대에는 이두식으로 현지의 왜말에 맞춘 한자어의 글자들을 사용하게 되었다.

카나(假名)라고 하는 한자어로 만든 일본어 '카나' 글자도 왕인박사와 그의 후손 등에 의해서 만들어지게 되었다고 일본의 저명한 어학자며 사학자인 오오노 스즈무(大野 晋) 교수는 지적하고 있다(『日本語の世界』①, 1980).

백제 개로왕 때의 목리만치대신은, 이제 왜나라에 건너 가서, 백제강(百

아스카의 시가지. 그 옛날 백제인의 나라 땅 왕도 지역.

濟川) 강변의 백제인 고장(소가)의 지배자가 된 동시에, 백제인 유우랴쿠천
황 조정의 대신이 된 것이다. 이름도 소아(소가)만치(蘇我滿智)로 바꾸었다.

　여기서 한 가지 더 중요한 사실을 밝혀둘 것이 있다. 즉 유우랴쿠천황이
백제인이라는 것을 밑받침하는 점이다.

　　「유우랴쿠천황은 백제가 고구려의 핍박으로 국가가 위기에 처했을 때 구
　　원해 주실 것을 건국신(建國神, 온조왕)에게 제사드렸다」(『日鮮同祖論』,1929)

고 하는 것을 카나자와 쇼우사부로우(金澤庄三郞, 1872~1967) 교수가
지적한 바 있다. 더구나 그 제사를 지낸 것은 고구려의 장수왕이 3만군사

를 거느리고 백제에 처내려와서, 백제의 개로왕이 위기에 빠졌을 때, 백제 건국신 온조왕에게 백제를 구원해 주실 것을 기원하는 제사를 드린 것이었다.

그러기에 유우랴쿠천황은 개로왕의 왕자 문주왕자를 등극시키고, 백제의 왕도(王都)를 웅진땅으로 안전하게 천도시킨 뒤에, 왜나라 백제인 터전으로 건너 오게된 목리만치대신을 왜나라 조정의 대신으로 기꺼이 맞이했던 것이다.

목리만치대신, 즉 소아만치대신은 한반도며 중국(송나라) 사정에 정통했기 때문에, 유우랴쿠천황으로서는 남달리 그의 조력을 필요로 했던 것이다. 그 뿐 아니라 모국 백제의 대신이 건너 오므로써, 나라와 오오사카 등지의 백제인 지도자층의 새로운 리더로서 소아만치의 활약에 기대를 걸었던 것이기도 했다.

소아만치는 유우랴쿠천황의 조정의 대신으로서 공헌하면서 아들의 이름은 소아한자(蘇我韓子)로 지었다. 손자가 태어났다. 손자의 이름은 소아 고려(蘇我高麗)라고 지었다. '한자'는 '한인(韓人)의 아들'이라는 뜻에서였고, '고려'는 백제의 모체인 '고구려'를 가리킨다. 소아만치의 증손자는 소아도목(蘇我稻目,505~570)이다.

소아도목은 킨메이천황(欽明天皇, 538~571 재위)때의 최고대신이다. 소아도목의 아들이 바로 소아마자 대신이다. 그러므로 소아만치는 소아마자의 고조부이다.

소아마자는 이와 같이 백제 개로왕 때의 목리만치대신의 5대손인 것이다. 이 당시는 왕 뿐이 아니고 대신자리도 세습했던 것이다. 소아마자는 비타쓰천황(敏達天皇, 572~585)때에 대신이 되었다. 이 때 나이 불과 21세의 청년이었다.

소아마자 대신의 저택과 석천정사의 옛터전.

   소아마자의 아버지 소아도목 대신은 백제불교를 왜나라에 심느라고 크게 공헌한 인물이기도 하다. 앞(「나라땅에 세운 아스카노데라」)에서 언급했듯이, 조정에는 불교를 극력으로 반대하는 조신들도 있었다. 제2위의 고관이었던 물부수옥(物部守屋, 515~587) 대련(大連)과 중신승해(中臣勝海, 517~587) 등이었다.

   물부수옥 일당은 이른바 국신파(國神派)였다. 불상을 모시는 불교가 성행하자, 이에 큰 불만을 품고 두 번에 걸친 불교 배척의 난리를 피운 것이었다.

   그러나 소아마자 대신은 서기 587년에 물부수옥 세력을 파멸시키고, 머지않아 아스카 땅을 백제불교의 성지로서 건설하게 된 것이다. 그 때가 스이코여왕의 아스카 시대라는 눈부신 한국 불교문화국가의 개막이었다.

사쿠라이시의 성산(聖山)인
미와산(三輪山)

─신라인 스진천황의 고대 제사 터전 '오오미와신사'(大神神社)

나라현의 사쿠라이시(櫻井市)에는 일본 고대의 성산(聖山)인 미와산(三輪山)과 오오미와신사(大神神社)가 자리하고 있어서 이름 높다. 그러나 지금까지 이 미와산이 고대 신라와 연고가 깊은 성산이라는 사실은 알려진 일이 없었다.

미와산은 일본 고대의 신라인 스진천황(崇神天皇, 3C)이 한반도에서 왜나라로 건너 온 대물주신(大物主神)을 제사지내던 유서 깊은 터전이다. 미와산의 제신(祭神)이 곧 대물주신이다. 대물주신의 또 다른 이름은 대국주신(大國主神)이다.

일반적으로는 '대물주신'의 이름보다는 '대국주신'의 이름이 일본 각

나라현 사쿠라이시의 '오오미와신사' 입구. 신라인 스진천황의 옛 터전.

굵은 금줄이 인상적인 곳은 고대 신라신(新羅神)인 '대물주신(大物主神·大國主神)'을 제사드리는 곳으로 일본 역사에도 유명한 터전이다.

신사에서 더 널리 호칭되어 오고 있다.

이 미와산은 산기슭에 오오미와신사(大神神社)라고 일컫는 배전(拜殿)이 있다. 즉 고대부터 미와산 그 전부를 대물주신(대국주신)의 신체(神體)로 삼아 오고 있다. 독자들은 그게 무슨 뜻이냐고 질문하고 싶으실 것이다.

어디서나 신령(神靈)은 사당(祠堂)인 신사(神社)의 본전(本殿)에다 모시기 마련이다. 우리 나라의 사당(祠堂)에서도 역시 신령으로서 위패나 영정을 모시는 것과 마찬가지다. 그러나 일본에서 유일하게 대물주신의 신령은 미와산 산 전체라고 한다. 미와산 산 그 자체가 대물주신의 신체(神體) 즉 신의 몸둥이인 것이다. 따라서 미와산에는 신사의 본전이 없이 다만 제사 드리거나 배례(拜禮) 드리는 배전이 있으며, 그 배전의 명칭을 오오미와신사(大神神社)라고 부른다.

이 곳에 가려면 오오사카의 킨테쓰 · 난바역(近鐵難波驛)에서 '킨테쓰 · 오오사카선' 전철을 타고 사쿠라이시(櫻井市)로 가면된다. 급행전철로 가면 사쿠라이역까지 1시간 20분 정도가 걸린다. 역에서 도보로 15분 거리.

스진천황의 제사와 신라왕자의 도래

3세기경의 왜나라를 다스린 것은 신라인 지배자인 스진천황(崇神天皇)이다(홍윤기 『일본문화사』 서문당, 1999).

일본 역사책이 전하는 스진천황의 발자취를 요약하면 이렇다. 왕 5년에 나라안에는 전염병이 크게 돌아서 죽는이가 태반이 넘을 정도였다. 이듬해가 되자 민심이 흉흉해지고 반역의 무리도 나타나는 따위, 도저히 국가를 덕으로만 다스리기가 힘들었다. 이래서 스진천황은 조석으로 하늘의 신과 땅의 신령(天神地祇)들에게 도와달라고 기도드렸다.

스진천황 7년에 왕은 크게 두려워하면서 신점(神占)을 쳤다. 그러자 백습공주(百襲姬命)를 통해서 신라신인 대물주신(大物主神 · 大國主神)의 신령(神靈)이 스진천황에게 내렸다.

> 대물주신(대국주신)은 신라에서 바다를 건너 와 나라(奈良)땅 미와산(三輪山)에 계시게 된 거룩한 신라신이다(『古事記』).

이름을 흔히 대국주신(大國主神)으로 부르는 등, 일곱개나 되는 많은 이름을 가진 신으로도 유명하다. 천황은 꿈에 나타난 대물주신이 일러주신

일본 속의 한국 문화유적을 찾아서

대로 제사를 모셨으나 별 성과가 없었다. 스진천황은 목욕재계하고 다시 빌었다. 그 날 밤 꿈에 왕에게 대물주신이 또 나타났다.

「왕은 근심할 바 없도다. 나라가 다스려지지 못하는 것은 내 뜻에 따르는 때문이야. 만약에 내 자식 대전전근자(大田田根子, 오오타타네코)가 나를 위해서 제사를 지내준다면 당장 세상이 좋아질 것이로다」(『日本書紀』).

스진천황의 신하 셋도 8월 7일 밤에 똑같은 꿈을 꾸고나서 왕에게 아뢰었다.

「간밤 꿈에 한 귀인이 나타났습니다. 대전전근자를 찾아내어 대물주신을 받드는 제주(祭主)로 삼고, 또한 장미시(長尾市, 나가오치)가 대국혼신(大國魂神, 오오쿠니타마노카미)의 제주가 된다면 반드시 천하가 평화롭게 된다고 했습니다」(『日本書紀』).

천황은 대물주신(대국주신)으로부터 제주(祭主)로 지목된 두 사람을 수소문해서, 두 사람을 모두 찾아냈다. 이들이 제주가 되어 대물주신과 대국혼신을 제사드리자 나라 안은 잠잠해지고, 오곡은 풍년이 드니 백성들은 기뻐했다.

그 후 왕 68년 12월 5일에 스진천황이 붕어했다. 이 때 제3왕자가 즉위한다. 스이닌천황(垂仁)이다. 스이닌천황 3년 3월에 신라의 왕자 천일창(天日槍)이 왜나라에 건너 왔다. 신라왕실로부터 천일창왕자는 옥(玉)과 칼·양날창·거울·'곰(熊)의 신리(神籬, 히모로기)'등 모두 일곱가지 물건을 가지고

사쿠라이시의 '미와산' (三輪山)은 산전체가 신라신 대국주신(大國主神·大物主神)의 신체(神體)라
고 한다.

왔다(「日本書紀」).

곰의 신리(히모로기)란 대나무로 만든 제사드리는 신단(神壇)으로서, 저
자는 이것이 모름지기, 단군(檀君)의 어머니 웅녀신(熊女神)을 모시는 신단
으로 추찰하고 있다.

천일창왕자가 왜나라 스진천황의 왕자 스이닌천왕의 초기에 일본으로
신라왕가의 신보(神寶)인 옥과 거울이며 칼과 '곰의 신리' 등을 가지고 신
라로부터 건너 왔다는 것은 신라왕가와 왜나라 스진왕가와의 밀접한 혈연
관계를 구체적으로 제시하고 있다고 본다.

일본 각지에는 현재도 천일창왕자를 제신(祭神)으로 모시고 제사드리고 있는 신사(神社)들이 여러 곳에 있어서, 그 당시의 신라 천일창왕자의 존재는 왕에 필적하는 신분이었음을 추찰케도 한다. 어쩌면 그가 스진왕조에서 왕위를 계승했던 것인지도 모른다.

신라에서 천일창왕자가 왜나라 왕실로 곰신리(熊神籬)를 모셔 왔다고 하는 것은, 웅녀나 단군(檀君)의 신령으로서 신라인 스진왕조의 신통(神統)을 튼튼하게 세워주기 위해서였다고 보지 않을 수 없다.

그 당시 신라왕실에서 제사를 모시던 신들 중에는 단군의 어머니 웅녀신(熊女神)도 있었다고 추찰한다. 즉 왜나라 정복자인 스진천황이 나라(奈良) 땅의 미와산(三輪山)에다 신라신들인 대물주신과 대국혼신을 모시게된 데 뒤이어서, 이번에는 웅녀신도 함께 모셔야만 한다는 데서 신라의 천일창왕자가 왜나라의 신라인 스이닌천황 3년에 곰신리, 즉 웅녀신단(熊女神壇)과 왕가의 신보(神寶)인 옥·거울·검 등을 함께 모셔왔다고 본다.

더욱 주목이 되는 것은 신라에서 천일창왕자로 하여금 스진천황의 왕자였던 스이닌천황에게 신라 왕가의 신보들을 직접 갖다 주었다는 점이다. 이것은 두말할 나위없이, '스진왕조'가 왜나라를 정복한 '신라인 왕가'라는 것을 승인한 역사적 사실이 아닌가 한다.

고대 한국인들이 천신(天神)의 후손인 천손족(天孫族)이라는 것은, 중국 고대 역사인 『위지동이전』(魏志東夷傳) 등으로도 밝혀진 바 있고, 그 점은 『고사기』의 신대(神代)의 기사 등과 함께 일본 고대사 학자들의 공론이기도 하다.

왜나라 최초의 정복왕인 스진천황의 '숭신(崇神)'이라는 휘(諱, 이름)도 '신을 숭배한다'는 천신 신앙 사상이 구체적으로 내포되어 있다고 본다.

신라로부터 스진왕조 시대인 스이닌천황 때 천일창왕자가 건너 왔는데, 과연 그는 어느 왕의 왕자였을까. 그의 부왕에 대한 기사는 어느 역사서이

신라신 대국주신(또는 대
물주신 등의 이름을 가짐)
의 미와산 신체(神體)의
배전.

고 전혀 나타나고 있지 않다. 그러나 일본의 고대사는 물론이고, 여러 고문
서에는 신라에서 건너 온 천일창왕자에 대한 기사가 여러 곳에 많이 실려
있다.

『고사기』의 경우는, 〈옛날에 신라의 국왕에게 아들이 있었는데 이름은
천지일모(天之日矛)라고 했다. 이 사람이 건너 왔다〉는 등 내용의 기사가
오우진천황조(應神條)에 실려 있다(昔, 有新羅國主之子. 名謂天之日矛. 是人參
渡來也). 또한 『하리마풍토기』(播磨風土記)에도 보면 신대(神代, 신화시대의
옛날)에, 〈천일창신이 한국으로부터 건너왔다〉(天日槍命從韓國渡來)는 기사
가 있다.

'히모로기'는 신단을 가리키는 신라어(新羅語)다

　신라왕자 천일창이 고대 왜나라에 웅녀신단과 신보를 가지고 건너 왔다는 것, 특히 무기인 칼 따위 철기(鐵器) 문화 생산품을 신라로부터 왜나라로 가지고 왔다는 사실은 스진천황 등이 왜나라 섬 땅에 건너가 미개한 선주민들을 정복했음을 입증해 주는 중대한 기사로 보인다.

　더욱이 천신을 제사드리는 웅녀신단인 '웅신리'(熊神籬, 쿠마노히모로기)를 모시고 왔다는 것도 천신 신앙의 문화를 미개한 섬나라 왜의 터전에서 처음으로 펼치면서, 그 엄숙한 과정을 과시하는 신사(神事)가 아닐 수 없었다고 본다.

　그러기에 18세기의 일본의 저명한 고증학자 토우테이칸(藤貞幹, 1732~97)은 그의 저서 『충구발(衝口發)』에서 다음과 같이 신라의 신앙 체계를 밝히고도 있다.

　　신리(神籬, 히모로기)는 후세(後世)의 신사(神社, 사당)이니라. 무릇 신리는 제사 드리는 그 분의 몸으로 삼아 모시는 물건이다. '신리'를 '히모로기(比毛呂岐)라고 새겨서 읽는 것은 본래 신라(新羅)의 말이며, 그 신라 말을 빌려서 쓰게 된 것이다. 천일창이 가지고 온 '웅신리'도 천일창이 조상님을 신주(神主)로 모신 것임을 알아 둘 것.

　이와 같이 벌써 200여년 전에 토우 테이칸 씨는 신라 신도(神道)가 신라로부터 왜나라로 건너 온 것을 입증하고 있는 것이다.

　웅녀신을 제사지내는 신앙은 천손민족인 우리 민족의 고대조선의 '단군

신라신의 미와산 옛 터전인 오오미와신사의 토리이(솟대).

신앙' 인 동시에, 그 발자취를 천일창의 '웅신리' 를 통해 비로소 확인할 수도 있을 것 같다. '신리' 야 말로 일본 천황가의 한신(韓神, 백제신) 및 원신(園神, 신라신) 제사 때의 신전(神殿)의 원형이기 때문이다. 또한 이 제사 때, 역대 일본 천황이 신맞이(迎神) 축문에서 모시려는 '아지매(阿知女)' 여신이 다름아닌 웅녀신' 이 아닌가 한다.

천황궁 제사(祭祀)신악가(神樂歌, 카구라우타)의 「아지매법」(阿知女法)의 축문(招魂詞)에서 〈阿知女 於於於於 於介 阿知女 於於於於 於介 / 於於於於 於介, 아지매 오, 오, 오, 오 / 오게 / 아지매 오, 오, 오, 오, 오게 / 오, 오, 오, 오, 오게〉 하는 경상도말이야말로 고대 신라어(新羅語)로 된 제사 축문(祝文)임을 쉽게 파악시켜 준다(홍윤기 『일본문화사』 서문당, 1999)

우리 겨레가 아득한 고대였던 만주벌판의 부여(扶余) 시대에 천신에게 감사드리며 제사지낸 영고(迎鼓)며, 고구려 때의 동맹(東盟·東明)이나, 예(濊)의 무천(舞天) 등등은 가을 추수가 끝난 뒤에 거행했던 하늘의 조상신 제사 축제였다.

수렵시대 이후 농사를 기본삼게 된 농본(農本) 시대에 가장 고맙고 또한 두려운 존재는 하늘의 천신(天神)이기에 결코 잊지 않고 외경(畏敬)하며 숭앙(崇仰)해 마지 않았던 것이다. 농경 시대는 '햇빛'과 '비'를 잘 내려주는 하늘을 우러렀고, 쇠붙이를 달구어 괭이 따위 농기구며, 또한 전쟁 도구로서 칼이며 창을 만드느라 대장간을 세웠던 것이다.

천일창왕자는 신라땅으로부터 그 중요한 신을 모신 신단인 신리와 전쟁 도구인 칼을 가지고 왜나라로 건너 갔던 것이다. 어디 그것 뿐인가. 왕가의 신보(神寶)인 옥(玉)과 청동으로 만든 거울(鏡)도 가지고 감으로써 왕도(王道)를 이루는 삼박자를 빈틈없이 갖추었던 것이다.

신라에서 가져 온 일본천황가의 '삼신기'

우리가 주목할 것은 미즈노 유우(水野 祐,1928~2000) 교수의 다음 연구론이다. 즉 미즈노 유우씨는 천일창왕자가 스진왕조 때 칼등 신보(神寶)를 가지고 일본으로 건너 간 데 대해서 다음과 같이 지적하는 대목이 있다.

칼(劍)은 옛날부터 일찌기 금속기문화(金屬器文化)를 가지고 있었던 옛 귀화인계(필자 주·고대 한국인들)의 대장깐 기술민집단(鍛冶技術民集團), 이를테면 천일창 기록에 나타나는 것과 같은 신라계 귀화인들의 신보(神寶)였다고 생각한다. '옥'과 거울과 칼이라는 신보를 천황이 갖추어서 갖는데서부터 비로소 주권(主權)의 표상으로서, '삼종(三種)의 신기(神器)'가 성립되기에 이르렀다(『天皇家の秘密』 1977)

　일본천황가가 지금까지 가장 소중히 받들어 온 것이 다름아닌 '삼종의 신기'인 옥과 청동거울과 칼(검)이다. 그런데, 스이닌천황 때 일본으로 '3종의 신기'뿐 아니라, 신성하기 이를데 없는 '곰신라'까지 가지고 건너 간 것이 천일창왕자였다. 그 신보들을 스이닌천황에게 내주었다는 것은, 본국의 신라왕이 스이닌천황을 후왕(侯王)으로서 승인한 것이었다고 본다.

　『하리마풍토기』에서 천일창왕자가 신라로부터 하리마(현재의 兵庫縣 西部)땅으로 건너 왔다는 기사도 있다. 이 경우는 그 당시 천일창왕자가 왕도가 있었던 나라(奈良)땅으로 가서 신보를 스이닌천황에게 넘겨 주고나서, 그의 새로운 정복의 땅으로서 하리마 지방으로 새로히 진출했다고 추찰할 수도 있다.

　그 밖에 천일창왕자의 여러 고장 정복설도 전해오고 있다. 즉 하리마를 비롯해서, 단바(丹波, 지금의 京都府와 兵庫縣 一部) 등을 천일창왕자가 정복했다는 내용이다. 그러기에 이 지역에는 오늘날까지도 천일창왕자를 제신(祭神)으로 모시는 신사(神社)들이 도처에 이어져 오고 있다.

　고대 왜나라에서는 신라인 정복왕 스진왕조(崇神王朝) 이후 차츰차츰 천신(天神)을 제사드리는 신라의 신사(神社)며 신궁(神宮)제도의 기구가 생기게 되었던 것이다. 신궁(神宮)이라는 국가적인 규모의 신전(神殿) 창건(創建)에 관한 기사는 『삼국사기(三國史記)』의 「신라본기(新羅本紀)」에서 처음 나온다.

　신라21대왕인 소지마립간(炤知麻立干, 479~500 재위)은, 〈왕9년(서기

신라인 스진천황(3C경)이 신라신에게 제사 지낸 옛 터전.

487년) 2월에 신궁(神宮)을 내을(奈乙, 나을)에 세웠다. 내을은 시조(始祖)가 처음으로 탄생한 곳이었다〉고 한다. 내을이란 곳은 나정(慶州의 蘿井)이다. 그러므로 시조 혁거세 거서간(赫居世 居西干)의 성지이다.

신라 왕도(王都) 내을에 신궁이 서기 전에는, 신라 제2대왕인 남해차차웅(南海次次雄, 4~24 재위)이, 〈왕3년(서기 6년) 정월에 시조묘(始祖廟)를 세웠다〉(「신라본기」)는 것이 밝혀지고 있다. 또한 제3대왕 유리이사금(儒理尼師今, 24~56 재위) 이하 역대 왕들은 즉위하면 의례히 시조묘를 참배했으며, 신라왕들은 신궁(神宮)이 선뒤로는 정월에 신궁을 참배했던 것이다.

왜나라에서는 신라보다 훨씬 뒷날 신사와 신궁이 서게되지만, 이 왜나라의 신궁이란 신라로부터 천일창왕자가 신단(神壇)인 '히모로기'를 처음으로 왜나라로 가지고간 것에 의해서 사당인 신사(神社)가 섰던 것을 토우테이칸 씨가 지적한 것 등은 주목이 된다.

●

스진천황은 가야에서 건너 온 정복왕설

토우쿄우대학 교수 에가미 나미오(江上波夫, 1906~) 씨는 화제의 저서 『기마민족국가』(騎馬民族國家, 1967)에서 스진천황은 한반도 고구려계 사람으로서, 그는 고구려땅에서 남하하여 남쪽 가야(伽倻)에 살다가 왜나라로 건너온 정복자라고 내세웠다. 에가미교수는 스진천황은 가야에서 떠나서 일본 열도에 건너가서 처음으로 일본땅에서 최초의 정복왕조를 세웠다고 했다.

에가미 나미오는 가야지방 사람들이란 고대에 부여(만주땅)며 고구려, 백제 등처럼 한반도로 남하해서 내려온 천손족(天孫族)이라고 했다. 천손족은 환인(桓因) 환웅(桓雄) 등 '단군신화'의 후손을 가리키는 것이다. 또한 그는 이른바 가야지방의 '임나일본부'와 연관시켜 스진천황이 임나를 본 거지로 해서 일본으로 건너 왔으리라는 것이다. 그러나 '임나일본부설'은 가당치 않은 『일본서기』의 뒷날의 조작이다.

요즘 한일간에 '천황호'가 큰 화제가 되고 있거니와 일본땅 최초의 천황호는 서기 668년부터이다. 오오사카땅의 마쓰오카산(松岡山) 고분에서 출토된 「선수왕후묘지명」(船首王後墓誌銘)의 동판(銅版)이 이를 입증하는 금석문이다. 이 동판에는 백제인 「텐치(天智)천황이 서기 668년 무진(戊辰)년 정월에 즉위」한 사실이 기록되어 있다.

근년(1998년 3월)에 일본 나라땅의 고대 아스카(飛鳥) 터전에서 발굴된 목간(木簡)은 서기 677년의 천황호의 기록이다. 즉 텐치천황의 동생인 텐무(天武)천황 6년, 정축(丁丑)년의 붓글씨 나무패의 기록도 발견되었다. 천황호로는 새삼스러울 게 없으나, 668년 이후의 두 번째 기록으로서의 이 목간의 고고학적인 가치는 크다. 물론 이 당시의 국호도 '일본'이 아니고 왜국(倭國)이었다. 위에서 에가미 나미오 씨의 '임나일본부'와 스진천황을 연관시킨 것은 잘못이라는 것을 쉽게 파악할 수 있지 않은가 한다.

일본 역사에서 천황이라는 왕호를 붙인 것은 최초의 역사책인 「고사기」(古事記, 서기712년 편찬)부터이다. 이 역사책과 두 번째의 역사책인 「일본서기」(日本書紀, 720년 편찬)에서도 모든 왕호를 천황호로 통일시켜 기록했던 것이다.

8세기초에 편찬된 일본 고대의 역사책이기 때문에 텐치천황 이전의 왕들도 모두 천황으로 기사화(記事化) 시켰으나, 본래는 우리 한국과 마찬가지로 '왕' 또는 '대왕'으로 썼던 것임은 두말할 나위도 없다. 그러므로 일본역사 최초의 일본고대의 정복왕인 신라인 스진왕을 스진천황으로 통칭하고 있으나, 엄격하게 말한다면 '스진왕' 또는 '스진대왕'으로 불러야 한다고 본다.

왜나라 초대왕은 다름 아닌 스진왕이다. 즉 신라인이 왜나라 최초의 정복왕인 것이다. 스진왕이 일본 역사책에서는 제10대천황으로 기록되어 있다. 그러나 사실은 「스진천황이 초대이며 이 이전의 9명의 천황들은 허위로 역사책에 써넣은 것이다」(直木孝次郎(『日本神話と古代國家』 1993)는 등, 저명한 사학자들에 의해서 이미 일제치하 때부터 역사책에 허위로 조작된 9명의 천황에 대해 문헌 비판을 해온지 오래이다.

신라신 부부를 모신
야에가키신사(八重垣神社)

—고대 신라화가 거세금강의 인물화

일본의 개국신이 된 신라신 스사노오노미코토(須佐之男命 · 素盞鳴
尊). 이 신라신이 신화(神話)에서 눈부시게 활약한 터전이, 우리나라 동해
(東海) 건너 이즈모(出雲) 땅이다. 이 지역에는 스사노오노미코토와 그의 처
쿠시이나다히매 등 가족들을 제신(祭神)으로 모신 유서깊은 사당이 있다.

현재 이즈모땅(島根縣 松江市 草野)의 야에가키신사(八重垣神社)라는 사당
에서는 스사노오노미코토와 쿠시이나다히매와 그들의 아들신인 오오나무
치노카미(대기귀신 · 대국주신)를 제신(祭神)으로 모시고 제사지내고 있다.

이 신사의 신전 벽에는 스사노오노미코토와 쿠시이나다히매의 벽화가
있어서 유명하다. 더욱 의미심장한 것은, 이 벽화를 그린 분이, 신라인 대

화가로서 헤이안(平安, 794~1192)시대에 활약했던 거세금강(巨勢金剛, 코세노 카나오카, 9C)으로 알려져 있다(神田秀夫 교수). 9세기 무렵에 신라인 거세금강은 일본화단의 거장으로 존경받아 오고 있던 화가이다.

일본신화에 보면 이즈모땅의 이 야에가키신사 터전에서 신라신 스사노오노미코토가 쿠시이나다히매를 아내로 맞이하기 위해서 다음처럼 시를 지었다고도 한다.

팔운(八雲)이 솟는 이즈모(出雲) 팔중(八重)담장 아내 맞으려
팔중 담장 만드네 그 팔중의 담장을

일본어로는 다음과 같다.

やくもたつ いづもやへがき つまごめに
やへがきつくる そのやへがきを

물론 신화시대의 이 시는 뒷날 누군가가 지어서 역사에 삽입시킨 것 같다. 이와 같은 신라신의 시 「야쿠모」(八雲)등이 실려 있는 일본신화는 고대 일본 역사책들이 전하고 있다. 즉 『코지키』(古事記, 712)와 『일본서기』(日本書紀, 720)에는 스사노오노미코토 등 신라신들의 활약상이 다양하게 엮어져 있다. 서기 8세기 초 무렵에 나온 역사책들이다. 또한 8세기 중엽부터는 일본의 각 지방의 역사를 기록한 이른바 『풍토기』(風土記)라는 형태의 풍토 역사책들에도 신화가 재미나게 담겨지게 된다.

그 중의 대표적인 것이 『이즈모노쿠니후도기』(出雲國風土記, 733)라고 하겠다. 이것은 우리나라 신라땅이었던 경상도 지방과 마주보고 있는 동해

야에가키신사의 스사노오노미코토의 벽화. 9C에 신라인 화가 '거세금강' 이 그렸다.

건너쪽 이즈모(出雲) 지방의 지역 사회 역사책이다. 이 풍토기라는 역사책
에는 고대 신라의 분위기가 물씬한 내용들이 그득히 실려 있다. 그런데 최
초의 궁전을 세운 곳은 스가신사(須賀神社, 島根縣 大原郡 大東町 소재)라는
설도 있다.

　여기서 지적하고 싶은 것이 있다. 일본 신화의 주역이 되는 주신들은 신
라신이며, 특히 신라신이 일본 신화의 본바탕을 이루고 있다는 점이다. 이
야기에 들어가기 앞서서 그 대표적인 신을 들자면, 그는 '스사노오노미코
토(須佐之男命)' 라는 신라신이다. 남자인 남신이다.

　「스사노오노미코토신은 신라신이다」라고 밝힌 역사 학자가 그만 토우쿄
우(東京)대학 교수직에서 쫓겨났다. 역사학자 쿠메 쿠니타케(久米邦武,

1839~1931) 씨가 그 장본인이다. 쿠메 쿠니타케 씨는 1891년 10월부터 12월까지 장편의 논문 「신도는 제천의 고속」(神道は祭天の古俗)을 세 번에 나누어 발표해서 일본을 하루 아침에 떠들썩하게 만들었다.

그는 이 논문에서 역대 일본 천황들이 한국 고대의 신들을 모시고 제사를 지내오고 있다는 것을 밝혔기 때문이다.

일본의 국수주의자들은 쿠메 교수를 맹렬하게 논박하면서, 그를 토우쿄우대학 역사학 교수직에서 몰아내고야 말았다. 19C말의 큰 사건이었다. 그러나 쿠메 쿠니타케 씨의 신념에는 변함이 없었다. 그는 그 후 20C초인 1907년에 명저인 『일본고대사』를 펴내면서, 다시금 '스사노오노미코토는 신라신이다' 라고 거듭 밝혔다.

스사노오노미코토가 신라신이라는 것에 대해서는, 이미 에도(江戸)시대인 18C의 문헌 고증학자 토우 테이칸(藤貞幹, 1732~97)씨도 그의 저명한 연구서인 『충구발』(衝口發)에다 그 내용을 기록했었다. 일본 개국 신화의 주신인 스사노오노미코토가 신라에서 건너 온 신이라는 것에 대해서는 현대의 권위있는 일본사학자들도 이구동성으로 신라신이라고 논술해 오고 있다.

좀 더 구체적인 사항, 즉 이 신라신은 고대 신라의 어느 곳에 입지적인 근거를 두고 있었던 것인지, 이 신이 고대 왜국에서 활동했다는 일본의 이즈모 지방과는 또 어떤 연고가 이어지고 있는지 살피기에 앞서서, 우선 스사노오노미코토의 모습부터 알아본다. 『일본서기』에서는 다음과 같이 여러 가지 내용의 설화가 엮어져 오고 있다.

마쓰에시의 '야에가키신사'. 신라신 스사노오노미코토와 그의 처 쿠시이나다히매가 신주(神主)다.

남매로 태어난 스사노오노미코토와 천조대신

남신 '이자나기노미코토'와 여신 '이자나미노미코토'가 하늘의 구름다리에서 서로 만나 이야기를 했다. "이 밑으로 내려가면 나라가 없을리 없겠지요"라고 말하면서 이자나기노미코토는 구슬로 장식한 창을 아래쪽으로 휘저었다. 그러자 거기에는 푸른 바닷물이 넘실대며 펼쳐졌다. 또 한 창끝에서 떨어지는 물방울들이 엉기더니, 이번에는 하나의 섬이 만들어졌다. 그러자 두 신은 섬으로 내려가서, 부부 행위를 하여 자식을 낳기로 결정했다.

첫 번째 아기가 태어났다. 불구의 몸이었다. 3년이 지나도록 일어서지도

신라 여신 '아마테라스오오미카미' (천조대신)가 '히코호노니니기노미코토'에게 벼이삭을 주는 그림(미에현 · 신궁쵸우코관).

못하더니 죽었다. 두 번째로 태어난 아기가 '스사노오노미코토'였다. 이 아이는 용기는 있으나 거칠은 데다가, 잔인한 짓도 태연스럽게 했다. 또한 늘 아우성치며 울어댔다. 많은 젊은이들을 죽게 만들었는가 하면, 심통스 럽게 푸른 산의 나무들을 죽여서 말라빠진 황폐한 산으로 만들기까지도 했다.

『일본서기』에는 첫 대목에 이와 같은 스사노오노미코토의 탄생 설화가 있다. 그런가하면 역시 똑같은 역사책이면서도, 스사노오노미코토의 또 다른 탄생 이야기가 실려 있다.

이자나미노미코토가 불의 신 때문에 화상을 입고 죽었다. 그래서 황천에 간 아내를 찾아갔던 이자나기노미코토는 그런 부정한 곳에 다녀 온 탓으로 맑은 물이 넘치는 여울에 가서 온 몸을 깨끗이 씻게 되었다. 이자나기노 미코토가 왼쪽 눈을 씻자 딸인 '아마테라스오오미카미(天照大神, 천조대신) 가 태어났고, 오른쪽 눈을 씻으니 이번에는 아들인 남신 '쓰쿠요미노미코 토(月讀命)'가 태어났다. 또한 코를 씻자 이번에는 남신인 스사노오노미코 토가 태어났다.

이자나기노미코토는 이 3명의 자식들에게 각기 세상을 나누어서 다스리 도록 임명했다. "아마테라스오오미카미는 하늘나라벌(高天原, 타카마노하 라)를 다스리도록 해라. 쓰쿠요미노미코토는 푸른바다벌(靑海原, 아오우나 하라)을 맡아라. 스사노오노미코토는 천하를 두루 다스려라."

스사노오노미코토는 어느새 나이가 들어 긴 수염을 기르고 있었다. 그렇

야에카키신사의 '쿠시이나다히매'의 벽화. 9C 대화가였던 신라인 코세노 카나오카(巨 勢金剛)의 그림이라고 칸다 히데오(神田秀 夫) 교수가 밝혔다.

지만 천하를 제대로 다스리지 못해서 언제나 징징 울면서 무능한 자신을 원망하고만 있었다. 그 때에 아버지신 이자나기노미코토가 찾아 와서, "너는 왜 늘 울고만 있는 거냐?"고 물었다. 그는 대답하기를, "저는 어머니를 따라서 뿌리의 나라에 가고 싶어 우는 것입니다."라고 말했다. 이자나기노미코토는 아들신을 미워하면서, "하고 싶은 대로 해봐!"라고 하며 쫓아버렸다.

『일본서기』에는 또 이런 대목들이 거듭해서 중복된 기사가 나있다. 즉 다음과 같다.

이자나기노미코토가 세 자식에게 명하기를, "아마테라스오오미카미는 하늘나라벌을 다스리거라. 쓰쿠요미노미코토는, 태양과 나란히 하늘을 다스리도록 하라. 스사노오노미코토는 푸른바다벌을 다스리거라"고 했다. 아마테라스오오미카미는 이미 하늘 위로 올라가서, 동생인 쓰쿠요미노미코토에게, "갈대벌나라(葦原中國)에 보식신(保食神)이 계신 것 같다. 네가 찾아가서 만나 뵙고 오거라"라고 지시했다. 쓰쿠요미노미코토는 명을 받고 하늘에서 내려갔다.

그는 여신인 보식신을 만났다. 그런데 신기한 일이 벌어지게 되었다. 즉 보식신이 목을 돌려서 육지 쪽을 바라보자 그녀의 입에서 밥알들이 튀어 나왔다. 그녀가 또한 바다를 향하자 이번에는 그녀의 입에서 크고 작은 물고기들이 헤엄쳐 나왔다. 다시 다음 번에 보식신이 산을 바라보자 그녀의 입에서는 털을 가진 짐승들이 기어 나왔다.

보식신은 그 여러 가지 것들을 수많은 식탁에다 주욱 진설하면서 쓰쿠요미노미코토에게 대접하려고 했다. 이 때 쓰쿠요미노미코토는 정색을 하면서, "부정한 처사로다. 천박한 짓이야! 입에서 뱉어낸 더러운 것들을 감히 나에게 먹이겠다는 말이지?"하더니, 칼을 쑥 뽑아 보식신을 일거에 쳐죽이

야에가키신사의 최고 신관인 사소우 토시쿠니(佐草敏邦) 궁사(宮司)와 저자(2002·7·13, 촬영). 사소우 궁사는 저자에게 "스사노오노미코토는 신라에서 건너 오신 신입니다"라고 확언했다.

고 말았다.

쓰쿠요미노미코토가 이런 사실을 누님에게 자세하게 보고하자, 아마테라스오오미카미는 버럭 성을 내면서, "너는 못된 신이야. 나는 이제 더 이상 너를 쳐다보고도 싶지 않다!"고 꾸짖었다. 이때부터 아마테라스오오미카미는 쓰쿠요미노미코토하고 서로가 밤과 낮으로 갈라서 버리고야 말았다. 그 때문에 아마테라스오오미카미는 낮에만 사는 태양신이 되었고, 쓰쿠요미노미코토는 밤에만 사는 월신이 되었으며 스사노오노미코토는 지상의 세계를 거느리는 지신이 된 것이다. 『일본서기』 역사책에는 이와 같은 엇비슷한 탄생 설화들이 거듭되며 다시 이어진다.

그 후 아마테라스오오미카미는, 신에게 제사 드리는 쌀 때문에 벼농사를

일본 속의 한국 문화유적을 찾아서

짓는 사람인 천웅인(天熊人, 아마노쿠마히토)을 보식신에게 보냈다. 천웅인이 가보니 보식신은 정말 죽어 있었다. 그런데 그 때 보식신의 머리쪽에서는 소와 말이 태어나서 나왔고, 이마에서는 곡식인 조(粟)가 솟아 나왔다. 그녀의 미간에서는 누에가 태어났고, 눈알 속에서는 역시 곡식인 피(稗)가 솟았으며, 배속에서는 벼가 태어났고, 또한 음부에서는 보리와 콩과 팥이 솟아 나오고 있었다.

천웅인은 그것을 모두 거두어 가지고 돌아와서 아마테라스오오미카미에게 바치니 그녀는 기뻐하면서, "이것들은 백성들이 살아가는데 긴요한 먹을거리구나"라고 말했다. 여기서 비로소 조ㆍ피ㆍ보리ㆍ콩 등을 밭에 심어 종자로 삼았고, 벼는 논에다 심었다. 그 볍씨는 천협전(天狹田, 신에게 바치는 벼를 심는 논)과 장전(長田, 큰 논)에 심었다.

그 해 가을은 풍년이 들었다. 또한 아마테라스오오미카미는 직접 제 입 속에다 누에고치를 물고, 입 속에서부터 실을 뽑아내는 것이었다. 즉 이 당시부터 양잠을 시작하게 된 것이다.

이와 같은 고대 일본 신화 속의 벼농사며 누에치기 등의 양잠과 길쌈 등은 곧 신라인들에 의해서 각종 농업이 고대에 일본으로 건너 왔음을 일본 신화가 시사하는 바 매우 크다. 실제로 고대 신라인들이 일본의 '미시마군(三島郡)'에서 길쌈을 하면서, 훌륭한 옷감을 생산했던 것은 매우 유명하다(板本太郞 교수의 주『日本書紀』(下) 岩波書店, 1979). 또한 잡곡 등의 농사가 고대에 한반도에서 건너 온 것 역시 이 신화는 재미나게 전하고 있는 것이다.

그런데 더 중요한 사실은 신라신인 스사노오노미코토의 누이가 일본의 최고신인 것은 무엇을 말해주는 것인가.

그녀 역시 본래 신라신인 것이다. 일본 황국(皇國)사상의 정점인 '아마테

신라신 모신 마쓰오신사(쿄우토)

라스오오미카미' 즉 '천조대신'이 신라신이라는 것은 또한 일본 신도(神
道)의 주축이 고대 신라를 뿌리로 하고 있다고 추찰할 수 있음을 굳이 여기
지적해 둔다.

　다시 계속해서 일본 신화에서의 스사노오노미코토의 흥미로운 행적을
좀 더 자세하게 살펴보기로 하자.

●

여성 우위 성향의 천조대신의 설정

　스사노오노미코토는 아버지 이자나기노미코토의 명을 받들게 되었다.

"저는 지금 어명에 따라서 뿌리의 나라에 가려고 합니다. 그래서 하늘나라벌(고천원)에 있는 누님을 만나서 작별인사도 할까 합니다." 이자나기노미코토는, "좋다, 누이한테 찾아가 보아라."하며 허락했다. 스사노오노미코토가 누이가 다스리는 하늘의 천고원으로 가게 되자, 바다에서는 거센 파도가 일기 시작했고, 산들도 뒤흔들리며 요란스럽게 큰 소리가 울렸다. 그 이유는 스사노오노미코토의 성질이 거센 탓이었다.

누이 천조대신(아마테라스오오미카미)은 동생의 거칠은 성격을 이미 잘 알고 있는 터여서, 스사노오노미코토가 찾아오는 소란스러운 광경을 먼발치에서 지켜보며, 겁에 질린 표정으로 뇌까렸다. "내 동생이 찾아오는 것은 어김없이 착한 뜻이 아닐꺼야. 짐작컨대 저 애가 내 나라를 빼앗을 생각을 품었을테지. 어버이께서는 각기 자기 자식들에게 제가 다스릴 터전을 갈라주셨거늘, 어째서 제 몫의 나라는 내버리고 굳이 여기까지 찾아 온담!"

성이 잔뜩 나고야만 천조대신은 허리춤에 찬 큰 검을 힘껏 부여잡더니, 발로 땅을 쾅쾅 구르면서 짓밟는다, 흙을 걷어찬 뒤. 거센 몸짓을 하며 동생을 소리쳐 나무라는 것이었다. 스사노오노미코토는 말했다.

"누님 나는 처음부터 무슨 흑심 같은 것은 없소. 부모님의 엄명에 따라 뿌리의 나라로 가는 길이라오. 작별 인사차 들렀을 뿐이어요."

천조대신은, "만약 그게 사실이라면 네 양심을 너는 무엇으로 증명할 수 있겠느냐?" 하고 다그쳐 물었다.

스사노오노미코토는 말했다. "그럼 누님하고 서약을 하겠소. 앞으로 내가 자식을 낳을 때, 만약 첫 아이가 여자애라면 내가 흑심을 품었다고 생각해 주시오. 그러나 남자아이를 갖게 된다면 내 양심을 믿어 주시오."

이와 같이 맹세를 했다.

이처럼 일본의 개국신화는 남성 우위의 일면을 보여주고 있음을 살피게
도 해준다. 여기에는 이 일본신화를 집필하던 당시인 서기8C초에, 유교적
인 남존여비의 사상적 배경이 혹시 깔려있지 않았나 추찰하게도 된다. 그
러나 여성인 아마테라스오오미카미, 즉 천조대신을 최고신으로 설정한데
서 그와 같은 생각은 일단 불식된다고도 본다. 더구나 천조대신이 최고신
이라는 설정은 모계(母系) 우위의 정신을 강조하는 면이 있지 않은가 여겨
진다.

그 뿐 아니고, 고대 일본 천황가(天皇家)에서도 단군의 어머니 웅녀신(熊
女神)을 모신 곰신단(熊神籬, 쿠마노히모로기)을 신라로부터, 신라왕자 천
일창(天日槍)이 모셔오게 된다. 놀라운 사실은 일본 천황가에서 웅녀신을
떠받드는 궁중 왕실제사를 거행해 왔다는 점이 그것이다.

신화 이야기를 다시 계속해 본다. 천조대신을 찾아왔던 스사노오노미코
토가 그녀와 작별하기 직전이었다. 천조대신은 스사노오노미코토가 들고
있던 큰칼을 빼앗더니 그것을 3토막으로 부러뜨렸다.

그녀는 첫 번째 토막을 입에 넣고 잘근잘근 씹어서 후욱 내뿜었다. 그러
자 그것이 변해 안개 속에서 여신으로 나타났다. 이름하여 타코리히매(田
心姬)라 했다. 두 번째 칼토막을 씹어서 태어난 것은 여신 타키쓰히매(湍津
姬)이고, 세 번째는 이쓰키시마히매(市杵島姬)였다. 모두 3여신의 탄생이었
다.

스사노오노미코토의 큰칼이 3명의 여신으로 화신했다는 것도 따지고 보
면, 무력인 칼보다, 생산력을 가진 여성이 세상을 풍요하게 만드는 데 기여
한다는 여성 우위의 상징성이 깔려 있지 않은가 한다.

이번에는 천조대신이 제 팔목에서 곡옥(曲玉)을 끈으로 꿰엮은 팔찌를
스사노오노미코토에게 빼내주었다. 그러자 스사노오노미코토는 팔찌의

일본 속의 한국 문화유적을 찾아서

곡옥들을 입에 털어 넣고 씹어서 내뱉기 시작했다. 이 때 안개 속에서 남신들이 태어났다. 오시호미미노미코토(忍穗耳命)를 비롯해서, 아메노호히노미코토(天穗日命), 아마쓰히코네노미코토(天津彦根命), 이쿠쓰히코네노미코노(活津彦根命), 쿠마노히노미코토(熊野日命)등 5명의 남신이 탄생했다.

천조대신은 말하기를 "근본을 따진다면 곡옥 팔찌는 내 것이므로 이 5명의 남신은 모두 내 아들이다"라고 말하면서 몸소 맡아 기르기로 했다. "큰 칼은 너 스사노오노미코토의 것이야. 그러니까 이 3명의 여신은 네 자식들이다."하면서 여신들을 동생에게 내 주었다.

뒷날의 일이었다. 스사노오노미코토는 누이 천조대신과는 역시 의가 좋지 못했다. 아니 그는 심술궂게 누님을 몹시 들볶았다. 이를테면 천조대신이 경작하던 밭(天狹田) 등에다 누이가 몸소 봄에 씨앗을 뿌린 것을 알면서도 그는 거듭해서 그 밭에다 다른 씨앗을 덧뿌려서 밭을 망쳐 놓았다. 나중에는 그 밭의 밭둑마저도 뭉개 버렸다. 가을에는 추수할 밭에다 말들을 풀어놓아 농작물을 망가뜨렸다.

또한 천조대신이 햇곡식을 신에게 제사 드리는 신상제(新嘗祭, 니이나메노마쓰리)를 지낼 때, 슬며시 그 방에 들어가서 용변을 보기도 했다. 천조대신이 신의(神衣)를 만들 옷감을 베틀에서 짜고 있을 때, 베틀 전각의 지붕을 뚫고 말가죽을 방안에다 내던졌다. 그 때문에 천조대신은 놀래서 쓰러지면서 몸을 베틀대에 부딪쳐 부상을 입기도 했다.

이렇게 시달리던 천조대신은 대노하여 드디어 하늘의 바위굴(天石窟, 아마노이와야)에 들어가, 바위 문을 굳게 닫아 버렸다. 그 때문에 삽시간에 온 세상이 캄캄해지고야 말았다. 해의 신이 바위굴 속으로 들어가 버렸으니 말이다.

세상이 암흑천지이니 참으로 큰일이 났다고 신들은 하늘의 야스카와(安

신라신 모신 카모신사(교우토)

河) 강변에 모여들어서 어떻게 하면 진노한 천조대신의 마음을 돌리게 할 것인지 의논하게 되었다. 그들은 불사불노국(不死不老國)의 닭이라는 장명조(長鳴鳥)를 데려다가 번갈아 가면서 목청껏 울게 했다. 그러나 천조대신은 굴속에서 나오기는커녕 꼼짝달싹도 하지 않았다.

신들은 삐주기나무(榊, 천신 제사 때 쓰는 신성한 나무)를 캐다가 바위굴 앞에 세웠다. 위쪽 나무가지에는 곡옥으로 만든 아름다운 목걸이를 걸고, 가운데 가지에는 큰거울(八咫鏡, 야타노카가미)을 걸었으며, 아래쪽 가지에는 파랑색과 흰색 천조각들을 주욱 매달고 천조대신에게 굴 밖으로 나오시라고 기도했다.

또한 여신 아마노우즈메노미코토가 바위문 앞에서 교태롭게 춤을 추었

일본 속의 한국 문화유적을 찾아서

다. 그녀는 모닥불을 피우고, 통을 엎어 놓은 위에 올라서서, 신이 들린 듯 떠벌여 대면서 소란스럽게 춤을 추었다. 즉 천조대신이 바위문을 열고 나오도록 꾀는 것이었다.

이 때 천조대신은 그 소리를 듣고, "나는 이즈음 이 바위굴에서 지내고 있어. 갈대벌 나라는 어김없이 긴 밤일테지. 그런데 아마노우즈메는 무엇이 기쁘다고 깔깔대며 떠들어대는 것이냐?"하며 제 손으로 바위문을 약간 열면서 바깥 모습을 살폈다.

때를 놓칠세라 바위문 옆에 대기하고 있었던 힘이 센 타치카라오노카미가 천조대신의 손을 힘껏 움켜잡아 굴 밖으로 끌어냈다. 그러자 나카토미노카미(中臣神)와 이미베노카미(忌部神)가 금줄(부정한 것을 막기 위해 치는 새끼줄)을 치면서, "이제는 제발 바위굴로 들어가시지 말아 주소서"하고 애원했다. 그후, 여러 신들은 스사노오노미코토에게 죄를 물어 많은 물건을 벌로 바치게 했다.

일본신화에는 스사노오노미코토가 하늘나라에서 지상으로 내려왔다는 천상으로부터의 강림설이 여러 유형의 기사로서 전해지고 있다. 그 중에서 가장 대표적인 지상 강림설은 스사노오노미코토가 하늘로부터 신라땅에 처음으로 내려왔다는 것이다. 즉 그는 신라땅의 '소의 머리(牛頭)'라는 곳에 내렸던 것이다.

『일본서기』의 한 기사를 보면 「스사노오노미코토는 그의 아들인 이소타케루노카미(五十猛神)라는 신을 거느리고 신라국에 강림해서, 소의 머리(曾尸茂梨, 牛頭)에 있었다. 그 후에 스사노오노미코토는 소의 머리에서 배를 만들어 타고 신라의 동쪽 바다(즉 우리나라의 동해)를 건너가서 왜나라땅 이즈모(出雲, 일본 시마네현 바닷쪽)의 히이가와(斐伊川) 강상류에 있는 토리카미(鳥上) 봉우리에 내렸다. 그 때 그 고장에는 사람을 잡아먹는 흉악한 큰뱀이 있었다. 스사노오노미코토는 그 큰 뱀을 칼로 쳐죽였다.」는 기사가 있다.

또한 다음과 같은 대목도 역시 『일본서기』가 동시에 기사화하고 있다.

「스사노오노미코토가 하늘로부터 히이가와 강기슭에 내렸다. 이 때 기슭에서 슬피우는 소리가 들렸다. 우는 곳으로 다가가 보니 부부가 소녀를 얼싸안고 울고 있었다. 스사노오노미코토가 우는 까닭을 묻자, "이 아이는 저희의 딸인 쿠시이나다히매(奇稲田媛)라고 부릅니다. 우리는 8명의 딸이 있었으나, 해마다 머리 8개가 있는 큰 뱀이 찾아와서 딸을 하나씩 잡아 먹었답니다. 이제 이 아이가 마지막입니다. 그래서 슬퍼서 울고 있습니다." 라는 것이었다.

스사노오노미코토는, "그렇다면 따님을 나에게 주시기 바라오."하고 요청해서 쿠시이나다히매를 거느리게 되었다. 스사노오노미코토는 순식간에 소녀를 신성한 빗으로 만들더니, 제 머리에다 그 빗을 꽂았다. 그리고는 늙은 내외에게 독을 탄 술을 잔뜩 빚게 했다. 독주를 8개의 술통에 담아놓고 그는 큰 뱀을 술로 꾀었다. 큰 뱀은 8개의 머리로 8개의 술통의 독주를 마시더니 곤드래가 되어 늘어져 버렸다. 이 때 스사노오노미코토는 카라사비(韓鋤, '한국삽'을 뜻함)의 검으로 뱀의 머리를 찌르고 배를 찍어 잘라 버렸다. 그런데 뱀의 꼬리를 자를 때, 칼날이 약간 상했다. 이 때 뱀의 꼬리를 헤집어보니 거기서 작은 칼(쿠사나기노쓰루기)이 하나 나왔다.

이 칼을 하늘의 신에게 바쳤다. 그리고 결혼하기 위해서 좋은 장소를 찾아갔다. 그는 마침내 이즈모의 스가(須賀)땅에 이르자 기쁨에 넘쳐 그 곳에다 궁을 세웠다(현재의 島根縣 大原郡 大東町의 須賀神社터전이 그 전설의 땅).

뱀의 꼬리에서 나왔다는 칼 "쿠사나기노쓰루기는 현재 아쓰다신궁(熱田

神宮, 나고야시)에 있다"(和歌森太郎 『日本の虚想と實像』 1972)고 한다.

이리하여 빗으로 변하게 했던 쿠시이나다히매를 스사노오노미코토는 아내로 맞이 하여 아들을 낳았다. 아들신은 오오아나무치노카미(大己貴神, 대기귀신)이다.」

이 '대기귀신' 이라는 신은 또 다른 이름을 오오쿠니누시노카미(大國主神, 대국주신) 또는 오오모노누시노카미(大物主神, 대물주신) 등으로 부르는 신라신이다. 즉 한국신이다. 일본 역사책 『코지키(古事記)』에서는 이름이 대국주신으로 등장하고 있으며, 현대의 일본 사학자들도 대국주신(대물주신, 대기귀신 등 7가지 명칭이 있음)을 한국신으로 논술하고 있다.

스사노오노미코토가 신라신이라는 것을 고대 문헌을 통해 입증한 것은 토우쿄우대학의 쿠메 쿠니타케 교수였다는 것은 앞에서 밝힌 바 있다. 그는 그의 명저 『일본고대사』(1907)에서 다음과 같이 지적했다.

「스사노오노미코토의 최초의 터전은 신라의 '소의 머리' 이다. 이것은 우두(牛頭)라는 뜻을 가지며, 뒷날의 강원도 춘천(春川)으로서, 신라 때의 우두주(牛頭州)라는 지명이다. 우두주 동쪽의 태백산은 바다(동해)에 면하며 이즈모(出雲)하고 사선 방향으로 서로 마주 향하고 있다. 이 곳에서는 춘추로 제사를 모셔왔다. 그러기에 이 고장이야말로 우두천왕(牛頭天王, 스사노오노미코토)과 연관이 없다고는 말할 수 없다.」

경상도와 바다 건너 일본 이즈모 혈액형의 동질성

고대 신라와 연고가 큰 일본 이즈모지방의 사람들은 경상도 사람들과 혈

신라신 스사노오노미코토의 아들 대국주신(대물주신) 신전(쿄우토, 야사카신사)

액형의 유사성이 매우 닮았다고, 와세다대학의 미즈노 유우(水野 祐, 1918
~2000) 교수는 다음과 같이 상세하게 논술한 바 있기도 하다.

「경상도 사람과 시마네현 사람에게 있어서 A형 분포율은 거의 같다(경상
도인 42.16%, 시마네현인 42.80%). 신라인의 표상인 경상도인은 A형률이
높은 남부조선의 주민들 중에서도 특히 A형 분포율이 높다는 게 특색이다.
역시 일본인들 중에서도 이즈모인들이 일본인 중에서 A형 분포율이 최고의
수치를 나타내고 있다.

이처럼 두 지역 사람들의 A형 분포율이 거의 같다는 것은 매우 주목된다.
혈액형 분포율에 의한 인종관(人種觀)은 가장 신빙성이 높은 데이터이다. 인
종학적(人種學的)으로도 신라인과 이즈모인과의 사이에서, 농후한 혼혈의 흔
적이 증명된다고 한다면, 문헌상에서 양자의 상관 관계를 기술한 소전(所傳)
도 모름지기 의심할 여지는 없을 것이다.」(「出雲の中の新羅文化」1978).

신화학자로서 저명한 마쓰마에 타케시(松前 健, 1922~) 교수는, 스사노
오노미코토와 그의 아들 대국주신(대물주신, 대기귀신)을 중심으로 하는
이즈모 지방의 신들의 계보는 농업신의 성격이 크다고 지적하고 있다. 특
히 스사노오노미코토가 '한국삽(韓鋤, 카라사비)'이라는 명칭을 가진 검으
로 큰 뱀을 퇴치한 이야기는 주목된다(「出雲神話」 1976)는 것이다. 즉 이것
은 신라로부터의 선진국 농업이 동해를 건너 왔을 뿐 아니라, 대장간에 의
한 철제 농기구의 제작 등 고대 한국인에 의한 철기 문화 역시 일본에 전해
왔다는 역사의 배경이다.

그것을 밑받침해주는 것은 일본역사에서는 대장간을 관장했던 고대 행
정기관을 이른바 '한국대장간부'인 '카라카누치베(韓鍛冶部)'로 불려왔던
점이다.

미개인의 터전이었던 고대 일본 섬나라로 한반도의 선진 농업과 금속 문화가 유입된 과정을 밝혀주는 것이, 스사노오노미코토를 중심으로 하는 고대 일본신화라는 게 여러 일본 사학자들의 공통된 견해이기도 하다.

"스사노오노미코토가 신라로부터 건너 와 쿠시이나다히매와 결혼한 터전이 야에카키신사"라고 야에카키신사의 궁사(宮司) 사소우 토시쿠니 씨는 저자에게 말했다.

쿄우토땅 우즈마사의
코우류우지(廣隆寺)

—신라인 진하승과 신라 국보 불상

우리나라 국보 제1호가 서울의 '숭례문'(남대문)이라는 것은 모르는 이가 없을 줄 안다. 그렇다면 이웃나라 일본의 국보 제1호는 무엇일까. 지금의 일본 국보 제1호는 신라인이 옛날에 만든 신라의 불상(1951.6.9, 일본문화재위원회에서 국보1호 지정)이라는 사실을 아는 분은 얼마나 계실까.

백제인 칸무천황이 서기 794년에 천도한 일본의 왕도(王都)였던 쿄우토(京都)라는 유서깊은 도시에 일본 국보 제1호인 「보관 미륵보살반가사유상」이 있다. 그 옛날 신라에서 보내 준 목조불상이다.

이 불상은 신라 미륵불교를 일본에 널리 펴기 위해서 진평왕(眞平

신라 진평왕이 보내준 보관미륵보살 반가사유상은 '일본국보제1호' (일본문화재보호위원회 지정, 1951·6·9)이다. 코우류우지 영보전에 모셔 있다.

王, 79~632재위)이 왜왕실에 보내 주었던 불상들 중의 하나이다(『一代要記』13C).

우리나라에서 일본에 가르쳐 준 여러 가지 문화중에서 가장 두드러진 것의 하나가 불교문화이다. 일본국보 제1호가 신라불상이라는 사실도 그것을 입증하고 있는 것이다.

지금도 일본 도처에는 우리나라 고대의 불교문화재들이 일본국보로 지정되어 산재해 있다. 그러나 그와 같은 고대한국 문화재들에 대한 원산지인 우리나라 국적 표시는 어디서고 찾아 볼 수 없다.

세계적으로 훌륭한 신라 목조불상

일본이 세계에 자랑하는 고대 신라 목조불상인 국보 제1호 「보관미륵보살 반가사유상」(寶冠彌勒菩薩半跏思惟像). 쿄우토의 코우류우지(廣隆寺, 광륭사)에 안치되어 있는 이 불상은 그 옛날 신라인이 적송(赤松)을 가지고 조각한 세계적인 미륵보살 반가사유상이다.

인자하기 그지없는 이 미륵보살의 미소야말로 바라보는 이로 하여금 영원한 평화와 진리의 세계로 이끄는 광명의 잔잔한 물결과도 같은 감동을 안겨줄 것이다. 신라의 어느 불사(佛師)가 이 거룩한 불상을 조각하였을까.

경주 석굴암의 석가여래보존 불상과 더불어 코우류우지의 신라미륵불상은 서로가 쌍벽을 이루며 영원한 구원(救援)에의 빛으로 우리를 아늑히 감싸주고 있음은 아니랴. 이 두 불상은 그 어느 쪽이고 간에 저자가 경주(慶州)나 쿄우토(京都)로 찾아가 참배할 때마다 넋을 잃고 마냥 바라보며 뜨거운 감동을 가슴에 물결짓게 해준다.

신라의 보관미륵보살 반가사유상은 일본 쿄우토의 우즈마사(太秦)에 있는 코우류우지 영보전(靈寶殿)에 봉안되어 있다. 그 옛날 신라에서 일본에 보내주었다고 하는 고대일본 왕실역사책인 『부상략기』(扶桑略記) 등의 기록이 있다.

영보전에 있는 이 신라 보관미륵보살 반가사유상에는 본래 신라에서 제작된 것이라는 표시가 전혀 없다. 그러므로 영보전에 들어가서 이 신라의 불상을 바라보는 이들은 누구나가 "이 거룩한 불상은 옛날 일본 것이로구나"하고 터무니없이 생각하게 되는 것도 무리가 아닐 것이다.

이 코우류우지에서 제작해서, 매표구에서 관람객들에게 한 장씩 입장권

쿄우토시 신라인 옛터전 '우스마사'의 코우류우지(廣隆寺) 정문.

과 함께 나눠주는 팜플렛을 보면, 더욱 그러하다. 거기에는 이 불상을 다음과 같이 극도로 예찬하면서, 마치 일본에서 이 불상을 만든 것인양 설명을 길게 달고 있다.

「우리나라(저자 주·일본)에서 가장 오래되고 아름다운 이 미륵상은 어떠한 말도 소용이 없고, 또한 어떠한 말도 미치지 못하는 곳에서 영원히 미소를 계속해서 보이고 있다.

가느스름한 눈, 또렷한 눈썹, 거기에 이어지는 솟구친 콧등을 따라서, 참으로 늘씬하게 균형을 이룬다. 입술의 양끝에는 약간 힘을 주느라 얼마간의 미소를 머금고 있다는 느낌을 준다. (중략) 재목(材木)은 적송(赤松)이며, 아

스카(飛鳥時代, 592〜645) 시대에 제작했는데, 그 시대의 조각으로서 이만
큼이나 인간적인 것은 없는 동시에, 인간의 순화(純化)가 이토록 신적(神的)
인 것에 접근하고 있는 것도 다른데서는 그 유례를 찾아볼 수 없다(『太秦・
廣隆寺』京都市右京區 太秦 峰岡町, 廣隆寺 발행).

코우류우지에서 발행한 이와 같은 팜플렛을 읽는 일본인은 말할 것도 없
고, 재일동포나 우리 한국인 여행객이며 외국인들도, 흡사 "저 불상은 일
본에서 일본인이 고대 아스카시대에 만든 것"이라고 말할 수밖에 없을 것
이다. 이런 행위는 사실(史實)을 거역하는 이른바 역사의 왜곡이라고 지적
하지 않을 수 없다. 그러기에 일본 쿄우토의 향토사학자 다나카 시게히사
(田中重久) 씨는 그의 저서(『彌勒菩薩の指』 1960)에서 코우류우지는 「조선인
의 절, 우즈마사의 코우류지」라고 지적하면서, 「조선의 불상이라는 것이
분명한 것까지도 아스카시대에 만든 것이 되버리고 만다」고 비판하고 있
을 정도이다.

일본의 역사책인 『일본서기』(日本書紀, 서기 712년 편찬)에도 보면, 진하
승(秦河勝)이, 지금의 쿄우토(京都)땅의 우즈마사에 하치오카지(太秦 峰岡
寺, 봉강사) 즉 지금의 코우류우지 사찰을 그가 서기 603년에 짓게 되었다
는 기사도 있다.

'보관 미륵보살반가사유상'을 신라에서 보내준 사실은 일본의 저명한
역사학자며 미술사가 등이 시인하고 있다.

히라노 쿠니오(平野邦雄) 교수는 『진씨의 연구』(秦氏の研究)에서 신라불상
임을 지적하고 있다. 일본 고대역사학자인 쿄우토대학의 우에다 마사아키
(上田正昭) 교수도 또한 그의 저서에서 코우류우지의 미륵보살반가사유상
에 대해서, 신라불상이라고 다음과 같이 밝힌 바 있다.

7C초에 신라 진평왕이 스이코여왕에게 보내준 신라 '보관 미륵보살반가사유상' (赤松 조각품). 일
본 국보제1호.

「현존하는 미륵보살반가사유상의 양식도 신라계의 것이라고 하며, 신라에서 전해 온 불상이라는 것을 전해주는 기록이 보이고 있다.」(『歸化人』中央公論社, 1993)

신라인 진하승이 지은 코우류우지

현재, 보관미륵보살 반가사유상이 있는 쿄우토의 코우류우지를 지은 것도 신라 사람인 진하승(秦河勝, 6세기말~7세기중엽)이다. 물론 일본학자들도 한결같이 진하승이 신라사람이라는 사실을 그들의 저서에서 밝히고 있다. 미술사학자 미즈사와 스미오 교수는 다음처럼 지적했다.

「진씨(秦氏)는 신라계 사람이다. 코우류우지의 미륵상이 신라 양식이라는 것만을 가지고 말하더라도 수긍이 가는 것이다.」(水澤澄夫 『廣隆寺』 1965).

그 밖에도 이노우에 미쓰오(井上滿郎)교수와 와카모리 타로우(和歌森太郎) 교수며, 우에다 마사아키, 카도와키 테이지 교수 등 이름난 사학자들은 진하승이 신라인임을 밝히고 있다. 진하승은 어째서 몸소 코우류우지를 짓고, 본존(本尊) 불상으로서 미륵보살 반가사유상을 모시게 되었던 것인가. 거기에는 흥미있는 발자취가 있다.

지금의 쿄우토(京都)는 그 옛날 카도노(葛野)라고 하는 고장이었다. 이 카도노 지방을 지배하는 것은 신라사람 호족(豪族)인 진하승이었다. 진하승은 그 당시 백제계열 스이코여왕의 나라(奈良)땅 아스카왕실에서 재무장관인 장관(藏官)의 지위를 갖고, 대인(大仁)이라는 제2위의 관위(冠位)를 누리

일본 국보1호인 적송 조각, 신라불상인 보관미륵보살 반가사유상을 모신 코우류우지의 영보전.

던 막강한 조신(朝臣)이었다.

진하승은 신라인으로서, 「지금의 경상북도 울진(蔚珍)에서 서기 5세기말에 왜나라로 건너와서, 쿄우토지방을 개척한 호족(豪族) 진씨 집안의 후손」이라고 야마오 유키히사(山尾幸久) 교수가 그의 저서에서 연구 발표하고 있다(『日本國家の形成』岩波書店, 1977). 진하승의 가문은 막강한 재력과 선진국 신라의 각종 산업과 농업 생산 등 기술로서, 쿄우토지방을 풍요롭게 개척하면서 지배하게 되었던 것이다.

쿄우토대학 교수였던, 이시바시 고로우(石橋五郎, 1877~1946) 씨는 1929년에 그의 저서를 통해서 다음처럼 지적했다.

일본 속의 한국 문화유적을 찾아서

「고대 쿄우토(京都)지방에 있어서 선진국(先進國) 조선의 식산(殖産) 등등의 산업과 문화의 영향은 매우 컸다. 단지 물질 문명뿐 아니라 정신적인 학문, 종교, 예술등에 있어서도 마찬가지였다. 불교는 킨메이조(欽明朝, 538~571 재위) 이래로 계속해서 일본으로 전해왔고, 근기지방(近畿地方·저자 주 : 京都, 奈良, 大阪 등 서부의 중심지역)은 그 신앙의 중심지가 되었으며, 백제·신라의 스님들이 많이 건너 왔다. 이에 곁들여서 예술도 근기지방에 이입(移入)되어 왔다」(『日本地理大系⑦』).

이시바시 고로우 씨는 그 당시 진씨가문 등 고대 한국인들의 활약상을 자세하게 기술했다. 또한 토우쿄우교육대학의 와카모리 타로우(和歌森太郎) 교수도 진씨가문의 모습을 다음처럼 밝히기도 했다.

「진씨(秦氏)가문이 5세기초에 신라에서 일본에 건너와서, 쿄우토 일대의 평야는 새로운 조선의 영농기술로서 발전을 이루게 되었다. 그 뿐 아니라, 도처에다 철공소를 세우는 등 제철기술로서 쇠붙이의 농기구를 만들어 왜나라 선주민들에게 나누어주어 효율적인 농사를 짓게 했다. 그러므로 왜나라 선주민들은 진씨가문의 지휘밑에서, 살기좋은 새농토를 갈면서, 희망차게 살아가게 된 것이다.」

또한 카도와키 테이지 교수는 일본 선주민들은 진씨가문이 도래하기 전까지 미개한 원시 형태의 농사를 지었다고 지적하기도 했다.

「왜나라 선주민들은 나무로 만든 꼬챙이 따위로 땅을 파고, 낱알은 손바닥으로 훑어서 따는 등 미개한 농사를 지었다」(門脇禎二 『古代國家と天皇』

코우류우지를 창건한 신라인이며 조정의 재무장관이던 진하승의 바윗돌묘지(헤비즈카).

1957).

미개한 왜의 터전에 철기 문명과 선진 농업기술을 가진 신라인 호족 진씨 일가 사람들이 계속해서 집단적으로 바다를 건너와서, 쿄우토 일대를 개척하기 시작했던 것이다. 삽과 낫이며 곡괭이 등 쇠로 만든 농기구 뿐 아니고, 우마차로 농작물도 운반하는 것이었다.

진씨가문은 저수지를 만들고 제방을 쌓는 선진 관개농업 기술로서 대풍작을 이루게 되었다. 그러기에 왜인들은 진씨가문 밑에 찾아와서 일하면서, 지금까지 주린 배를 두둑히 채우게 되었다.

진씨가문에서는 신라에서처럼 가문의 사당을 세운다, 절을 세우게 된 것

신라인들의 옛터인 '우스마사'(太秦)
일대의 도로표지판.

이다. 그러기에 지금의 쿄우토 일대를 중심으로 전국에 유명한 이나리신
사(稻荷神社)는 진씨 가문의 농신(農神)을 터주신으로 모시게 된 신라인의
신사(사당)이기도 했다.

　신라 목조 불상인 '보관미륵보살 반가사유상'을 신라에서 모셔온 쿄우
토 우스마사의 코우류우지는 그 당시 진씨가문의 씨사(氏寺)로 세운 것이
다.

　특히 진하승이 큰 부호였기 때문에, 신라로 부터 그 훌륭한 보관미륵보
살 반가사유상을 모셔다가, 자기네 가문의 씨사인 코우류우지(광륭사)를
세울 수 있었던 것이라고 본다.

교과서에 수록해야 할 재일 삼국 문화재들

지난 1995년 8월에 코우류우지(광륭사)에서는 보관미륵보살 반가사유 상 좌대 밑에 면진대(免震台)라는 것을 설치했다. 지진 때문에 안전 대비책 을 설치한 것이다. 지진이 많은 일본에서는 언제 어느 곳에 지진이 엄습할 지 모르므로 지진 방어책을 마련한 것은 오히려 뒤늦은 감조차 없지 않다. 높이 1미터 23센티 5밀리의 이 신라불상 '보관미륵보살 반가사유상' 을 와 서 보았던 독일의 실존 철학가 야스퍼스(Jaspers, Karl. 1883~1969)는, 절찬을 한 바 있다. 즉 「고대 그리스 · 로마의 어떤 우수한 조각작품보다도 더 뛰어난 조각 예술이다」라고 칭송했다. 그 칭송의 글은 이 불상이 모셔 진 코우류우지 영보전 벽면에 자랑스럽게 걸려 있다.

이렇듯 야스퍼스의 찬사를 내걸고, 면진대까지 설치하면서 드높이 받드 는 이 신라 불상 조각상이 신라에서 만들어져서, 일본에 포교를 위해 보내 준 「신라 목조불상」이라는 사실은 어째서 한마디도 언급하고 있지 않은 것 일까. 우리가 일본의 일부 정치가며 문화계 관계자들만이 망언을 자행하 고 있다고만 여길 것인가. 물론 일본의 학자들도 일본 국보1호인 신라불상 이 "조선 동해안에서만 자생하는 적송(赤松)으로 만든 것"을 지적하고도 있다.

더더구나 움직일 수 없는 중대한 증거는 서울의 국립중앙박물관에서 확 인할 수 있다. 한국 국보 제83호인 '신라금동불상' 과 똑같은 제작수법의 코우류우지 신라 목조불상은 신비하리만큼 서로가 똑같은 형태의 세계적 인 고대한국 민족문화재이다.

이제 우리나라 교과서에서도 일본에 산재해 있는 귀중한 한국고대 민족

진하승 부부상

문화재들을 조사 연구해서 기술해야만 할 것이다.

저자는 지난 1996년 『한국인이 만든 일본국보』(문학세계사 간행)를 저술한 바 있거니와, 지금부터라도 온 국민이 재일(在日) 한국고대 문화유산들을 재확인해서 그 훌륭한 내용들을 교과서에 상세히 기록했으면 한다.

일찌기 센슈우대학(專修大學) 교수였던 민예학자 야나기 무네요시(柳宗悅, 1889~1961) 씨는 그의 저서에서, 「일본국보는 모두 조선국보이다」(『朝鮮とその藝術』 1942)라고 밝혔거니와, 그의 주장은 과장이 아니라는 사실을 저자는 느끼고 있다. 우리의 것을, 또한 우리 조상이 남겨준 것을 확인하고

기록하는 일은 우리에게 주어진 사명이라고 하겠다.

이제 여러분들이 일본 쿄우토에 여행가실 때는 이 코우류우지(광륭사)와 히라노신사며 키타노텐만궁, 야사카신사, 이나리신사, 마쓰오신사, 카모신사 등등은 꼭 둘러보시라고 차제에 권유도 하고 싶다.

코우류우지는 누구나 찾아가기가 매우 쉽다고 하겠다. 일본국철(JR)의 쿄우토역(京都驛)에서 아라시야마선(嵐山線) 전철을 타고 우스마사(太秦)역에서 내려, 시가지 방향으로 약 20분 도보로 걸으면 된다. 물론 쿄우토 시내에서는 소형 전차 또는 시내 버스도 우스마사 쪽에 많이 다니고 있다.

이 우스마사라는 지명도 신라인 진씨(秦氏)에서 생긴 지명이듯이, 그 일대야말로 고대 신라의 옛 터전이다. 코우류우지 영보전에는 '중요문화재인' 진하승 부부상(夫婦像)도 봉안되어 있다.

백제 불상문화의 터전
호우류우지(法隆寺)

—6세기의 백제 위덕왕이 보내준 국보 불상들

호우류우지(法隆寺, 법륭사)에는 6세기말 경에 백제 위덕왕이 보내
준 불상들이 일본의 국보라는 보배가 되었다. 현재 일본이 세계에 자랑하
는 가장 대표적인 불상하면, 백제에서 보낸 '구세관음상(救世觀音像)'이다.
그것은 일본 나라(奈良)땅 호오류우지에 있는 '유메도노(夢殿, 몽전)'의 비
불(秘佛)이다.

1년에 두 번, 봄 가을의 짤막한 공개 기간(4월 11일~5월 5일, 10월 22일
~11월 3일)에만 관람이 허용된다.

『성예초』가 고증하는 백제 구세관음상

일본의 국보중의 국보라는 구세관음상을 만든 것은 백제 위덕왕(威德王, 554~598)이었다. 그러나 대부분의 일본학자들은, 백제에서 위덕왕이 구세관음상을 만든 내용을 좀처럼 밝히려 들지 않는다. 심지어 혹자는 이 불상이 일본에서 만든 것인양 내세우기도 했다. 그러나 위덕왕이 만든 사실을 입증하는 일본 고대의 전적들이 엄연히 존재하고 있다.

구세관음상과 『성예초』의 기사. 백제 위덕왕이 부왕인 성왕(聖王)을 추모하여 그 모습을 불상으로 만들어, 왜나라에 보냈다는 내용이다.

저자는 호우류우지의 고문서인 「성예초(聖譽抄)」를 찾아냈다. 이것은 오우에이(應永) 연간(1394~1427)에 편찬된 것을 1786년에 호우류우지 사찰의 학승 센항(千範)이 필사한 것이다. 이 고문서의 내용을 요약하면 다음과 같다.

백제 위덕왕이 서거한 부왕인 성왕(聖王)을 그리워하여 그 존상(尊像)을 만들었다. 즉, 그것이 구세관음상으로서, 백제에 있었던 것이다. 성왕이 죽은 뒤 환생한 분이 일본의 상궁 성덕태자(上宮·聖德太子)이다. 상궁태자의 전신(前身)은 백제 성왕이다.

「성예초」가 고증하듯이 구세관음상은 백제국왕 위덕왕이 백제에서 만든 것이다.

또한 백제의 성왕은 서거한 후에, 왜나라의 상궁 성덕태자로서 환생했음을 아울러 신비하게 불교 환생론적으로 지적하고 있는 것이다. 이와 같은 옛문헌은 6C부터 왜나라 왕실이, 불교 교리에 따라서 본국인 백제왕에 의해 절대적으로 지배되고 있었던 것을 밝히고 있다고 본다.

구세관음상은 백제의 위덕왕에 의해서, 부왕인 성왕을 흠모하여 만들었으며, 백제에 있었던 것을 왜나라로 보냈다고 10C와 14C의 전적들도 똑같이 확인시켜 주고 있다. 일본 역사에서는 백제 성왕(聖明王, 또는 明王으로도 표기하고 있음)이 서기 552년에 불상과 불경을 왜나라의 킨메이(欽明, 538~571 재위) 천황에게 보내서, 백제 불교를 포교했다(「日本書紀」)고 밝히고 있기도 하다.

실제로는 포교 시기가 서기 538년이다. 구세관음상이 백제로부터 왜나라로 보낸 것을 입증하는 『성예초』보다 약 백년 전의 사서(史書)인 『부상략기』(扶桑略記)(14C초)에도 자세하게 그 사실이 밝혀져 있다. 즉 다음과 같다.

금당에 안치된 금동(金銅) 구세관음상은 백제국왕이 서거한 뒤에, 국왕을 몹시 그리워하면서 만든 불상이다. 이 불상이 백제국에 있을 때에 백제로부터 불상과 함께 불경 율론(律論)이며 법복, 여승 등이 왜왕실로 건너 왔다(推古元年條).

위의 기사는 『부상략기』의 서기 593년조 내용이다. 우리를 주목케 해주는 사실이 이 기사의 앞부분에 있다. 그 내용은 왜나라 왕도인 아스카(飛鳥)땅에서 법흥사(法興寺, 흔히 飛鳥寺로 통칭)를 세우면서 찰주(木塔)를 건립하던 법요 때,

서기 593년 1월에 만조백관이 백제옷(百濟服)을 입고 아스카의 법흥사 찰주를 세우는 법요식에 참석했다는 『부상략기』의 기사.

조정의 만조백관이 모두 백제옷(百濟服)을 입었다는 다음 같은 기사이다.

서기 593년 1월에, 소아마자(蘇我馬子) 대신이 간절하게 소원했던 아스카

땅에 법흥사(호우코우지)를 세우면서, 찰주를 건립하던 날, 소아대신을 비롯
하여 백여명 모두가 백제옷을 입었으며, 보는이들이 매우 기뻐하였다. 그리
하여 찰주(刹柱)의 기초 속에 부처님 사리를 안치했다.

만조백관이 백제옷을 입었다는 것을 입증하고 있는 『부상략기』의 기사
는, 6C때부터 아스카의 왜왕실이 백제인들의 조정인 것을 상세하게 밝혀
주는 것이다. 또한 구세관음상은 백제에서 처음에는 나니와의 사천왕사로
보내 왔던 초기인 서기 6C말에, 다시금 최초의 7당가람인 법흥사(통칭은
아스카절) 금당에다 옮겨서 안치했었던 것임을 『부상략기』가 알려주고 있
다. 즉 법흥사 금당에 안치된 것은 서기 593년이라는 것을 자세하게 알 수
있다. 그러므로 아스카의 법흥사에 있었던 구세관음상이 뒷날 법륭사(호
우류우지)로 옮겨 간 것이다. 법륭사가 건설된 시기는 서기 607년으로 알
려져 오고 있다.

더구나 법륭사는 상궁 성덕태자와 그의 고모인 스이코(推古)여왕(593~
628 재위)이, 죽은 요우메이(用明)천황(585~587 재위)의 명복을 빌기 위
해 세운 것이다. 요우메이천황은 성덕태자의 생부이며, 스이코여왕의 친
오라비이다. 이 법륭사의 동쪽 경내에는 유메도노(夢殿, 몽전)라는 국보 전
각이 있다. 여덟모의 둥근 8각원당(八角圓堂)으로 유명한 이 몽전안에 현재
구세관음상이 있다.

이 전각은 서기 739년 경에 세웠다고 한다. 그러므로 구세관음상은 어쩌
면 그 무렵에 아스카의 법흥사로부터 법륭사 몽전으로 자리를 옮겨 온 것
인지도 모른다. 왜냐하면 구세관음상의 몽전 이전에 관한 기록이 전하는
게 없기 때문이다. 구세관음상이 백제국 위덕왕에 의해서 백제에서 만들
어진 사실을 전해주는 일본에서 가장 오래된 고대 전적은 다름 아닌 『성덕

나라시 이카루가에 있는 호우류우지(法隆寺·법륭사). 백제인 건축가들이 서기 607년에 지은 금당과 오중탑이 마주 서 있다.

태자전력』(聖德太子傳曆)이다.

　이 전적은 서기 917년에 조정의 공경(公卿)인 후지와라노 카네스케(藤原兼輔)가 썼다. 10C초의 이 귀중한 전적의 기사는 『부상략기』의 기사와 그 내용이 전혀 똑같다. 따라서 『부상략기』의 원전임을 밝혀주고 있다고 본다. 『성덕태자전력』을 쓴 후지와라노 카네스케는, 그 당시 왜나라 조정의 최고대신 가문(藤原鎌足, 614~669)의 후손이다. 이 후지와라(藤原) 가문은 백제인이다(栗崎瑞雄『柿本人麻呂』1981).

　일본의 10C초 전적 『성덕태자전력』을 비롯해서, 14C경의 역사서 『부상략기』와 15C경의 호우류우지 고문서 『성예초』 등이, 일관되게 백제 위덕왕이 만든 구세관음상을 백제에서 왜왕실에 보내 준 것임을 입증하고 있다. 그럼에도 불구하고 일부 일본 학자들은 흡사 이 구세관음상이 일본에서 제작된 양, 글을 쓰고 있다. 이를테면 다음과 같은 글이 그것이다.

구세관음상의 제작 연대는 상궁 성덕태자가 죽은 뒤인 스이코여왕 말기 (622~628)로부터 죠메이조(舒明朝, 629~641)로 추정하는 것이 자연스러울 것이다(太田博太郎·町田甲―「國寶·重要文化財案內」每日新聞社, 1963).

이렇듯 이들이 백제는 전혀 외면하고 또한 걸맞지 않는 불상 제작 연대까지 날조하여 제시하고 있다.

앞에서 두루 살펴보았듯이 백제의 위덕왕(554~598 재위)이 생존했던 시기에, 이 구세관음상이 백제국에서 만들어진 것은 일본 고대의 전적들이 일제히 밝히고 있다. 그러나 토우쿄우대학 교수 당시의 오오타 히로타로우(불교건축·불교사학) 씨나, 마치다 코우이치(불교미술사) 씨는 구세관음상이 법흥사 금당에 안치된 서기 593년으로부터 30년 이상 뒷날의 왜국에서 제작된 것처럼 지적하고 있다.

그들은 일본 고대의 『성덕태자전력』 등 중요한 전적들도 읽어 보지도 않았다는 것인지. 그런가 하면 오오니시 슈우야(大西修也) 씨는 그의 저서 (『호우류우지·Ⅲ·미술』, 1987)에서 다음과 같이 애매모호하게 쓰고도 있다.

호우류우지의 8각원당(몽전)에는 성덕태자가 살아 있던 시기에 성덕태자의 모습으로 만들었다고 하는 구세관음상을 안치하고 있다.

불교미술사학 교수인 오오니시 슈우야 씨의 앞 저서의 '참고 문헌' 란 (p.218)에 보면 거기 분명하게 『성덕태자전력』과 『부상략기』를 기본 자료로 인용했다고 밝히고 있기도 했다.

호우류우지의 몽전. 백제 위덕왕이 보내 준 '구세관음상'을 모시고 있다.

'몽전'(夢殿)에 잠들었다 깨어난 구세관음상

구세관음상이 호우류우지의 몽전 전각에 오게된 것은 8세기 중엽으로 앞에서 밝힌 바 있다. 더구나 놀라운 것은 이 구세관음상은 근세인 지난 1884년에 와서야 몽전안에서 발견된 일이다. 그 당시 이 훌륭한 불상은 길고 긴 무명천으로 수백번이나 감겨 있었다. 겉보기에는 먼지가 겹겹으로 쌓인 큰 짐보따리였기에, 고승 이외에는 누구도 이 물체의 정체가 불상이라는 것을 알 수 없었다는 것이다.

그 당시 이 커다란 짐보따리의 천을 손수 풀어낸 것은 미국인 동양사학자 페놀로사(E · F · Fenollosa, 1853~1908) 씨였다.

만약에 그 당시 페놀로사가 일본에 건너와 있지 않았다고 한다면, 어쩌면 이 구세관음상은 지금까지도 천에 감싸인 커다란 짐보따리로 남아 있었을지도 모른다.

왜냐하면 그 당시까지 호우류우지의 승려들은 이 짐보따리를 푸는 것을 몹시 두려워하고 있었기 때문이다. 누구거나 함부로 건드리면 불벌(佛罰)을 받는다고 두려워 했다는 것이다.

페놀로사 씨가 이 짐보따리 같은 것의 천을 풀 때, 우연히도 하늘이 일시에 시커멓게 어두워졌고, 지켜보던 승려들은 불벌이 두려워 혼비백산하여 도망쳤다고 한다(龜井勝一郎『大和古事風物誌』1942).

페놀로사 씨는 밝히기를 불상을 둘러싸맨 무명(木綿)천의 길이가 약 5백 야아드(yard. 1야아드는 91.44cm)나 되었다니, 엄청나게 긴 천이 똘똘 말려 있었던 것만은 쉽게 살필 수 있다. 페놀로사 씨는 그의 저서『동아미술사강』(東亞美術史綱, 有賀長雄 譯, 1912)에서, 구세관음상의 천을 풀던 당시 몹시 먼지가 풍기던 광경부터 다음과 같이 쓰고 있다.

조심스럽게 무명천으로 감은 훌륭하기 그지 없는 물건 위에는 오랜 세월의 먼지가 쌓여 있었다. 무명천은 풀기가 쉽지 않았다. 휘날리는 먼지에 질식할 것 같은 위험을 무릅쓰고 거의 5백 야아드의 무명천을 모두 풀었다고 여겼을 때였다. 마지막으로 감싼 천이 떨어지면서, 이 경탄해 마지 않을 세계 유일무이한 조상(彫像)은 대뜸 본인의 눈앞에 나타났다. 모습은 인체보다 조금 컸고, 어떤 단단한 나무로 매우 면밀하게 조각했으며 금박을 입혔다. 머리에는 경탄스러운 조선식(朝鮮式) 금동 조각으로 된 관(冠)과 보석을 흩뿌린 것 같은 여러 줄의 긴 영락들이 늘어져 있었다… 우리는 일견 이 불상이

조선에서 만든 최상의 걸작이며, 스이코시대(593~628)의 예술가, 특히 성
덕태자에게 있어서 강력한 모델이 된 것이 틀림없다고 인식했다.

구세관음상은 백제 위덕왕에 의해 만들어졌으며, 6세기 말경에 왜왕실
에 보내왔고, 뒷날 스이코 여왕의 생질이며 섭정이었던 성덕태자에게 불
교 신앙의 성스러운 모델이 되었던 것을 페놀로사 씨는 지적하고 있다. 구
세관음상은 불상의 높이가 179.9cm이며 녹나무(樟木)로 조각하여 금박을
입힌 목조불상이다.

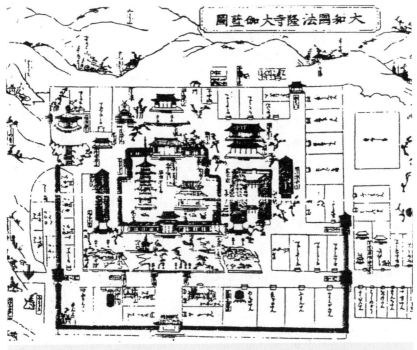

옛날 호우류우지의 가람 배치도.

동양미술사학자 페놀로사 씨는 스페인계의 미국인으로써, 메이지유신 (明治維新) 이후인 1878년에 일본에 건너와 토우쿄우미술학교 창설에 참여 했다. 하버드대학에서 철학을 배운 그는 1890년에 귀국해서, 보스턴미술 관의 동양부장이 되어, 한중일 미술연구 등에 힘썼다.

녹나무불상 모독하고 망신당한 목재학자

현재 일본이 세계에 크게 자랑삼고 있는 3대 목조(木造) 국보불상은 호우 류우지의 구세관음상과 백제관음상, 그리고 코우류우지(廣隆寺)의 보관미 륵보살 반가사유상이다. 앞에서 살펴보았듯이 일본국보 1호인 신라 목조 불상은 우리나라 동해 해변에 자생하는 붉은 소나무인 적송(赤松)으로 신 라땅에서 만든 것이다.

우리가 더욱 관심을 기울여야만 할 것이 있다. 그것은 호우류우지 사찰의 국보 목조불상인 구세관음상과 백제관음상이며, 둘 다 녹나무(樟木)로 백제 에서 만든 것이라는 점이다. 구세관음상이 백제에서 위덕왕이 만들어 왜왕 실에 보낸 것인 동시에 백제관음상 역시 백제로부터 전해 왔다는 것은 호 우류지의 옛문헌(「元祿諸堂佛體數量記 金堂之內」1698) 등에 밝혀져 있다.

그런데 한 때 일본 학자들이 녹나무 불상은 모두 일본서 만들었다는 주 장이었다. 그 이유는 '녹나무는 조선에는 자생하지 않는 일본 나무다' 라는 때문이었다. 그와 같은 '녹나무 일본설' 의 진원은 목재학자 오바라 지로우 (小原二郎) 씨의 글 때문이었다. 그는 「상대목조(上代木彫)의 용재(用材)」 (1971, 『奈良六大寺大觀』岩波書店)라는 글에서 다음과 같이 썼다. 즉,

녹나무(樟)는 일본과 대만 및 중국에는 자생하고 있으나 조선(朝鮮)에는 분포하고 있지 않다. 따라서 재료상으로 살핀다면 보관미륵(저자 주·일본 쿄우토 코우류우지의 적송(赤松) 신라불상인 보관미륵보살 반가사유상) 이외의 아스카(飛鳥, 서기 593~645년) 시대 불상은 모두 일본에서 조각한 목조불상으로 보는게 타당할 것이다.

라는 주장이었다.

목재학 교수라는 오바라설(小原說)은 코우류우지의 신라 목조불상인 보관미륵보살 반가사유상 만은 한국의 적송을 시인하는 반면에, 녹나무 국보불상인 백제관음상이며 구세관음상 등, 세계적인 한국 고대불상들은 하루 아침에 일본 불상으로 자리매김하였다. 그러자 마치 기다렸다는 듯이 일본 학자들은 이를 계기로 백제관음상 등 녹나무 국보불상들을 일본 것으로 서슴없이 내세우게 되었다.

●

백제관음의 원명은 허공장보살

과연 녹나무는 한국에는 자생하지 않고, 일본과 중국등에만 살아왔다는 것인가. 우선 목재학자 오바라 지로우 씨는 일본 사학계의 명논문인 「신도(神道)는 제천(祭天)의 고속(古俗), 1891. 10~12」을 읽지 못한 것 같다.

일본 고문서학(古文書學)의 태두였던 토우쿄우대학의 구메쿠니다케(久米邦武, 1839~1931) 교수는 이 논문에서 다음과 같이 밝힌 바 있다. 즉 "신라로부터 삼나무(杉)·전나무(檜)·여장나무(橡)·녹나무(樟)·피나무(柀)의 종자를 일본에 가져다가 심었다'고 일본 고대신화를 인용해서 밝혔던 것이다.

미술사학자 마치다 코우이치(町田甲一, 1916~) 교수는 지난 1989년에
집필한 저서(『大和古寺巡歷』 講談社)에서,

최근(1989년 3월)에 나는 NHK(일본방송협회) 방송의 교양프로인 「문화전
망」(文化展望)에 출연해서, 백제관음을 조각한 녹나무가, 오바라설에 의해서
정설화(定說化)되고 있다는 것을 밝히면서, 백제관음은 일본서 만든 불상이
라고 말했다. 그랬더니 코우베(神戶)에 사는, 전의 일본정화(日本精化) 사장
이었던 장뇌사(樟腦史) 전문가인 야마모토 렌죠우(山本鍊造) 씨로부터, 〈한국
에는 지금도 녹나무가 있을 뿐 아니라, 지금부터 1천3백년 전에 한국에 녹
나무가 없었다고 단언할 수 없다고 봅니다〉라는 가르침의 편지를 받은 바
있다. 목재학에 어두운채 미술사(美術史)를 하는 사람들은 오바라 씨의 설을
곧이곧대로 믿고 그의 설을 검토도 없이 정설화하면서 의심조차하는 사람이
없었으나, 곰곰이 따져보자면 대단히 두려운 일이다.

라고 단호하게 논박했다.

백제관음상에 대한 옛날 기록은 『겐로쿠제당불체수량기 금당지내』에,
'허공장보살(虛空藏菩薩)은 백제국(百濟國)에서 건너 옴(渡來)'이라고 밝혀
져 있다. 그러므로 백제관음상의 본래의 명칭은 백제의 '허공장보살상'이
었던 것이다.

그점에 대해서 마치다 코이치 씨는 그의 저서(앞의 책)에서, "이 백제관
음상의 대좌(台座)밑에는 케이쵸(慶長, 1596~1615) 무렵에 만들어진 오각
형의 틀 뒤에, 허공장대륜(虛空藏台輪)이라는 먹글씨가 있어서, 「겐로쿠제
당불체수량기 금당지내」에 기록된 허공장보살상이 이 백제관음상이라고
하는 것은 틀림이 없다고 본다. 백제관음상이라는 속칭은 메이지(明治,

1868~1912) 이후부터가 아닌가 본다."라고 밝히고 있다.

백제의 '허공장보살상'을 '백제관음상'으로 부르게 된 것은 저명한 역사지리학자였던 요시다 토우고(吉田東伍, 1864~1918) 박사가 저술한『대일본지명사서』(大日本地名辭書, 1900)에서 '허공장보살'을 가리켜서 "백제국에서 보내 준 목상관음상(木像觀音像)이다"라고 밝힌데서부터라고 본다.

백제관음상에 대해서 토우쿄우대학의 와쓰지 테쓰로우(和辻哲郎, 1889~1960) 교수도 "백제관음상은 조선에서 일본에 건너 온 (불상)양식의 현저한 한 예이다"(『古寺巡禮』 岩波書店, 1919)라고 지적한 것은 일본 불상미술사에서 널리 알려진 명언이다.

또한 토우쿄우미술학교 교장을 역임한 저명한 미술사가 오카쿠라 텐신(岡倉天心, 1862~1913) 씨도 "백제식 표본(標本)은 호우류우지의 허공장보살(백제관음)이다"(『岡倉天心全集』, 제4권, 1980)라고 단언하고 있기도 하다. 일부 일본의 학자들에게 이제 더 이상 역사 왜곡을 저지르지 말기를 여기서 권유하려다.

—신라·백제·고구려 삼국인이 만든 옛터전

고대 한국인들이 만든 세계 최대 금동불상

일본의 고대 왕도(王都)의 하나로서 역사에 빛나는 터전이 오늘의 나라(奈良)땅이다. 나라시에 가보면, 고대 한국 역사의 발자취가 뚜렷하다. 우선 그 대표적인 것이 토우다이지(東大寺, 이하 동대사)라는 거대한 사찰이라고 말할 수 있다.

우리나라 불국사가 있는 경주와 마찬가지로 오늘의 일본을 대표하는 고대의 유적 도시가 나라이다. 이 나라의 대표 문화재인 동대사 가람을 총지휘해서 지은 사람들은 누구 누구인가. 자그마치 높이 16미터가 넘는 동대

토우다이지의 '대불전'. 이 거대한 불전 안에 '비로자나대불'을 안치하고 있다.

사의 금동불상인 '비로자나대불'을 만든 사람이며, 또한 그 큰 불상이 모셔
진 거대한 목조 건물인 '대불전' 전각을 세운 건축가는 과연 누구였던가.

일본 나라시의 동대사에 관광을 가신 분들에게, 그 옛날에 동대사를 지
휘해서 만든 사람들이 모두 우리나라 사람들이었다고 한다면 얼마나 기뻐
하였을까. 우리의 옛 조상님들의 뜨거운 숨결을 느끼며 큰 감동을 받았을
것이다. 그러나 안타깝게도 동대사의 경내, 그 어느 곳에도 고대 한국인들
이 직접 동대사와 대불을 만들었다는 기록은 전혀 써붙여 있지 않다.

이 동대사야말로 그 옛날에, 신라사람, 백제사람, 고구려사람들이 함께
힘을 모아서 만든 고대한국 삼국인의 거대한 가람이다.

"동대사 가람을 짓는데 총책임을 맡은 사람은 고구려 사람인 고려복신

(高麗福信, 709~789) 장관이다"라고 토우쿄우 대학의 쿠메 쿠니다케 교수는 일찌기 1907년에 그의 저서에서 밝혔다(『奈良朝史』).

그 무렵 고려복신의 신분은 조궁장관(造宮卿)으로서, 동대사 건설 총액임자인 동시에 나라의 왕궁(王宮)과 도성을 건설하는 장관이었던 것이다.

이 동대사의 대불을 만드는 데 재정적으로 기여한 대표적인 인물은 백제인 행기(行基)스님(668~749)이다. 그 당시의 쇼우무천황(聖武, 724~749 재위)은 행기스님에게 동대사의 대불을 조성하는데 힘껏 도와달라고 간청했던 것이다(『續日本紀』). 그 시절의 행기스님은 일본 전국의 신도들의 추앙을 받는 '살아있는 부처님의 화신같은 존재'였다.

높이 16미터라는 거대한 불상을 주조하는 데는 엄청난 돈이 드는 일이었다. 전국 각지에다 이미 49개의 사원(寺院)을 몸소 만들고 거느리던 행기스님은 전국 신도들에게 동대사 대불을 조성하는 데 힘써 달라고 지시했고, 그와 동시에 즉시 전국 신도들은 열성적으로 시주했던 것이다.

특히 이 무렵 비로자나대불의 금동불상을 위해서 황금 9백량이라는 막대한 분량을 시주한 사람은 백제인 백제경복(百濟敬福, 698~766) 태수였다(『續日本紀』). 그 당시 백제경복 태수는 일본땅 동북부 전체를 지배하던 광대한 무쓰국(陸奧國)의 태수였던 인물이다.

동대사 대불을 몸소 지휘하면서 주조한 인물은 백제인 국중마려(國中麻呂, 705~774)였다. 그 당시 국중마려는 조불장관(造佛長官)의 지위에 있던 조불사(造佛師)였다(『東大寺要記』). 그는 백제의 고관이었던 덕솔 벼슬의 국골부(國骨富)의 손자였다. 무라야마 토쿠슌(村山德淳) 씨도 서기 1877년에 "비로자나대불을 주조한 국중마려는 백제인이며, 국중마려의 조부는 백제의 덕솔벼슬을 한 국골부였다"(『工藝志料』東京有隣堂書店, 明治十年, 1877)고 밝혔다.

백제 조불사 국중마려(國中麻侶)가 처음에 만들었던 '비로자나대불'. 높이 16미터의 청동불상이다.

　그런데 어째서 동대사의 거대한 금동불상은 신라 화엄종의 '비로자나 부처님'으로 만들게 되었던가. 그와 같은 배경은 신라에서 배워 온 학승 심상대덕(審祥大德)에 의해서였다고 다무라 엔쵸우 씨가 그의 저서에서 말하고 있다(『古代朝鮮と日本佛教』, 1989).

　그러나 심상대덕은 일본인이 아니다. 그는 신라로부터 나라의 다이안지

일본 속의 한국 문화유적을 찾아서

(大安寺, 대안사)에 초청되어 와있던 고승으로서, 그 후에 나라의 콘슈우지(金鐘寺, 금종사)라는 절에서 3년동안 신라의 화엄불교를 강설했던 것이다. 그 당시 쇼우무천황(724~749)은 신라 화엄종의 교리에 큰 감화를 받았다. 심상대덕은 신라 부석사의 의상대사(義湘大師, 625~702)의 제자였고, 화엄종을 왜나라 땅에 펴기 위해 일본에 건너 갔던 학승이다(『新羅學生大安寺審祥大德記』, 8C).

심상스님이 왜나라에서 3년간 『화엄경』을 강설하도록 금종사에다 강원(講院)을 베푼 스님은 백제인 양변승정(良弁僧正, 689~73)이다(『東大寺要錄』). 바로 이 금종사가 뒷날의 동대사의 모체로서 현재의 동대사 '3월당' 불전이다. 동대사를 개기한 성인(聖人)으로 꼽히는 분들이기도 한 행기스님, 심상스님, 양변스님 등 모두 우리나라 출신 고승들이다.

고대한국 삼국인들이야말로 일본에다 불교를 심느라 일찌기 서기 538년부터 눈부신 활약을 했던 것이다. 앞에서 살펴보았듯이 최초의 7당가람이 일본의 나라땅에 선 것은 호우코우지(法興寺, 법흥사, 아스카절)였다. 세칭 '아스카노데라'(あすかのてら) 즉 비조사(飛鳥寺)로서 호칭하기 시작한 것은 서기 596년의 준공 때부터의 일이다.

동대사는 서기 747년 9월 29일부터 비로자나대불의 주조를 시작하여 749년 10월에 완성했고, 그 후 752년에 대불을 개안공양하게 된 것이니, 법흥사 창건 이후 백56년만의 일이기도 하다. 세계에서 가장 큰 금동불상인 비로자나대불은 높이가 정확하게는 16미터 19센티(『國寶·重要文化財案內』, 每日新聞社, 1963)이다. 16미터가 넘는 금동불상이 지금까지 1천2백50여년이라는 장구한 세월속에, 고대한국 삼국인들의 솜씨를 천하에 뽐내고 있는 것이다.

불상이 워낙 커서, 그 얼굴 길이만 하더라도 약 5미터, 손바닥의 길이는

동대사(토우다이지)의 창건을 앞장 선 백제인 고승 '행기대승정'의 '행기당'.

3미터 10센티이다. 해마다 8월 7일에 한번씩 '어신씻기(お身拭い)'라는 거창한 청소를 하는 연중 행사가 벌어진다. 모두 약 250명의 스님들이 이른 아침부터 대불전 천장에 청소용의 둥근 볏짚 의자들을 매달고, 거기 앉아서 부처님 얼굴을 닦는다. 귀를 씻고 입술을 닦아낸다. 이 어신씻기야말로 장관이다. 얼마나 큰 비로자나 불상인가는 이 대청소 광경을 지켜보면 누구나 실감하고 감동하게 될 것이다. 그래서 해마다 8월 7일은 여느 때보다도 관람객들이 더 크게 붐빈다.

이 큰 불상을 주조하는 데 앞장선 백제인 국중마려 조불사야말로 뛰어난 조각가였음을 한국 역사는 반드시 기록해야 한다. 옛 문헌 『동대사요록』을 살펴보면 국중마려 조불장관은 이 불상 주조에 숙동(熟銅) 구리쇠 73만9천

일본 속의 한국 문화유적을 찾아서

5백60근을 섰고, 백갈 1만2천618근과 연금(鍊金) 1만436냥, 그리고 수은(水銀) 5만8천620냥 등을 들였다고 한다.

우리나라 삼국인들에 의해서 동대사 건축은 물론이고, 동대사가 개창(開創)이 되고, 비로자나대불이 주조되었으나, 지금의 동대사에서는 그 사실을 관람객들에게 전혀 밝히고 있지 않은 것이 오늘의 현실이다.

동대사의 비로자나대불 뿐만이 아니다. 불상을 모신 거대한 대불전(大佛殿) 전당을 그 당시 건축한 책임자는 신라인 출신의 저명부백세(猪名部百世)며 그는 종5위하(從五位下)의 벼슬을 받았다(『人名辭典』三省堂, 1978). 어째서 일본인 관계자들은 고대한국인의 손으로 이루어진 일본 각종 국보급 문화재들을 밝히려 하지 않고 있는 것일까.

비로자나대불을 모시고 있는 거대한 대불전 전당만 하더라도 세계 최대의 목조건축이며 유네스코가 지정한 세계문화유산이다. 백제인 국중마려는 비로자나대불을 주조한 대불사이고, 저명부백세는 그 대불을 모신 거대한 대불전의 건축을 담당했던 신라인 건축가였다.

그런데 이 동대사의 창건을 가능하게 한 최고 지도자는 백제인 행기(行基) 큰스님이었다. 그 당시의 쇼우무천황은 열성적인 신라 화엄불교의 신도였다. 화엄종을 왜나라에 펴기 위해 신라에서 건너와 대안사에 있던 신라스님 심상대덕을 지금의 동대사 터전으로 모셔온 것은 앞에서도 밝혔듯이 백제인 양변스님이었다. 양변 스님은 그 당시 지금의 동대사 터전의 3월당 자리에 금종사를 세우고 있었다.

양변은 대안사에 와 있던 심상대덕을 모셔다가 금종사에서 신라 화엄종을 3년간 강설케 했던 것이다. 심상대덕의 화엄불교는 쇼우무천황으로 하여금 동대사 대가람을 짓고, 비로자나대불을 모시자는 뜻을 펴게 했다.

쇼우무천황은 돈을 어디서 구해서 대가람을 지을수 있었던가. 행기스님

토우다이지의 '삼월당'(三月堂·法華堂). 여기서 3년간 신라 고승 심상대덕이 『화엄경』을 강설했다.

의 도움을 요청한 것이다. 행기스님은 전국에 수많은 신도를 거느리던 생불(生佛)같은 거룩한 보살이었다. 그 당시 조궁장관이었던 고구려인 고려복신은 행기스님에게 대가람을 짓는 데 도와달라고 간청했다. 행기스님이 전국 신도를 동원해서 도와준다면 대가람 동대사를 지을 수 있을 것이다. 그 당시 고려복신은 조궁장관으로서 동대사 창건 총책임자가 되었다.

행기스님이 응락했기 때문에 고려복신 상관은 서기 747년에 동대사 비로자날대불 주조부터 착수할 것을 국중마려 대불사에게 협의하게 되었다. 행기스님은 앞장서서 도와주었다. 스님이 몸소 쓴 당시의 기록인 『조사재목지식기(造寺材木知識記)』를 보면, 동대사 창건에 스님이 신도들을 동원한 연인원은 260만명을 넘었다.

그 무렵의 왜나라 총인구는 약5백만명이었다. 따라서 대불전 건축과 대불조성에 참여한 연인원은 전체 인구의 약 반 수가 넘는다. 그런데 이와 같은 동대사 건축에 대해서 이카와 사타요시(井川定慶) 교수는 죠메이천황(舒明天皇, 629~641) 당시부터 한국 불교가 대사(大寺), 즉 큰 절을 짓는 대통을 이어온 것으로서, 동대사도 대사로 지어지게 되었다고 다음과 같이 논술하고 있다.

동대사(東大寺)는 나라(奈良)의 동쪽에다 세운 큰절이기 때문에 동대사라고 부른다. 여기서 말하는 '큰절'은 '커다란 절'이며 지난 날을 살펴 보자면, 죠메이천황이 백제대궁과 백제대사를 지은 것이 그 근거이다(『東大寺と天平文化』 1960).

'카라쿠니신사'(辛國神社)라는 등들이 달려 있는 나라땅 토우다이지(東大寺) 경내의 '카라쿠니신사' 석등. '카라쿠니'(辛國)는 옛날에는 '한국'을 일컫는 '카라쿠니'(韓國)가 어느 사이엔가 '매울 신'(辛)자로 바뀌고 말았다는 게 통설이다.

동대사 개창의 성인은 행기스님 이외에도 심상대덕과 양변스님이다. 동대사의 개기(開基)스님으로 오늘날 추앙받고 있는 백제인 양변(良弁, 689~

「카라쿠니신사」의 등들이 달린 모습. 동대사 경내.

773)스님은 속성(俗性)은 백제(百濟) 씨인 백제인으로서, 속명(俗名)은 금종(金鐘)이다. 양변스님은 나라땅에서 백제 스님 의연승정(義淵僧正, 출생년 미상~728)의 문하에서 큰 승려가 된 분이다.

양변스님은 처음에 나라(奈良)의 가스가산(春日山) 기슭에다 암자를 짓고 자신의 속명을 따서 금종사(金鐘寺)라고 불렀다. 금종사 옛터전은 동대사 경내에 있는 지금의 삼월당(三月堂)자리이다.

일본에 건너 간 심상스님에 의해서 신라의 화엄종이 동대사 터전에 자리를 잡은 것이고, 왜나라에서 화엄종의 개조(開祖)로서 양변스님을 받들어 오고 있다. 신라의 화엄종의 교리는 의상대사의 제자 심상대덕에 의해 금종사 계단원(戒壇院)에서 포교된 것이나, 다른 한편으로는 원효대사의 분

황사(芬皇寺) 화엄종도, 신라에 유학했던 왜나라 학승들에 의해 일본에 전해졌다고 한다.

동대사의 대불이 화엄종의 본존인 '비로자나대불'이고 불국사의 본존도 비로자나대불이다. 불국사는 일찌기 서기 535년에 '화엄법류사'라는 절 이름을 갖고 창건이 됐던 것이니, 동대사보다 217년이나 앞서 세워진 절이다. 물론 그 후 김대성에 의해서 화엄법류사는 서기 751년에 불국사(佛國寺)라는 이름으로 새로 지어지게 되었다.

16미터의 동대사 비로자날대불은 연꽃 좌대위에 우뚝, 드높이 진좌하고 그 아래 불전 바닥에는 오늘도 수많은 불도며 관광객들이 세계 각지에서 모여들어 배례한다. 하지만 8세기 중엽에 한국인 국마려 대불사가 최초로 조각하여 주조했다는 것은 그 어느 곳에도 밝혀져 있지 않다. 이 사찰의 창건 기록인 『동대사요록』에는 엄연히 고대한국인들이 만들었다고 써 있으나, 어느 관광객이 그 문헌을 과연 어떤 방법으로 동대사에서 찾아내어 읽는다는 말인가.

저자는 동대사에 갈 때마다 그런 안타까운 마음으로 비로자나 큰부처님을 우러르며 머리 숙이는 버릇이 있다. 『화엄경』을 설법하는 비로자나부처님은 정토 연화장세계(蓮華藏世界)에서 천개의 연꽃잎 연화대에 진좌하고, 그 꽃잎마다 각기 자기 화신인 석가모니를 나타내고 계신다 하였다.

그 옛날 동대사의 개안 대법요 때에는 1만5천개의 연등을 달아 큰 경내를 대낮같이 밝히고, 고관대작을 비롯해서 전국의 신도들이 구름 떼로 모여들어 합장하고 큰 부처님의 둘레를 세바퀴 돌면서, 국중마려 대불사와 행기큰스님에게 감사와 존경을 표했다지 않는가. 이 거룩한 큰부처님은 바로 그 고대한국 삼국인들이 이룬 세기적인 위업(偉業)이었다.

동대사의 '대불전' 지붕 너머로 나라 시가지가 멀리 보인다.

동대사 세운 고구려인 고려복신장관의 존재

대불전을 건축한 저명부백세며, 총지휘 장관이었던 고려복신은 과연 어떤 발자취를 남겨온 사람들이었던가.

백제가 서기 660년에 망하고, 다시 고구려가 668년에 망했다. 그 후 약 90년이 지나던 시기에 삼국인들은 바다 건너 왜국땅에서 서로가 손을 꽉 잡았다. 신라 · 백제 · 고구려 사람들이 일본의 나라땅에서 거대한 가람을 함께 힘모아 만들었으니 피는 물보다 진하다는 것을 여실히 보여준 자랑스러운 표본이라고 하겠다. 특히 이 시기에 나라(奈良)의 백제계열 정권이 지난 날 서로가 소원했던 신라와의 우호관계를 돈독하게 유지하면서부터 신라불교 문화도 일본에 크게 유입되었던 것이다.

동대사를 짓는데 앞장서서 기여한 행기스님은 왜나라에서 일본 불교사상 최초로 대승정(大僧正)이라는 최고의 승려직에 오르게 되었다. 현재 동대사 경내에 그 옛날부터의 행기당(行基堂)이 차려져 있는 것을 보아도 행기스님이 신라의 화엄불교를 위해 얼마나 크게 기여했는가를 입증하고도 남는다. 실은 그와 같은 연관성은 행기스님이 출가했던 소년시절 대안사에서 신라인 혜기스님 밑에서 화엄불교를 배우면서 승적에 입문한 것하고도 밀접한 관계가 있는 것 같다.

동대사를 건설하는데 공헌한 고려복신은 동대사가 완공되기 3년전인 서기 749년에는 종4위상(從四位上)의 고관이었고, 비로자나대불이 완공된 이듬해인 750년에는 직함이「고려조신」(高麗朝臣)으로 올랐으며, 동대사의 완공은 752년의 일이었다.

그는 서기 763년에 지방장관이 되어 타지마(但馬) 태수로 나갔다가, 다시 765년에는 종3위로 승진한다. 그리고 767년에는 법왕궁대부(法王宮大夫)라는 법왕궁장관이 되었다. 770년에는 다시 조궁경(造宮卿)이라는 장관직을 겸해서 무사시(武藏) 태수가 된다.

그가 어린 날 자라났던 정든 고향땅 고려군(高麗郡) 등을 포함하는 무사시국, 즉 지금의 사이타마현과 토우쿄우 일대의 태수가 되었으니 이미 그의 나이도 진갑이랄까 61세에 이른 것이다. 그는 그 이후에도 계속해서 나라왕조 조정의 조궁장관으로서, 마음껏 누리고 싶은 화려한 관직을 두루 계속한다. 그러기에 일본의 역사학자들은 "나라시대에 고려복신 만큼 고관직을 마음껏 오래도록 누린 사람이 따로 없다"고 평가할 정도이다.

고려복신 조궁장관은 나라 왕도인 나라경(奈良京)의 건설에도 큰 역할을 했던 것이다. 그래서 평성(平城)이라는 글자도 그당시 '헤이죠우(へいじょ

う)'가 아닌 '나라(なら)'로 읽었던 것이 요시다 토우고우 박사의 『대일본지명사서』(1900) 등 일본의 각종 역사 기술에서도 자세하게 나타나고 있다.

고려복신은 뒷날인 서기 779년에 자신의 관칭(官稱)을 고려조신(高麗朝臣)에서 고창조신(高倉朝臣)으로 바꿨다. 그가 고창조신으로서의 호칭을 바꾼 것은 자기 할아버지 고려복덕(高麗福德)이 고구려의 고향땅 이름을 따서 고창군(高倉郡)을 설치했던데서 바꾼 것 같다. 그는 이 때 나이 70세였다.

그는 그 후인 서기 781년, 72세때에 내무장관이 되었고 그 때 또다시 무사시(武藏)태수까지 겸직했었다. 무사시국(武藏國)이야말로 고려복신의 탄생지이며 그의 큰 할아버지 고려왕약광(高麗王若光)이 고려군(高麗郡)을 설치(『續日本紀』)하고 고대한국인의 땅으로서 오늘에까지도 그 이름이 고스란히 전해지는 일본 사이타마현의 고려향(高麗鄕)을 건설한 터전이다. 그 당시 고려복신은 고대한국인의 터전을 앞장서서 소중히 여긴 것이다.

고려복신은 내무장관으로서 나라의 중앙정부 치안의 총책임자였으나, 그것만으로는 어쩌면 불안을 느꼈는지도 모른다. 즉 무사시국 한국인들의 터전을 더욱 충실하게 발전시키기 위해서 내무부장관인 탄정대(彈正台)의 탄정윤(彈正尹)겸 무사시태수(武藏太守)로서 그 당당한 권력을 갖고 왕도(王都)나라 땅에서도 머나먼 관동땅의 무사시국까지도 스스로가 관장하며 지킨 것 같다.

말하자면 그 당시 고려복신의 그와 같은 절대적이랄수 있는 정치적 권력이 작용했기에, 그 이후 지금까지 천이백여년이라는 오랜 세월이 흐른 오늘에도 고려향(高麗鄕)은 고려산(高麗山)의 승낙사(勝樂寺)와 고려신사(高麗神社)를 지키면서 지금에까지 건재해 오고 있는게 아닌가 한다.

그런데 우리가 토우다이지 가람에서 꼭 둘러 볼 곳이 있다. 삼월당을 지나 좌측으로 이월당(二月堂)으로 가게 된다. 이 때 이월당으로 가기 전에 아래쪽 나지막한 언덕에 자리잡고 있는 것이 '카라쿠니신사'(辛國神社)다. 이 카라쿠니신사는 예전에는 한국신사인 '카라쿠니'(韓國)신사였던 곳이다. 어귀에 보면 '카라쿠니사'(辛國社)라는 석등이 양쪽에 서 있다. 이 곳은 한국신을 제신으로 모셨던 사당이니 우리가 참배해야 할 곳이다.

●

고대한국인 화백의 터전 사이다이지(西大寺)

일본 속에는 우리 선조들의 빛나는 발자취가 이르는 곳마다 깊숙이 엮어져 있다. 그러나 그것을 연구 조사하고 입증하는 작업을 서두르지 않는다면, 고대 한국인들의 훌륭한 업적들은 영원히 빛을 보지 못할런지도 모른다.

나라시 서쪽에 있는 고대로부터의 명찰 사이다지(西大寺, 서대사)라는 이름의 가람이 우리의 발길을 이끈다. 이 사찰이야말로 9세기의 대화가였던 두 분의 화가와 연고가 깊은 터전이다. 그러나 이를테면 우리는 고대 일본에서 활약한 우리나라 화가들을 과연 몇 분이나 알고 있을까. 나라(奈良)의 호우류우지(法隆寺, 법륭사)의 '금당벽화'를 그린 담징스님의 이름정도 밖에는 알고 있지 못한게 오늘의 실정인 것 같다. 고대 일본에서 활약한 우리나라 화가들은 여러 분을 헤아릴 수 있다.

우선 신라인 대화가 거세금강(巨勢金剛, 고세노 카나오카)에 대해서 살펴보기로 하자. 일본의 『인명사전』(三省堂)을 뒤져 보면, 거세금강은 서기 880년에 석가모니를 위해 『선철 72제자상』을 그려 대화백의 칭송을 받게 되었다. 또한 거세금강의 아드님인 거세공충(巨勢公忠, 고세노 킨타다) 역시 대화가로서, 서기 949년에 무라카미천황(村上天皇, 946~967 재위)의 요청으로 8첩병풍 그림인 『곤원록』(坤元錄)을 그려 명성을 떨쳤다. 거세공충은 그림을 그리면, 자기 이름을 반드시 그림 뒷면에다 써서, 왜나라에서 최초로 서명을 시작한 신라인 화가로서도 이름 높다. 토우쿄우대학의 저명한 문화사학자였던 와쓰지 데쓰로우(和辻哲郎, 1889~1960) 교수는 거세금강 화백을 헤이안(平安, 794~1192)시대 초기의 명화가라고 칭송했다.

현재 나라(奈良)의 사이다이지(西大寺, 서대사)에는 12폭의 비단폭에다 그린 12명의 신상(神像) 그림인 일본국보 『견본착색 십이천상폭』(絹本著色 十二天像幅)이 있어서 유명하다(비공개). 이 그림은 헤이안시대 초기 것으로서, 화가는 거세금강 또는 백제하성(百濟河成, 782~852)과 같은 당대의 한국인 대화가들의 것으로 추찰케 한다. 와쓰지 데쓰로우 씨가 그의 저서 『고사순례』(古寺巡禮, 1947)에서 명화 『십이천상』을 논하는 대목에서 다음과 같이 언급한 것이 주목된다.

헤이안 초기의 명화가(名畵家)인 백제하성이며 거세금강은 사실적인 경향으로 유명하지만, 그 사실은 모름지기 선(線)을 가지고 이룬 것이리라. 만약에 이런 추측이 허용된다고 한다면, 하성과 금강이 헤이안조 전반기의 일본화(日本畵)의 대성자(大成者)로서 존재하고 있는 이면에는 또한 그들이야말로 일본화의 운명을 국한시킨 사람으로서 바라보는 것도 가능한 것이다.

여하간 헤이안조(794~1192) 초기의 국보 그림인 열두 신상을 비단폭에다 그린 분은 이 두 한국인 대화가 중 한 분의 그림으로 여겨지고 있다. 그만큼이나 두 화가는 헤이안시대 전기의 왜나라 화단에서 쌍벽을 이룬 거장이었다.

백제인 화가였던 백제하성은 왕실의 관료이자 화가였는데, 천황으로부터 "종종 불려나가서 그린 산수초목(山水草木)이 살아있는 것 같다고 칭송받았다"(『人名辭典』三省堂)고 한다. 그의 그림이 천하에 뛰어났다는 것은 일제하의 국어교과서에 잘 나타나 있기도 하다.

1915년 당시 초등학교 제4학년 「국어」 국정교과서 제9과 「재주겨루기」에서는 백제하성의 그림솜씨는 신비할 만큼 훌륭하다는 그의 일화가 상세하게 엮어졌을 정도이다. 그러나 다만 그가 어떤 그림을 후세에 남겼는지는 그림 제목의 기록들이 전하고 있지 않아서 안타깝다.

고대 한국인 호족들이 지배한 야마토

거세금강의 명화는 『선철 72제사상』(880)을 비롯해서 『하연병풍화』(賀宴屛風畵, 885), 『홍유상』(鴻儒像, 888) 등등으로 유명했다. 백제하성이 산수화의 거장인데 반해서 그는 인물화의 명인으로 천하에 이름을 떨쳤던 것이다. 이제 거세금강의 가문의 발자취를 살펴보기로 하자. 거세 가문은 일찍이 고대에 신라로부터 야마토 지방에 이주해와서 살던 큰 세력가였었다. 야마토(大和) 지방이란 지금의 일본 나라현(奈良縣)의 왕도(王都) 일대로서, 고대에 이 지역에 한국인들이 집단적으로 몰려 와서 각 지역을 지배하는 호족으로 군림했던 것이다. 그 시기는 서기2세기를 전후하는 때부터라고 볼 수 있다.

더 쉽게 말해서, 그 당시부터 왜나라 일대는 한국인들이, 섬에 먼저 와서 살던 몸이 작거나 털이 많은 소인족 선주민들을 제압하고 나라를 세우기 시작한 것이다. 왜나라에서 살아온 소인족 선주민들은 미개해서 쇠로 만든 철제 농기구며 칼 등 무기도 없었던 것이다. 물론 그들에게는 직조 기술 등 의복을 만들줄도 모르는 미개인들이었다.

한반도에서 건너가서 야마토 지방을 지배하던 가문으로는 신라인 대화가 거세금강의 선조인 '거세'(巨勢) 가문을 비롯해서, '평군'(平群) 가문, '갈성'(葛城) 가문, '소아'(蘇我) 가문, '화이'(和珥) 가문 등등이다.

이들 고대 한국인 호족 지배자들의 가문이 활약한 내용에 대해서, 쿄우토대학의 우에다 마사아키(上田正昭) 씨는 그의 저서에서 다음과 같이 밝히고 있다.

「5세기 중엽부터는 중앙(조정)의 집정관으로 대신(大臣)과 대련(大連) 제도가 있었다. 그리고 야마토의 서남쪽에 본거지를 가진 대신 씨족 집단의 대표적인 씨족으로서는 갈성 · 평군 · 거세 씨 등이 있었고, 그들이 대신 자리에 취임했다. (중략) 대신 가문의 포스트도 신흥 가문인 소아(蘇我)씨에 의해서 위협받게끔 되었다. 그래서 거세남인(巨勢男人) 대신의 뒤를 이어서, 소아도목(蘇我稻目, 505~570)이 대신이 되고, 소아씨가 중앙 정계에 확고한 지위를 만들어가게 된다.(『歸化人』,1965).

5세기 경에 왜나라 야마토 지방(지금의 나라현 일대)은 한반도에서 건너가서 살던 지배자들인 거세 가문을 비롯해서, 갈성, 평군, 화이, 소아 가문 등등이, 저마다 조정의 지배권을 앞다투면서 호족으로서 세력 확장에 힘썼던 고장이다. 물론 이 당시의 왕은 왜나라 정복자인 고대 한국인들이었다. 그리고 그 왕 밑에 조정에서 야마토 땅의 한국인 호족들이 대신(수상격 장관)과 대련(대신의 다음 직책 장관)등의 세도가가 되었다.

대신과 대련 등의 직책은 자식에게 세습했다. 즉 아버지가 대신이면 아버지의 사망 직후에 그의 아들이 대신 자리를 계승한 것이다. 그러므로 가문들은 조정의 대신직을 최고의 목표로 삼았던 것이다.

앞에서 우에다 마사아키 씨가 지적한 것처럼, 5세기 중엽까지는 최고 장관인 대신자리는 거세남인(巨勢男人 출생년미상~529)이었다. 그러던 것이 이번에는 소아 가문에서 소아도목(蘇我稲目, 505~570)이, 거세남인 대신의 가문을 밀어내리고 스스로 대신 자리에 오른 것이다.

●

신라인 대화가 거세금강의 가문

거세남인 대신은 대화가 거세금강의 직계 선조이다. 신라인 거세남인은 안칸천황(安閑天皇, 531~535 재위)의 장인이다. 거세남인의 딸인 묘수원(紗手媛, 사테히매)과 향유원(香有媛, 카카리히매) 자매가 안칸천황의 왕비가 되었던 것이다. 거세남인이 대신 자리에 오른 것은 안칸천황의 아버지였던 케이타이천황(繼體天皇, 507~531 재위) 때였다.

케이타이천황은 백제인 곤지왕자(昆支王子)의 친손자이며, 백제 무령왕의 친동생이다. 『일본서기』에서는 이 사실(史實)을 빼고, 단지 오우진천황(應神天皇, 4C경 재위)의 5세손이라고만 쓰고 있다. 오우진도 백제인이다. 거세남인은 케이타이천황을 왕위에 올리는데 크게 공헌했고, 케이타이천황이 즉위하자마자 서기 507년에 대신이 되었으며 529년에 작고했다.

서기 535년에 안칸천황이 서거했다. 뒤이어 케이타이천황의 제2왕자가 즉위한 센카천황(宣化天皇, 535~539)이다. 센카천황이 즉위하자 대신직에 오른 것은 백제인 소아도목이었다. 소아가문이 거세가문을 제치고 새로운 최고대신직에 오른 것이다.

거세가문은 조정의 고위 관직은 유지했고, 그후 649년에 다시금 거세덕태(巨勢德太, 출생년 미상~658)가 최고대신인 좌대신으로 가문의 위세를 회복했다. 그러므로 소아도목에게 최고 대신 자리를 내준지 115년만의 경사이다. 이 때는 코우토쿠천황(孝德天皇, 645~654 재위) 5년이었다.

거세가문과 신라의 박혁거세 시조 연관설

야마토 땅에서 부침하면서, 왜나라 조정의 최고 대신 등, 오랜세월 동안 후손들이 세도가의 가문을 이어 온 것이 신라인 거세 씨 문중이다. 거세씨가 신라인이라고 하는 근거는 어디에서 찾을 수 있다는 것인가. 그 뿌리를 우리는 신라의 시조인 박혁거세로부터 논할 수 있을 것 같다.

일본의 언어학 교수로서 유명한 카나자와 쇼우사부로우(金澤庄三郎, 1872~1967) 박사는 한국어와 일본어가 똑같은 언어 계열이라고 하는 『일한양국어동계론』(日韓兩國語同系論, 1902)의 저자로서 널리 알려져 있다. 카나자와 박사는 이 저서에서,

「거세(巨勢) 가문은 박혁거세의 거세(居世)라는 존칭에서 생긴 것」

이라고 논술한 바 있다. 저자는 앞으로 거세 가문의 신라인설을 보다 구체적으로 연구를 할 예정이다.

카나자와는 한국어와 일본어의 뿌리가 똑같다는 연구에 이어서 다시 뒷날에는 『일선동조론』(日鮮同祖論, 1929)도 저술한 바 있다. 『일선동조론』은 1910년의 한일합방후에, 일제가 한일 서로는 동족이라는 뿌리를 내세워

조선인을 회유하려는 의도를 저변에 깔고 있는 저술이라고도 보지 않을 수 없다. 따라서 카나자와가, 1902년에 저술했던 『한일양국어 동계론』의 연구가 순수한 학문적 작업이었다고 가정한다면, 후자는 순수성을 벗어난 동계론의 재판(再版)이라고 볼 수도 있지 않은가 한다.

카나자와 박사는 본래 토우쿄우대학 출신의 저명한 언어학자로서, "조선어 등이 일본어의 계통을 이룬다"는 뿌리에 대한 비교연구의 선구자이다. 특히 그의 일본어연구는 일본의 대표적인 사전인 『지링』(辭林)과 『코우지링』(廣辭林,1925) 등 명저로서 일본어사전의 전형을 저술하기도 했던 것이다.

신라로부터 고대에 일본 야마토 지방에 건너 가서 호족 세력을 이룬 가문들 중의 '거세' 씨는 어디에다 새로운 터전을 잡았던 것인가. 그 곳은 현재 나라현의 고세시(御所市)의 고세(古瀨)일대이다. 이 고세시의 소가강(曾我川, 고대에는 百濟川) 상류에 가면 그 곳에는 고세사(居世寺)의 옛터전이 있다.

'거세'의 한자어 '居世'를 일본어로는 '고세'로 읽는다. 그러므로 '고세시'의 '御所'며 '古瀨' 그리고 거세 씨의 '巨勢'는 모두가 '居世'의 일본어 발음인 '고세'이다. 옛날부터 일본에서는 한자어를 차용해서 한국의 이두(吏讀)식으로 한자의 음(音,소리)만 똑같으면 음에다 맞춰 여러 가지 한자를 차자(借字)로서 썼던 것이다. 이 점은 일본 역사에서 학자들 누구나가 공통적으로 시인하고 있다.

고세시의 그 옛날의 고세사 옛터전에 지금은 당시의 초석만이 남아 있다. 그러나 그 당시의 고세사는 거세 씨 가문의 사찰인 씨사(氏寺)였으며, 모름지기 박혁거세 임금을 위한 사찰이었을 것 같다.

더구나 크게 주목되는 것은 최근에 고세시의 미야야마 고분에서 4세기

말에서 5세기 초의 가야(伽倻) 토기가 발견되었다(『讀賣新聞』 1998.. 12. 4).

고대의 한반도에서 제작된 이 토기는 정교한 선형도질(船形陶質) 토기의 일부인데, 뱃머리에 설치하는 견판(堅板)과 현측판(舷側板) 부분(높이 6.2cm, 너비 5.6cm, 두께 1.7cm)이다.

이 미야야마 고분은 야마토의 호족 갈성(葛城) 가문의 갈성습진언(葛城襲津彦, 5C경, 가츠라기노 소쓰히코)의 묘로 추정되고 있다. 이 사람은 『백제기』(百濟記)의 사지비기(沙至比跪)로 기록되어 있어서, 가야토기의 발견과 함께 주목될 만하다는 것을 아울러 밝혀 둔다.

□ **오오에릉**(大板陵)

쿄우토시 니시쿄우구(京都市西京區)의 라쿠사이(洛西)단지 이세코우산(伊勢講山).
라쿠사이단지 언덕 입구의 작은 다리로부터 북쪽으로 도보 5분 거리.

□ **헤이안신궁**(平安神宮)

쿄우토시 자쿄우구 오카자키 니시텐노우정(京都市左京區岡崎西天王町). 쿄우토역
에서 '헤이안신궁' 행 버스편을 이용하면 된다.

□ **히라노신사**(平野神社)

쿄우토시 키타구 히라노미야 모토정(京都市北區平野宮本町).쿄우토역에서 리쓰메
이칸 대학(立命館大學)행 버스로 고등학교 '코로모카사코우코우마에'(衣笠高校前)
버스정거장에서 내려 도보로 약 70미터.

□ **아스카베신사**(飛鳥戸神社, 곤지왕신사)

오오사카부 하비키노시(大阪府羽曳野市)의 킨테쓰 미나미오오사카선(近鐵南大阪
線) 전철 카미노다이시역(上ノ太子驛) 근처. 좌측으로 통하는 도로로 약 2백미터 가
면, 3갈래길이 나오고, 그 곳에서 우측길로 걸어, 1백미터 정도 가면 된다.

□ **스우후쿠지**(崇福寺) **터전**

쿄우토부 오오쓰시 시가사토(京都府大津市滋賀里). 오오쓰역의 전철로 약 15분거리. 시가사토역에서 내려 앞쪽 언덕길로 도보 약 1·2㎞ 걸어 올라 간다.

□ **왕인묘**(王仁墓)**와 왕인공원**(王仁公園)

오오사카부 히라카타시 후지사카(大阪府枚方市藤坂) 전철역 근처. 후지사카 역에서 내리면 우측의 언덕 왕인공원 지대가 보인다. 언덕을 따라 약 5백미터 가면 공원이고, 그 곳에서 다시 약 1㎞거리에 왕인묘역이 있다.

□ **히가시야마**(東山)**의 5중탑**(五重塔)

쿄우토시 히가시야마구 기온정(京都府東山區祇園町) 언덕. 쿄우토역에서 '기온' 행 버스편으로, 기온 버스장에서 내리면 된다.

□ **키타노텐만궁**(北野天滿宮)

쿄우토시 카미쿄우구 바쿠로정(京都府上京區馬喰町). 쿄우토역에서 '키타노텐만궁' 행 버스편으로 가서 버스장에서 내리면 된다.

□ **시텐노우지**(四天王寺) **사찰**

오오사카시 텐노우지구 시텐노우지마에(大阪府天王寺區四天王寺前). 오오사카 미도우스지선 전철로 '시텐노우지마에' 역에서 내리면 된다.

□ **에바라지**(家原寺) **사찰**

오오사카부 사카이시 에바리지정(大阪府堺市家原寺町). JR전철 쓰쿠노역(津久野驛) 근처. 쓰쿠노역에서 정면 대로를 약 1㎞ 걸어서, 좌측으로 꺾어진 도로의 약 200

미터 지점이다.

□ 백제사 삼중탑(百濟寺三重塔)

나라현 키타카쓰라기군 코우료우쵸우쿠다라(奈良縣北葛城郡廣陵町百濟). 킨테쓰 전철 사쿠라이역(櫻井驛) 앞의 버스편으로 가면 삼중탑 근처에 내리게 된다.

□ 백제대사(百濟大寺) 옛터전

나라현 사쿠라이시 키비 이케노하타 (奈良縣櫻井市吉備池ノ端, 연못터끝). 오오사카의 '킨테쓰 오오사카선'의 '마쓰즈카' (松塚)역에서 내린다. 이 지역은 도로가 매우 복잡하여 택시 편을 이용하는 게 좋다.

□ 아스카노테라(飛鳥寺) 사찰

나라현 타카이치군 아스카촌(奈良縣高市郡明日香村). 킨테쓰(近鐵)전철 오카테라역(岡寺驛) 하차. 역에서 내려 도보로 약 1.5km. 찾아가기 쉽다. 택시편으로 약 10분 거리.

□ 이시부다이(石舞台) 고분

나라현 타카이치군 아스카역사공원(奈良縣高市郡飛鳥歷史公園). 킨테쓰 전철 아스카역(飛鳥)에서 나가 정면 도로로 도보 약 2km. 택시로 약 15분 거리.

□ 미와산 오오미와신사(三輪山 大神神社)

나라현 사쿠라이시(奈良縣櫻井市). 킨테쓰전철 또는 JR전철 사쿠라이역 하차. 역에서 정면 도로로 약 1km 지점에서, 우측으로 도보 약 8백미터.

□ 야에가키신사(八重垣神社)

시마네현 마쓰에시 소우노(島根縣松江市草野). 마쓰에시의 시가지로부터 '신지코' 호수의 큰 다리를 건너 약 3km. 택시편을 이용한다.

□ 코우류우지(廣隆寺)

쿄우토시 우쿄우구 우스마사(京都市右京區太秦). 버스·전철 우스마사역 앞 하차. 열차 편의 경우는 쿄우토역에서 JR '아라시야마' 선을 타고 '우스마사' 역에서 내려 시가지를 향해 약 20분 걸어야하므로 불편하다.

□ 호우류우지(法隆寺) 사찰

나라현 이코마군 이카루가(奈良縣生駒郡斑鳩). JR전철 호우류우지역 하차. 북쪽 방향 도로를 약 1.5km 걷는다. 마을버스 편이 있다.

□ 토우다이지(東大寺) 사찰

나라현 나라시 조우시정(奈良縣奈良市雜司町) 킨테쓰 또는 JR 나라역 하차. 역에서 동쪽 방향 대로로 약 2km. 시내버스 편이 편리하다.

□ 사이다이지(西大寺)

나라현 나라시 사이다이지정(奈良縣奈良市西大寺町). 킨테쓰 사이다이지역 하차. 역에 내리면 곧바로 보인다.

> ■ 참고·위치를 모르실 때는 이 책을 일본인에게 제시하여
> 길안내를 요청하시기 바랍니다.